中央民族大学"985工程"中国少数民族语言研究丛书

总主编 戴庆厦

撒拉语形态研究

A MORPHOLOGICAL STUDY OF SALAR

马 伟 著

中国社会科学出版社

图书在版编目（CIP）数据

撒拉语形态研究／马伟著 . —北京：中国社会科学
出版社，2015.12
　ISBN 978-7-5161-7220-9

　Ⅰ．①撒…　Ⅱ．①马…　Ⅲ．①撒拉语–语法–研究
Ⅳ．①H232.4

中国版本图书馆 CIP 数据核字（2015）第 291201 号

出　版　人　赵剑英
责任编辑　任　明
责任校对　毕　东
责任印制　何　艳

出　　　版　中国社会科学出版社
社　　　址　北京鼓楼西大街甲 158 号
邮　　　编　100720
网　　　址　http://www.csspw.cn
发 行 部　010-84083685
门 市 部　010-84029450
经　　　销　新华书店及其他书店

印刷装订　北京市兴怀印刷厂
版　　　次　2015 年 12 月第 1 版
印　　　次　2015 年 12 月第 1 次印刷

开　　　本　710×1000　1/16
印　　　张　19.5
插　　　页　2
字　　　数　228 千字
定　　　价　68.00 元

目　　录

第一章　绪论

1.1　导言

1.1.1　研究对象、目的与意义

本书以撒拉语为研究对象，以撒拉语的形态系统为主要研究内容，对撒拉语的形态系统进行深入而全面的描写与分析。

撒拉语（ISO 639-3：SLR）属于阿尔泰语系突厥语族西匈语支乌古斯语组。

林莲云和韩建业（1962）曾将撒拉语划分为街子土语和孟达土语，曾于 20 世纪 50 年代在循化做过撒拉语调查的前苏联著名突厥语学家捷尼舍夫(1976)，则认为街子和孟达两地语言的差别是方言之间的区别。本书以青海省循化撒拉族自治县街子地区为中心的大部分撒拉族所说语言为具体研究对象。这个点的语言，按林莲云、韩建业的观点为街子土语，按捷尼舍夫的观点为西部方言。

随着 20 世纪 80 年代改革开放政策的实施，撒拉族不再局限于循化的黄河两岸，而是以前所未有的速度融入全国性的社会经济交流之中。这一方面使得撒拉族对汉语的需求与日俱增，另一方面使得撒拉语的使用范围不断缩小，使用功能也不断下降。因此，撒拉语正在渐渐失去活力，甚至面临着消失的危险，联合国教科文组织已将撒拉语列为濒危语言之一。

虽然已有国内外学者对撒拉语进行了许多研究，但对撒拉语的研究还不是很深入，还有许多方面没有得到描述与分析，尤其是对撒拉语较为丰富的形态特征认识不深。在撒拉语加速流失的背景下，本书旨在对撒拉语形态进行全面而详细的描述，并进行深入而科学的分析，希望能为撒拉族语言文化的保护起到积极的作用，也希望能为日后全面而深入的亲属语言比较研究或类型学研究提供可靠而翔实的材料。

本研究将是迄今为止最为全面的、从母语人的角度进行描述和分析撒拉语形态的一种新努力。这将对目前的撒拉族非物质文化遗产的保护工作具有重要意义。撒拉族 13 世纪离开中亚后，撒拉语就和其他突厥语基本失

去了联系，因此，撒拉语研究对构建突厥语尤其是乌古斯语组等语言的发展史具有重要意义。此外，由于撒拉语曾和蒙古语、藏语和汉语等有过接触，本研究还可为我国语言接触研究工作提供很有价值的语言材料。最后，目前学术界在进行语言类型学研究时，往往把土耳其语作为黏着语的代表，而同样属于黏着语的，和土耳其语具有亲缘关系的撒拉语有一些自己的特点，这些特点目前还没有得到较为深入的研究，因此，撒拉语研究的最新成果也可为语言类型学研究提供一些新素材。

1.1.2　理论指导与研究方法

本书以科姆里的《语法调查研究手册》（刘丹青，2008）为基本框架，努力将撒拉语形态置身于世界语言的变异范围内来考察。同时，吸收传统语法研究尤其是突厥语研究的理论与方法，以体现撒拉语形态自身特点为语法描写与分析的首要原则。

语法研究一般可分历时和共时研究两种。历时研究从语法的历史演变角度进行研究，属于语法的纵向研究；共时研究从某一语言语法的特定时期的结构特点进行研究，属于语法的横向研究。本研究属于共时语法研究，以撒拉语形态的共时语言特征为描写分析对象，为撒拉语形态的理论和应用研究提供尽可能翔实而可靠的语言材料，并进行较为深入而科学的理论分析与解释。因此，本研究成果应既能满足形态理论研究和比较的需要，也可为形态应用研究提供充足的语料。

本书在进行撒拉语形态的描写和分析时，坚持以下原则：（1）全面性原则，即对撒拉语形态的描写和分析要尽可能涵盖其全部语法特点；（2）系统性原则，即在全面调查的基础上，对撒拉语的形态现象进行系统的描写与分析，尽可能避免语言材料杂乱无章的堆砌，避免对现代语言理论的生搬硬套，坚持在语言类型学理论的框架内尽可能将撒拉语自身所具有的形态结构特点表现出来；（3）细致性原则，即在长期、认真的田野观察与记录的基础上，对撒拉语形态进行具体描写和微观分析，对一些重要的细节问题，坚持进行深入的描写与分析。对一时难以解释的语法现象，按原样描写，留给他人进行研究；（4）真实性原则，即经过亲身田野调查，运用科学的语言调查方法，获取最原始的、真实的、自然的语言材料，并运用现代语言学理论进行科学的描写与分析，力图使语言材料真实可靠。即使分析出现问题，但也要保证材料的真实性。这样其他研究人员也可以从原始语料入手进行自己的理论分析与研究。

基于以上原则，本课题研究主要采取田野调查法（观察、记录、录音、访谈）、归纳法、描写法、比较法等研究方法。

1.1.3　语料收集

本书语料都来自笔者自 1995 年以来长期在撒拉族地区所做的实地调查材料。虽然笔者本人母语为青海撒拉语，但笔者仍然在过去的近 20 年时间坚持在撒拉族地区进行大量的田野调查，从撒拉族普通人员尤其是从老人那里获取许多关于撒拉族及其语言的知识。除了词汇的搜集整理外，笔者还获取了大量录音材料。这些录音材料有关于历史传说、民间故事、歌谣、谚语、歇后语、对话材料等。其中部分语料于 2001 年在美国由 Edwin Mellen 出版社正式出版，书名为 *The Folklore of China's Islamic Salar Nationality*。本书的部分语料是笔者同美国学者杜安霓（Arienne Dwyer）教授于 1998—1999 年在循化撒拉族地区一同搜集并由笔者转写、翻译的。部分语料是笔者于 2003 年参加云南大学"中国少数民族村寨调查——撒拉族"课题研究时搜集的材料。所有这些语料都是由当地土生土长的撒拉族群众提供的，其中主要人员为：

阿布都（Abudu），男，1948 年出生，农民，循化县积石镇石头坡村人。曾接受四年的汉语学校教育，母语为撒拉语，非常流利，同时能说较为流利的当地循化汉语方言和安多藏语。

韩鹤鸣，男，1968 年出生，1995 年毕业于青海民族学院，循化县街子镇团结村人，母语为撒拉语，非常流利，同时能说流利的汉语。

韩占祥，男，1941 年出生，循化县街子镇团结村人，撒拉族著名民间艺人，曾在循化县文化馆工作，母语为撒拉语，非常流利，同时能说流利的当地汉语和安多藏语。

郝匝菇（Hozagu），女，1958 年出生，农民，未受过汉语学校教育，循化县积石镇小别列村阿他海迁移户人，母语为撒拉语，非常流利，同时能说一些简单的当地汉语。

克力穆（Kerimu），男，1919—2001 年，农民，未受过汉语学校教育，循化县积石镇石头坡村人，母语为撒拉语，非常流利，同时能说流利的安多藏语，并能用当地汉语进行交流。

才力麦（Sileme），女，1950—2014 年，农民，未受过汉语学校教育，循化县积石镇石头坡村人，母语为撒拉语，非常流利，同时也能用当地汉语方言进行简单交流。

嘎其合奶奶（Gačax Nine），女，1925 出生，农民，未受过汉语学校教育，循化县积石镇石头坡村人，母语为撒拉语，非常流利。

1.1.4　撒拉语形态研究综述

对撒拉语的调查研究，自 19 世纪末以来就已开始，但当时的研究主要是一些与族源相关的研究。其中较为重要的是美国华盛顿大学的尼古拉斯·鲍培（N. Poppe）（1953）发表的有关撒拉语基本特征和语源归类的文章。他通过从语音方面的对比研究，提出：虽然撒拉语与东突厥语的现有其他方言有不同点，但也仅仅是其一种方言，而不是独立的一种语言。

1957 年，中央有关单位派人与地方同志合作，对撒拉语进行了普查，后来在此基础上林莲云和韩建业（1962）发表了《撒拉语概况》一文，为以后的研究奠定了基础。此文是我们所见到的第一篇较为系统描写撒拉语面貌的文章。文章从语音、词汇和语法三方面对撒拉语作了介绍。其中的语法部分对撒拉语形态作了简要描述与分析。

以撒拉语作为博士论文研究题目的前苏联突厥语专家捷尼舍夫，曾于 20 世纪 50 年代在青海循化撒拉族自治县等地作了较为深入的调查，获得了 14 盘撒拉语录音带，关于撒拉人变迁的三份手抄本复印件，两份撒拉语文书复印件等，并拍摄了许多关于撒拉族居住环境及房舍的照片。捷尼舍夫的成果对撒拉语研究产生了深刻影响。他先后发表了《撒拉语初探——汉语对撒拉语的影响》、《撒拉语》、《撒拉语材料》、《撒拉语的结构》、《撒拉语和裕固语在突厥语中的地位》、《撒拉语和裕固语的地域现象》、《撒拉语数词》等许多论著。在《突厥语言研究导论》中，捷氏设专章对撒拉语语音和语法方面作了介绍。对于捷尼舍夫的最重要的俄文著作《撒拉语结构》，笔者等已委托中央民族大学白萍教授翻译成汉语，目前已由民族出版社在国内正式出版。捷氏的成果尤其是《突厥语言研究导论》和《撒拉语结构》是撒拉语形态研究方面的重要著作。

1985 年，林莲云研究员出版了作为国家民委民族问题五种丛书之一中国少数民族语言简志丛书的《撒拉语简志》。该书第一稿自 1959 年以来，由林莲云执笔，韩建业协助并参加讨论。1961 年完成了三万字的送审稿。1978 年至 1979 年，林莲云又作了些补充修改。1981 年，再经韩建业补正。由于该书写作时间长，又经过北京与青海撒拉族学者的讨论合作，因此，直到今天仍具有重要的学术价值。

之后，撒拉族学者韩建业发表出版了一系列论著，其中代表性的作品有《现代撒拉语》（以系列论文形式在 20 世纪八九十年代连载于《青海民族研究》、《青海民族学院学报》等）、《撒拉族语言文化论》、《韩建业民族语言文化研究文集》等。由于韩建业先生的母语为撒拉语，且熟悉维吾尔语和汉语，因此他的撒拉语研究成果具有重要的学术价值。

母语为撒拉语的马成俊教授（1990）发表了《撒拉语谐音词》，对撒拉语的谐音词作了描写与研究。

维吾尔族学者阿不都热西提·亚库甫先生（1997）根据其 1986 年在伊

宁县撒拉村的初步调查和 1992 年的普查所搜集的材料，对新疆撒拉语区别于青海撒拉语的结构特点及其形成原因进行了探讨。

现在美国堪萨斯大学人类学系的杜安霓（A. Dwyer）教授长期以来研究撒拉语等我国西北民族语言和汉语方言。2000 年她发表了《撒拉语中的直接体验和间接体验》一文。2007 年她出版了专著《撒拉语：亚洲内陆地区的接触过程，第一部分：语音》(*Salar: A Study in Inner Asian Areal Contact Processes, Part I: Phonology*)。这部著作是在她博士论文的基础上经过多年的修改而完成的，对撒拉语的语音系统作了较为深入而全面的研究，具有很大的参考价值。

许伊娜和吴宏伟研究员（2005）的《新疆撒拉语》以新疆伊犁伊宁县萨木于孜乡撒拉村的田野调查为材料，描写分析了新疆撒拉族所使用的语言结构和现状。

对于新疆撒拉语，笔者（2011）也在实地调查的基础上撰写了《新疆撒拉语的浑沌学分析》，对新疆和青海撒拉语在词汇、语法方面的不同点进行了描写分析，提出由于维吾尔语的影响，新疆撒拉语正在获得青海撒拉语所没有的一些特点。

中央民族大学维吾尔语言文学系的米娜瓦尔教授也以撒拉语为题目通过了博士论文答辩（1998 年），其中对撒拉语和土库曼语做了比较，这是作者在土库曼斯坦进行实地考察后获得的材料。米娜瓦尔教授的博士论文还未出版，但已以系列论文形式发表在《民族语文》、《中央民族大学学报》等刊物上，有关撒拉语形态方面的作品有：《撒拉语动词陈述式研究》，《撒拉语数词的特点及功能》，《撒拉语动词祈使式探源》，《撒拉语的副动词》等。她还出版了《撒拉语话语材料集》。

此外，从语言比较的角度涉及撒拉语形态的研究有：马伟（1994，2009c）的《循化汉语的"是"与撒拉语 sa/se 语法功能比较》、《语言接触与撒拉语的变化》，程适良（1997）主编的《突厥比较语言学研究》，A. Dwyer（1998）的 *The Turkic Stratigraphy of Salar: An Oghuz in Chagatay Clothes*?（《撒拉语的突厥语因素：一种具有察哈台语形式的乌古斯语？》），米娜瓦尔（2000）的《撒拉语与土库曼语的关系——兼论撒拉语发展简史》等。

过去一个多世纪的探索与研究，使得人们对撒拉语形态有了较为全面的认识，在描写性的撒拉语研究中成果颇为丰硕，但由于种种原因，在某些方面的研究还较为粗浅，甚至还有不少错误，到目前为止还没有系统的撒拉语语法著作问世。在撒拉语出现濒危趋势的情况下，进一步深入、准确而全面地描写撒拉语其意义尤其重大。

1.1.5　拼写符号

本书对撒拉语的拼写采用以下符号：①

表 1-1　　　　　　　　　　撒拉语拼写符号

拼写符号		音位	音素	实　例	释　义
小写	大写				
a	A	/a/	a, ɑ	bala	孩子
o	O	/o/	o, ɔ	qol	胳膊
e	E	/e/	ɛ, e, æ, ɤ	emex	馍馍
i	I	/i/	i, ɪ, ɿ	bixi	高
u	U	/u/	u, ɯ, ʊ	ulï	大
ü	Ü	/y/	y, ʉ	yür-	走
ö	Ö	/ø/	ø,θ	öt	胆
ï	Ï	/ɨ/	ɨ,ə	altï	六
b	B	/p/	p	bal	蜜
p	P	/pʰ/	pʰ	purnï	鼻子
m	M	/m/	m	mal	彩礼，牲畜
f	F	/f/	f	für-	吹，编织
d	D	/t/	t	dal	树
t	T	/tʰ/	tʰ	tam	淡
n	N	/n/	n	on	十
l	L	/l/	l	qal-	留下
g	G	/k/	k	gir-	进入
k	K	/kʰ/	kʰ	kem	谁
q	Q	/q/	q, qʰ	qïz [q]/qïš [qʰ]	女孩，女儿/冬天
ğ	Ğ	/ɣ/	ɣ,ʁ	miniği [ɣ]/bağ [ʁ]	我的/花园，带子
x	X	/x/	x, χ, ç	ax [χ]/küx [ç]/xay [x]	白/糠/鞋
h	H	/h/	h	heli	钱
j	J	/ʧ/	ʧ	jatux	绳子
č	Č	/ʧʰ/	ʧʰ	čala-	叫

---

① 本拼写系统设计曾得到已故撒拉族语言学家韩建业先生、美国堪萨斯大学杜安霓（Arienne Dwyer）教授的热情帮助。

续表

拼写符号		音位	音素	实　例	释　义
小写	大写				
š	Š	/ʃ/	ʃ	ešex	驴
zh	ZH	/tʂ/	tʂ	zhuši	主席
ch	CH	/tʂʰ/	tʂʰ	chezi	车子
sh	SH	/ʂ/	ʂ	shizi	狮子
r	R	/r/	ɹ, r, z	bar	富
z	Z	/z/	z	zanzi	碗
s	S	/s/	s	sal	船
y	Y	/j/	j, ʝ	yel	风
ng	NG	/ŋ/	ŋ	nang	什么
v	V	/v/	v, w	var-	去

（1）这个方案中的符号主要采用国际突厥学所通用的突厥语拼写符号，并考虑撒拉语的实际情况，采纳了汉语拼音的 zh、ch、sh 三个符号。在上表中只用 ǧ 来表示 γ、ʁ 两个音素，这是因为 γ 一般只会出现在前元音的后面，而 ʁ 只会出现在后元音的后面。它们可以被看作是同一音位的不同变体。用 x 来表示 x、χ、ç 三个音素也基于同样的考虑。用 q 字母来表示 q、qʰ 两个音素，这是由于用 q 字母来表示 q、qʰ 两个音素不会造成歧义现象。当 /q/ 后为-ïs、-us、-üš、-iš 等音时，则发为送气音 qʰ；在一般情况下 /q/ 只发 q 音。š 位于词末时有个别词弱化为 sh，如 qoš＞qosh（双），üš＞üsh（三）等，但由于不区别意义，书写时我们仍取 š。

（2）在拼写过程中因使用 ng 双字母而发生歧义时，可使用'隔音符号。

（3）此符号系统已作为抢救保护撒拉语这一非物质文化遗产而被民间组织青海省撒拉族研究会刊物《中国撒拉族》所使用。

（4）本书一些大写字母可以代表不同的音素，如：A(a、e)（e 的实际发音为[ɛ]，有时 a 和 e 往往弱化为 ï 和 i），I(i、ï)，G(q、g、ǧ)，X（i、ï、u、ü) U(u、ü)，Č(c、ç)，O（o、ö)，D（t、d）等。本书语法分析时部分术语缩略如下：

缩略语	全称
属人称	领属性人称
1	第一人称
2	第二人称

3	第三人称
形动	形动词附加成分
副动	副动词附加成分
动名	动名词附加成分
否定	动词的否定附加成分
条件	动词的条件式附加成分
祈使	动词的祈使式附加成分
使动	动词的使动态附加成分
领属	名词的领属性附加成分
有定	名词性词语的表达有定意义的附加成分
无定	名词性词语的表达无定意义的附加成分

1.2　撒拉族概况

1.2.1　自然地理

撒拉族主要居住在青海省循化撒拉族自治县、化隆回族自治县和甘肃省积石山保安族东乡族撒拉族自治县，其余的散居在青海省西宁市、黄南州、海北州、海西州，甘肃省临夏市、夏河县、兰州市和新疆维吾尔自治区乌鲁木齐市、伊宁县等地。撒拉族的主要聚居地都在黄河沿岸，相互毗邻，历史上通称"积石川"或"撒拉川"，自然地理条件基本相同。散居在各地的撒拉族绝大多数是在历史上从循化迁离的。撒拉族总人口为 10.45 万人，其中青海撒拉族约为 8.7 万人，甘肃撒拉族约为 1.18 万人，新疆撒拉族约为 0.38 万人，散居在北京、西藏等其他全国各地的撒拉族近 0.2 万人（国家民委等，2005：658）。

循化是撒拉族最大的聚居地区，自古以来是多民族杂居地，历史上曾居住过不同的部落、部族和民族。秦以前循化地区为雍州地，是我国古老的原始民族羌族活动的地区之一，秦统一后为秦塞外地，西汉时期为金城郡河关县地，东汉时期废金城郡，归陇西郡河关县辖。至唐时，在循化建积石军地，待哥舒翰建镇西军地后，循化又为镇西军地、曜武军地。宋复为积石军地，金升积石军为州，元代因之，并隶吐蕃等处宣慰司都元帅府。明朝废州改所，循化为河州边外地，立保安、起台二堡。清袭明制，至雍正八年（公元 1730 年）立循化营，属河州镇辖，次年循化城池竣工，雍正皇帝命名为"循化"，意为"遵循王化"。乾隆二十七年（公元 1762 年），移河州同知于循化，称循化厅，隶兰州府。道光三年（公元 1823 年）循化厅改属西宁府。民国时期改西宁府为道，循化厅也于 1912 年改为循化县，属甘肃西宁道辖。1929 年青海正式建省，循化县也归青海省直辖。在撒拉族历史上还形成了撒拉族所特有的"工"的行政区划，这种单位至今还发挥着一定的作用。在民国时期，青海行政长官马步芳在全省实行保甲制度，循化也划分为 1 镇、11 个乡、105 个保。1949 年 9 月循化解放，1954 年，国务院批准成立青海省循化撒拉族自治县，是全国惟一的撒拉族自治县。目前全县有 3 镇 6 乡 154 个行政村，根据循化县统计局提供的第六次人口普查数据，全县常住人口 123814 人，其中撒拉族 77960 人，藏族 28268 人，回族 9337 人，汉族 7930 人，其他民族 168 人，撒拉族占总人口的 62.97%。

　　循化县城是青海海拔最低、空气湿度最大、气候最好的县城，历来享有青海"小江南"的盛名。县城距西宁市 164 公里，距甘肃省临夏市 112 公里，有循同、临平公路纵贯全境。循化四面环山，境内森林茂密，农田肥沃，黄河从其境北滚滚而过，与自南向北流向的境地内河——清水河与街子河形成了"π"字形。在县东有小积石山的支脉——达里加山，南部有拉毛卡山，西南部有郭莫山，其中几座主峰的海拔高达 4100—4600 多米。位于黄河北岸的小积石山东西延伸，长约 30 公里。据传大禹曾在此治过水，在县境东面的黄河峡谷中还残留着流传中的大禹导河的遗迹。由于其地理位置十分险要，历代王朝曾多次在此峡口筑关建庙，派重兵把守，故有"积石峡关"之称，明清时期为西陲重镇河州卫所辖二十四关中的第一关。循化的地形南高北低，平均海拔 2300 米，相对高差在 1000—2000 米。黄河川道、清水河、街子河一带为川水地区，海拔约 1840 米，年均气温为 10℃左右，无霜期约 220 天。循化地区气候温和，夏无酷暑，冬不甚寒，植物繁茂，品类众多。(《撒拉族简史》编写组，1981：1-5；《循化撒拉族自治县概况》编写组，1984：1-14)

1.2.2　历史来源

　　撒拉族自称 Salïr（撒拉尔），周围汉、藏等民族称之为"撒拉"。1949 年中华人民共和国成立后，国家对民族情况进行了深入细致的调查研究，先后分三批识别认定了我国的民族，撒拉族就是 1953 年第一批被识别认定的 38 个民族之一，"撒拉族"一名也成为他们的正式名称。关于撒拉族的来源，流传着这样一则故事：

　　从前，在中亚撒马尔罕地方有一对兄弟，哥哥叫尕勒莽，弟弟叫阿合莽。他们在老百姓中很有威望，所以国王非常忌恨，便设法迫害他们。他们编造莫须有的罪名陷害兄弟俩，但在铁的事实面前，最终兄弟俩得到了清白之名。但尕勒莽兄弟俩怕受到迫害，就率领十八个族人，牵了一峰白骆驼，驮着故乡的水、土和《古兰经》，离开了撒马尔罕向东进发，去寻找新的乐土。

　　他们不辞辛苦，跋山涉水，越过新疆天山，从北往东进嘉峪关，经过甘肃的肃州、甘州、天水、甘谷，进入宁夏又辗转来到拉卜楞的甘家滩。当尕勒莽离开故乡后，又有同族四十五人，沿着尕勒莽走过的地方越过新疆天山，从南路东进，跨过雪山冰峰，进入青海境内，沿青海湖南岸，进入现今青海的贵德县，除十二人留在贵德县的园珠沟地区外，其余三十多人继续东进，在拉卜楞的甘家滩与尕勒莽弟兄巧遇，相互说赛俩木（阿拉伯语，意为你好）。休息一阵后，他们又继续向前行进。之后他们进入循化的夕昌沟，翻过孟达山，来到街子的奥土斯山。这时天色已晚，他们也精疲力竭，便就地休息。夜里，他们发现骆驼不见了，便到处寻找骆驼。他们点上火把从一山坡上下来，找到沙子坡时天亮了。在黎明中他们回望街子一带，只见那里地势平衍，森林茂密，草场莽莽，清流纵贯，是个好地方。他们就到那里去找水喝，发现有一眼泉水，走失的骆驼就在水中化为白石了。众人喜出望外，忙拿出带来的水和土试量，刚好与故乡的水土相符，大家便决定在此住下来。这天是明洪武三年（1370 年）五月十三日。（《撒拉族简史》编写组，1981:8—9）

　　据研究，撒拉族源自我国隋唐时期突厥乌古斯撒鲁尔部。公元 6 世纪前，乌古斯人生活在天山东部。西突厥政权解体之后，乌古斯人大量西迁。公元 9—10 世纪，乌古斯人在锡尔河流域创作了流传千年的英雄史诗《先祖科尔库特书》。此史诗被联合国教科文组织列为全人类重要文化遗产。撒鲁尔人在该史诗中扮演着重要角色。10 世纪左右，乌古斯人已信奉了伊斯兰教。

　　11 世纪，包括撒鲁尔人在内的乌古斯人南下，征服阿拔斯王朝，建立了著名的塞尔柱帝国，并定都巴格达。12 世纪中叶，撒鲁尔人在今伊朗地区建立了持续近 150 年的撒鲁尔王朝。在此时期，一部分撒鲁尔人继续西迁，到达今天的土耳其，建立了尕勒莽王朝，并最终于 15 世纪和其他突厥人共同建立了奥斯曼帝国。留在中亚的部分撒鲁尔人成了今天土库曼人最主要的来源。

　　以尕勒莽为首的部分撒鲁尔人则随同当时的蒙古军队辗转来到中国征战，于 1227 年攻占积石州。由于在元朝统一的多民族国家形成中发挥了重要作用，撒拉族先民被任命为积石州"达鲁花赤"，管辖包括今循化在内的大片土地。在东迁时携带的阿拔斯王朝时期的《古兰经》手抄珍本，被撒拉族人民保存至今。在明代，这部分撒鲁尔人形成了现代意义上的撒拉族。除中国撒拉族之外，撒鲁尔人还分布在现在的土耳其、土库曼斯坦、阿塞拜疆、叙利亚、伊朗、阿富汗等国。（马伟，2008，2009b）

1.2.3　社会文化

近八百年的发展，来自中亚的乌古斯部撒鲁尔人在中国大地上形成了一个新的民族——撒拉族。近八个世纪的发展也使得撒拉族形成了自己较为独特的民族文化。

撒拉族的经济成分传统上有农业、畜牧业、园艺业、商业等，其中农业占有重要的地位。撒拉族先民入居循化后，在经济生产方面不拘一格，宜牧从牧，宜林从林，或狩猎工副，或耕地从农，并积极向当地兄弟民族学习，择善而从。早期，撒拉族主要居住地街子是农业区，苏只地区是牧业区，孟达地区是狩猎区和副业区，清水地区是农副业区。解放前，街子地区的农业，苏只地区的畜牧业，清水地区的人们所擅长的伐木业及孟达地区人们靠山吃山所从事的打柴、制作木制农具等，仍具有鲜明的地区特点。随着社会的发展，撒拉族畜牧业、伐木业等在经济结构中的比重不断下降，而乡镇企业、商业贸易、建筑运输、园艺业、服务业等行业异军突起，成为带动撒拉族经济发展的主要力量，撒拉族经济结构正在发生着深刻的变化。

撒拉族传统社会有"阿格乃"、"孔木散"、"阿格勒"、"工"等社区组织。阿格乃意为"兄弟"，是以父系血统为纽带的近亲组织。它由兄弟分居后的小家庭组成。孔木散是指"宗族"，是由阿格乃血缘关系中分化出来的、以父系血缘为纽带的远亲组织。阿格勒意为村庄，由几个孔木散组成。早期，一个村庄只有一个孔木散。工是由几个村庄形成的。早期循化撒拉族地区有十二工，后来并为八工，就是上四工（查汗都斯工、苏只工、街子工、查加工）和下四工（清水工、孟达工、张尕工、乃曼工）。以上八工和化隆的外五工（甘都工、卡日岗工、上水地工、黑城子工、十五会工）被统称为"撒拉八工外五工"。（马伟、马芙蓉，1997）

撒拉族信奉伊斯兰教，有格底目、伊黑瓦尼、嘎地林耶门宦等分支派别。格底目是历史最为悠久的派别，实行单一教坊制，所有教坊各自独立，互不隶属，不实行教主制。阿訇和学董由群众推选，任期有限。1748年，甘肃河州（今临夏）回民马来迟在循化传播"花寺格底目"。光绪年间街子工阿訇韩木洒在循化传播嘎地林耶门宦。该派也称老新教。20世纪初，甘肃河州东乡果园村人马万福在循化传播伊黑瓦尼派。"伊黑瓦尼"为阿拉伯语，意为弟兄。该派又称"尊经派"、"新教"等。此外，甘肃安定回民马明心曾于乾隆时期在循化传播哲赫忍耶，后与花寺格底目发生冲突，并导致苏四十三反清起义。起义失败后，清政府将其斩尽杀绝，现在其教徒在循化地区极少。过去，撒拉族地区存在过"尕最制"总掌教的教长制度。"尕最"是阿拉伯语，意为法官。尕最执掌全族的教规、教法，负责管理整个撒拉族的宗教事务。废除土司制后，尕最也被废除。

　　撒拉族教育的早期形式主要是家庭教育。自伊斯兰经堂教育兴起后，撒拉族儿童开始进入附近的清真寺学《古兰经》和伊斯兰教义。所学课程有《古兰经》注释，《圣训》、教义学、教法学、哲学、阿拉伯语语法及相关知识。这些经典著作既有用阿拉伯语、波斯语、小经形式（用阿拉伯字母拼写汉字）的，也有用土尔克文的。民国时期，撒拉族才逐渐接受现代新式教育，当地小学设有语文、算术、历史、地理、体操、手工以及伊斯兰宗教课等。小学毕业后，学生到西宁昆仑中学学习。建国后，尤其是 20 世纪改革开放以来，撒拉族教育发生了翻天覆地的变化。目前，几乎所有撒拉族儿童都能接受学校教育。（冯敏，2000：28—38）

　　除使用汉文外，在历史上撒拉族曾使用过一种文字，叫"土尔克"文，这是一种以阿拉伯、波斯文字母为基础的文字，实际上是中亚和新疆地区各突厥语民族所共同使用的"察哈台文"。根据现有材料来看，至 19 世纪时，土尔克—撒拉文不仅用于宗教方面的注释经文，翻译经典，而且已经成为社会通信、书写契约、纪事立传、著书立说的应用文而被一部分撒拉族群众所掌握（韩建业，1989）。著名学者杨涤新先生（1945）也指出："撒拉人之能写读其本族文字者，为数已少，此次笔者在街子大寺中，曾见该族之文献资料，其中包括有《撒拉族志》一部（写于清道光年间），神话故事一部，诗歌两部，天经注解一部，皆为撒拉文所写，书法精锻，保存亦完全，其字体亦与阿拉伯字母大同小异，此数部书籍虽少，足以证明撒拉人为有文字、有文化之民族。"在宗教方面撒拉族还使用阿拉伯文和波斯文。

　　由于撒拉族社会没有广泛使用以上所述的文字，丰富多彩的民间文学只以口头形式流传，因而许多优秀作品逐渐失传了。故事、神话、传说、童话、寓言、笑话等是撒拉族民间文学中以说为主的重要内容，《阿姑尕拉姬》、《阿娜云红姬》、《公道县长》、《马生宝》、《云古日玛》、《五十三阿舅》、《狼、狐狸和兔子》、《狼与山羊》等是其中的主要作品。撒拉曲、宴席曲、花儿等是撒拉族所喜爱的民歌。撒拉曲用撒拉语演唱，代表作有《巴西古溜溜》、《撒拉尔才西巴尕》、《皇上阿吾》等。宴席曲代表作有《阿丽玛》、《依秀尔玛秀尔》、《阿舅儿》等。撒拉族"花儿"有"清水令"、"孟达令"等"撒拉令"曲调。建国以后，撒拉族汉语作家文学开始产生。不仅有一大批作家涌现于文坛，而且撒拉族作家的文学创作领域也在不断拓宽。

（冯敏，2000：34—35）

撒拉族有着较为独特的服饰。过去撒拉族男子内着短衣，腰间系一条红布带或丝绸带，外着狭窄长衣。头戴白色或黑色圆顶帽。青年男子多穿白色汗衫，外套黑坎肩。老人多穿长衫，头缠布巾。冬天穿羊皮袄或羊毛织的"褐子"，脚穿布鞋或牛皮制的"洛提"。青年女子喜穿颜色鲜艳的衣服，常在花衣服上套黑色坎肩，爱戴耳环、手镯、戒指等。妇女都戴盖头。青年女子一般戴绿色盖头，中年妇女戴黑色盖头，老年妇女戴白色盖头。现在，撒拉族服饰风格已发生很大变化，逐渐朝着现代时尚的方向发展。男子穿西服、中山服、夹克衫、皮夹克、各类皮鞋，戴手表等。女子穿西服、皮夹克、旗袍、各类皮鞋，戴手表、金银首饰等。

在饮食方面，撒拉族过去以青稞、土豆等为主，现以小麦为主，辅以大米、青稞、荞麦及各类蔬菜等。食物形式有馒头、烙饼、焜锅馍、面条、面片、拉面、稀饭、搅团等。过节或举行婚礼期间，则炸油香、馓子、麻花，做油搅团，煮牛羊肉、鸡肉等，并有各种炒菜。茶类有奶茶、麦茶、熬茶、三炮台等。由于信奉伊斯兰教，撒拉族禁止吸烟喝酒，忌食猪、马、驴、骡等肉，并忌吃自死动物肉和喝动物血。现在，随着生活水平的提高，撒拉族食物种类也日渐丰富起来。

撒拉族同一"阿格乃"、"孔木散"一般都居住在同一区域。房屋多为平顶泥屋，以木料、泥土结构为主。庭院中都栽种果树、花木等。大房坐北朝南，房檐前雕刻有各式精美花草图案。大房中间是堂屋，两边凸出部分为卧室。孟达地区平地较少，人们往往修建二层楼房，上层为卧室，下层为厨房等，而且这种楼房墙壁多由柳条编成篱笆后涂泥而成。家庭分居时，父母和幼子同居旧宅，其余儿子重新置家安居。如今以砖石、水泥等材料为主的平房或楼房正成为撒拉族民居的主流形式。

婚姻方面，撒拉族一般实行族内婚，但与回族之间的通婚也不少。这主要是由于撒拉族和回族都信仰同一宗教，有许多生活习俗相同。撒拉族与藏族、汉族等之间也有个别通婚现象。撒拉族的婚礼程序有：提亲、送订茶、送彩礼、念证婚词、待客、送（娶）亲、回门等。过去，在婚礼过程中有说"吾如乎苏孜"（意为对亲戚的话）、表演骆驼舞等习俗。丧葬方面，撒拉族实行土葬，并讲求速葬。亡者当天被净身后，以白布缠身，殓入木匣，抬玉坟院后进行土葬。送葬第三天、"头七"、"二七"、"三七"、四十天和一百天等日子，亡人家属要宰羊、煮麦仁饭，进行纪念活动。

1.2.4 语言使用

撒拉族的语言使用情况因地区不同而显示出不同的特点。在撒拉族最集中的循化县,除县城所在地草滩坝村约一半撒拉族已转用汉语外,其他村子的撒拉族目前还使用撒拉语,撒拉语仍是他们的第一语言。对绝大部分撒拉族儿童来说,撒拉语在上小学之前是他们惟一的交流工具。撒拉语被广泛使用于他们的生活领域。在进入学校后,汉语成为教学语言,撒拉族儿童开始系统地学习汉语。除在学校外,绝大部分儿童在其他领域依然使用撒拉语。小学毕业时,撒拉族儿童大多获得日常会话所需的汉语能力。

但居住在西宁等城市的撒拉族在第二代时撒拉语已严重退化,相当一部分撒拉族孩子的第一语言已经是汉语了。在甘肃的撒拉族农村地区,只有老人会说撒拉语。那些即使在 60 岁左右的人都已失去了母语,他们一般都说汉语。在新疆的撒拉族地区,维吾尔语、哈萨克语或汉语已经取代撒拉语成为撒拉族群众的主要交际工具。在乌鲁木齐市,只有两三个撒拉族老人还在说撒拉语,绝大部分撒拉族已失去母语而转用了汉语或维吾尔语。在阿勒泰地区,绝大部分撒拉族也已失去母语而转用了汉语或哈萨克语。

历史上,循化地区的撒拉族由于和藏族的相互往来较多,有相当一部分人会说藏语。即使在现在,一部分 60 岁以上的撒拉族男子仍会用藏语进行日常交际。由于宗教原因,撒拉族当中的个别阿訇能用阿拉伯语和波斯语进行日常交流。(个人田野调查,2006,2012;马伟,2009a)

第二章 名词

名词是表示人或事物名称的词。此处我们将考察撒拉语名词的构形法和构词法，前者包括形态变化的形式手段和形态变化所表达的语义范畴与句法功能。构形法是指同一个词的不同形式之间的形态变化，而构词法是指构成新词的形态变化。

2.1 名词短语语法属性的表达手段

此节我们将讨论名词（包括名词短语）的句法功能和语义功能的语法表达手段。以下所谈的手段并不都是构形形态，而包含了可能的各种语法手段，以便和构形手段进行对比，分析它们的作用大小、比例或相互配合关系。

2.1.1 黏着性词缀

词都是由语素构成的。语素是语言中最小的音义结合体。由一个语素构成的词叫做单纯词，如汉语中的"人"、"水"、"从容"、"巧克力"，撒拉语中的 kiš（人）、gel-（来）、kem（谁）、su（水）、bar（富）等。由几个语素构成的词叫做合成词，如汉语中的"学习"、"司机"、"气功"、"电视机"、"帽子"、"哥哥"，撒拉语中的 qoy et（羊肉）、ana kiš（女孩）、döyi yul（骆驼泉）、dimerji（铁匠）等是合成词。根据语素在词中的作用，可将语素分为词根和词缀两种。词根是词汇意义的主要承担者，而词缀附加在词根上只表示某种词汇或语法意义。一个词必须要有词根，但可以没有词缀。由词根和词缀构成的词为派生词。

黏着性词缀属于严格的形态手段，是指附加在词干（stem）或词根（root）上的虚语素。从其分布位置看，黏着性词缀按常见度可分为后缀、前缀和中缀。就词缀的功能而言，有屈折语型词缀和黏着语型词缀之别。这是区分屈折型语言和黏着型语言的主要标准。屈折型语言中，一个词缀可同时表达几项语法范畴（如性、数、格）的意义，其中任何一个范畴的意义变化都得替换词缀，而每个词干一般只带一个表示多重意义的词缀。

黏着性语言中，通常情况下一个词缀只表示一种范畴的一个意义，要表达不同范畴的多个意义就得在词干上附加多个不同词缀。（刘丹青，2008：286-287）

撒拉语属于黏着语，其名词后面可加词缀（从位置而言为后缀），如表示复数的词缀-lAr。通过和属于屈折语类型的俄语相比，撒拉语的黏着语特点就比较清楚了：

表 2-1   **撒拉语和俄语的黏着语特点比较**

	俄语 stena（墙）		撒拉语 dam（墙）	
	单数	复数	单数	复数
主格	sten-á	stén-y	dam-ø	dam-lar
领格	sten-ý	sten-ø	dam-niǧi[①]	dam-lar-niǧi
与格	sten-é	stén-am	dam-a	dam-lar-a
工具格	sten-ój	stén-ami	dam-la(nǐ)	dam-lar-la(nǐ)

这里同为表达"墙"的单复数的 4 种格，俄语使用了-á、-y、-ý、-é、-am、-ój、-ami 及零形式-ø 共 8 种形式（刘丹青，2008：287），而撒拉语只用了复数后缀-lar、领格后缀- niǧi、与格后缀-a、工具格后缀-la(nǐ) 及零形式-ø 共 5 种形式。

2.1.2 附缀助词

附缀助词被认为是一种既有附着性又比词缀独立的语法要素。撒拉语的 ox 可被视为是这样的助词，如：

u   armut   ox   yiy-er.
他   梨   强调   吃-现在时
他就吃梨。（即一般不吃别的）

Ali   daš   ox   dama-r.
阿里   石头   强调   抬-现在时
阿里就抬石头。（即一般不抬别的）

---

① 撒拉语中领格形式-niǧi 可以有-ni 的自由变体，后者是-niǧi 中的-ǧi 脱落的结果。本书中二者可以互换。

这两句中的 ox 没有具体的意义,强调前面的名词,"表示事物的准确属性"。ox 也可以出现在短语后,如:et ma emex ox "就肉和馍馍"。因此,从严格意义上来说 ox 不算是形态手段,但"用助词表达的名词范畴可以看成形态现象,属于一定程度的分析性形态"。(刘丹青,2008:290)

2.1.3　后置词

前置词(preposition)和后置词(postposition)实际上就是广义上的介词或附置词,是用来表达名词短语句法功能的虚词。撒拉语中没有前置词,只有后置词,如:

ang-a　　göre　　se(n)　　piser-e　　ačïš-qar　　a .
那-向格　依照　　你　　我们-向格　疼爱-将来时　强调
可见,你会关爱我们。(讽刺语气,实指不会关爱)

me(n)　　sang-a　　vol(a)　　gel-ji.
我　　　你-向格　　为了　　来-过去时
我为了你来了。

这两个句子中,第一句中的 göre 用在 anga "那"(向格)后表示依据,相当于汉语中的介词"根据";第二句中的 vola 用在 sanga "你"(向格)后表示目的。可见,撒拉语中格后缀和后置词可同时出现,当然二者也可单独出现。

2.1.4　语序

有时不依靠形态或虚词手段,仅仅靠语序就能表示名词短语的语法意义和语法关系。如同汉语的主语、宾语主要靠语序来表示,撒拉语中有时也可用语序表达主语和宾语的类别,如:

čuxur　　kiš　　it　　yi-ba(r).
如今　　人　　狗　　吃-进行体
如今人吃狗。

čuxur　　it　　kiš　　yi-ba(r).
如今　　狗　　人　　吃-进行体
如今狗吃人。

　　当然，撒拉语中格后缀也可表达主语、宾语。在什么情况下靠语序，什么情况下靠格后缀，还与名词的有定性与无定性相关。

2.1.5　派生构词程序

　　这是指名词附加以构词形态后可派生出其他词性的词，以满足句法结构及表意的需要。有些名词加-li 可派生出表示具有该名词性质的形容词，如 dağ"山"、jonggi"庄稼"附加-li 以后就可派生出 dağli"山区的"、jonggili"农业的"这样的形容词。有些名词加-lA 后派生出具有该名词性质的动词，如 baš"头"、der"汗"附加-lA 后可派生出 bašla-"率领"、derle-"出汗"。

2.1.6　其他手段

　　撒拉语名词等还可通过重叠表达一定的语法意义，如一般所说的谐音词就是名词重叠以后具有了"××一类的"的泛指意义，如：

gölex-mölex　　牛一类的
dal-mal　　　　树一类的
kiš-miš　　　　人一类的

　　有些名词重叠后表示逐指，具有"每××"的意义，并和格后缀结合后作状语，如：

ular　　　öy　öy-e　　gir-e　　vax-ba(r).
他们　　家　家-向格　进-副动　检查-进行体
他们每家每户地检查。

　　有些名词重叠后表示数量多，具有"许多××"的意义，和一些格后缀结合后作宾语，如：

pise(r)　　dağ　dağ-nï　　öt　　gel-ji.
我们　　　山　山-宾格　　翻越　来-过去时
我们翻了许多山过来了。

2.2　句法功能的形态表现（格）

　　本节探讨的是撒拉语中一些句法功能如主语、宾语、补足语、话题、焦点等是如何用形态手段表达的。

2.2.1　主语

传统语法在分析句子结构时，首先将句子分为主语和谓语两个部分。主语是陈述的对象，谓语是对对象的陈述。在表示动作行为的句子中，主语一般与动作的施事相联系。

2.2.1.1　不及物动词的主语

有些语言中及物动词的主语和不及物动词的主语采用同样的表达手段，一般用主格形式，与及物动词的受事或宾格相区别。有些语言中及物动词的主语和不及物动词的主语不属于同一功能，不及物动词的主语却与及物动词的受事是一类的，在形态方面是相同的。把前一种语言称之为主-宾格语言，简称宾格型语言；把后一种语言称之为通—作格型语言，简称为作格型语言（刘丹青，2008：295）。撒拉语属于宾格型语言，即及物动词的主语和不及物动词的主语都采用相同的表达手段，与及物动词的受事或宾格相区别（当及物动词的受事为不定指时，也可采用主格形式）。撒拉语不及物动词的施事（对情状有控制力）、非施事（对情状没有控制力）在形态上都相同，没有采用不同的形式。

2.2.1.2　及物动词的主语

撒拉语中及物动词的施事、非施事对主语形态影响不大，如：

me(n)　su　iš-ji.
我　　水　喝-过去时
我喝了水。

me(n)　Xadï　oxïš　bil-er.
我　　汉　　文　　懂-现在时
我懂汉文。

第一句中的 me(n) 为施事，第二句中的 me(n) 为非施事，但二者都采用相同的主格形式，在形态上没有不同的标记。但领有动词"有"的主体则不能用主格，要用向格形式。如汉语"我有钱"中的"我"与"我喝了水"中的"我"在形式上都一样，但撒拉语为：

mang-a　heli　var.
我-向格　钱　　有
我有钱。

2.2.1.3　系词结构的主语

撒拉语系词结构的主语和及物动词、不及物动词的主语一样，都采用相同的形态形式即主格，如：

me(n)　　Salïr　　i-dïr.
我　　　撒拉尔　　是-现在时
我是撒拉族。

2.2.2　宾语

宾语是动词所支配或关涉的对象，可分为直接宾语和间接宾语。

2.2.2.1　直接宾语

表示动词所表达的动作直接涉及的事物或人的宾语被称为直接宾语；撒拉语的直接宾语用宾格、主格和从格形式来体现。当表达事物的有定性时，直接宾语使用宾格形式-nI 或从格形式-dAn，如：

me(n)　　emex-ni　　yi-ji.
我　　　馍馍-宾格　　吃-过去时
我把馍馍吃了。

me(n)　　dağ-nï　　gör-ji.
我　　　山-宾格　　看见-过去时
我看见山了。

me(n)　　Ali-ni　　dana-jï.
我　　　阿里-宾格　　认识-过去时
我认识了阿里。

seler　　armut-dan　　čut-da　　yi　　ya.
你们　　梨-从格　　　拿-副动　　吃　　吧
你们拿梨吃吧。

ey-ingsi-ler　　　　kitap-dan　　adïr.　　（adïr ＜ al-da var）
自己-2人称复数-复数　　经书-从格　　拿走
你们自己拿走些经书。

以上例子中，emex（馍馍）、dağ（山）和 Ali（阿里）都是说话人和听话人知道的信息。因此，作为直接宾语它们都带了宾格标记-nI，如同汉语"把"字句"我把馍馍吃了"中"馍馍"是定指，即对说话人和听话人来说都是已知的。上例后两句中的 armut（梨）和 kitap（经书）也都是定指的，不同在于前三句中动词的动作行为涉及整个直接宾语，而这两句中的从格形式表明句中主要动词的动作行为只涉及到直接宾语的部分对象。

　　当表达不定意义时，直接宾语采用主格形式，如：

me(n)　　emex　　yi-ji.
我　　　　馍馍　　吃-过去时
我吃了馍馍。

me(n)　　dağ　　gör-ji.
我　　　　山　　看见-过去时
我看见山了。

*me(n)　　Ali　　dana-jï.
　我　　　阿里　　认识-过去时
我认识了阿里。

　　上例中主格形式的 emex（馍馍）和 dağ（山）表示它们是不定的，即没有透露出具体是什么馍馍或什么山。但由于"阿里"是人名，是定指的，所以作为直接宾语它不能以主格形式出现，而只能以宾格形式出现。

　　有时，一个句子中直接宾语可以多达几个，如：

me(n)　　a-nï　　ayax-ï-nï　　bağla-jï.
我　　　　他-宾格　脚-3属人称-宾格　捆-过去时
我捆了他的脚。

u　　mi-ni　　baš-ïm-nï　　göz　tiš-ji.
他　　我-宾格　头-1属人称-宾格　眼　打穿-过去时
他打破了我的头。

me(n)　　si-ni　　qaran-ïng　　aš-ar.
我　　　　你-宾格　肚子-2属人称　开-现在时
我要剖开你的肚子。

me(n)　　a-nï　　bel-i-ni　　　sun-dar-jï.
我　　　　他-宾格　　腰-3属人称-宾格　　折-使动-过去时
我把他的腰弄折了。

me(n)　　a-nï　　bala-la(r)-nï　　su　　iš-er-ter-ji.
我　　　　他-宾格　　孩子-复数-宾格　　水　　喝-使动-使动-过去时
我叫他让孩子们喝水了。

　　在许多语言中，主语有时在句子中可以不出现。如果主语不被表示出来，有些语言中宾语就取主格而非宾格（刘丹青，2008：300）。撒拉语的主语有时也可以不出现，如：

emex-ni　　yi-ji.
馍馍-宾格　　吃-过去时
吃了馍馍。

emex　　yi-ji.
馍馍　　吃-过去时
吃了馍馍。

　　这两个句子都省略了主语，它们都可以是 se(n) nang yi-ji?（你吃了什么？）的省略了主语 me(n)（我）的回答。不同在于第一句中，直接宾语 emex 使用宾格标记，表示定指；第二句中，直接宾语 emex 使用主格形式，表示不定性。如果这两句不省略主语，那么回答也是相同的，即主语的省略对直接宾语形态没有影响。但 emex-ni yi-ji. 也可以是 emex qali?（馍馍在哪儿呢？）的回答，但不能以 emex yi-ji.来回答 emex qali?（馍馍在哪儿呢？），因为 emex yi-ji.中的 emex 表达的是不定指的，不符合问句中的 emex 定指属性的特点。

2.2.2.2　间接宾语
　　间接宾语表示给予类动词的接受者或取得类动词的来源者。撒拉语的间接宾语用与格/向格、从格形式来表达，如：

u　　mang-a　heli　bir　dasïr　ver-ji.
他　　我-与格　　钱　　一　　元　　给-过去时
他给了我一元钱。

me(n)   a-nĭ   qulax-ĭn-a   shola-jĭ.

我   他-宾格   耳朵-3 属人称-向格   打-过去时

我打了他的耳朵。

me(n)   Ali-ğa   orax   or-aš-jĭ.

我   阿里-向格   收割   收割-共同态-过去时

我帮阿里收割（麦子）了。

上例中"我"、"阿里"都是以与格/向格的形式充当间接宾语。如果动词是取得类动词，间接宾语就用从格形式-dAn，如：

me(n)   Ali-den   heli-ni   učile   gel-jĭ.

我   阿里-从格   钱-宾格   借   来-过去时

我从阿里那儿把钱借来了。

me(n)   Ali-ni   saj-ĭn-dan   dat-jĭ.

我   阿里-宾格   头发-3 属人称-从格   拉-过去时

我是从头发上拉阿里的。

2.2.3 补足语

撒拉语系词结构的补足语（表语）形态方面与主格相同，如：

me(n)   er   kiš   i-dĭr.

我   男人   人   是-现在时

我是男人。

u   Abudu   ir-a.

他   阿布都   是-现在时

他是阿布都。

上例中表语 kiš 和 Abudu 都取主格形式。

2.2.4 话题和焦点

话题是一个句子中所讨论的主题。撒拉语句子中的话题总是出现在句首。一个句子的某个部分要当作话题，一般就是把它提到句首，在形态、句法上不发生变化，如要将 me(n) emex-ni yi-ji（我吃了馍馍）中的 emex

当作话题，就直接将其提前，这样句子就变为 emex-ni me(n) yi-ji（馍馍我吃了）。

　　语言中常常以形态、虚词、语序等手段对某一语言成分进行强调突出，以吸引听话人的注意力。这个被强调的部分一般被称为"焦点"。撒拉语句子中名词短语的强调一般用助词 ox 来表达，没有专门的形态标记，如：

u   tux   et   ox   yiy-er.
他   鸡   肉   强调   吃-现在时
他就吃鸡肉。（即一般不吃别的）

　　在这个句子中，说话人用助词 ox 强调 tux et（鸡肉），表示他吃肉时大多吃鸡肉。此外，词缀-čüx 也具有强调意义，而且强调程度更高。如 u tux etčüx yiyer. 他只吃鸡肉。

2.3　非限定结构中的相关成分

　　非限定结构以非限定动词为核心，没有语气或时态变化，但可以有体的变化。撒拉语的非限定动词有形动词、副动词、动名词等。下面我们将着重探讨撒拉语非限定动词的各类论元/句法成分，即非限定动词的主语、宾语等，考察它们以何种形态—句法身份出现。

2.3.1　"绝对"结构

　　在这种结构中谓语部分是没有时态变化的非限定动词，但这种非限定动词仍可以带主语、宾语、表语等，这些所带成分的形态—句法表现与限定句中的主语、宾语、表语等相同，但整个"绝对结构"不能独立存在，只能作为主句的从属成分存在，如：

Ali   heli   učile   ber-e,   me(n)   öy   al-jï.
阿里   钱   借   给-副动   我   房子   买-过去时
通过阿里（给我）借钱，我买了房子。

　　这句话中，Ali heli učile ber-e 是以非限定结构形式出现的，其中由于动词 učile ber 后附加了副动词词缀-e，使其失去了独立性，只能作为后面主句的从属句而存在。但非限定动词 učile ber-e 带有自己的宾语 heli 和主语 Ali，如果不嫌啰嗦还可以出现间接宾语 manga（我）。

2.3.2　不定式

不定式是动词的无标记或基础形式（原形），如英语的 walk "走"、kick "踢"。不定式可以有句法或形态标记，也可以没有这种标记，如英语 he saw her go "他看见她去了" 和 he wants to go "他要去" 中，"去" 分别有 go 和 to go 的形式（戴维，2000：182）。撒拉语中没有这种严格意义上的动词不定式形式，类似的形式是撒拉语的名词化短语。如 he saw her go 和 he wants to go 在撒拉语中可分别表达为：

u　　a-niği　　va(r)-ğan-ï-nï　　　gör-miš.
他　　她-领格　　去-形动-3 属人称-宾格　　看见-过去时
他看见她去了。

u　　va(r)-ğu-sï　　gi-ba(r).
他　　去-形动-3 属人称　　来-进行体
他想去。

在上例第一句中，var-（去）附加了名词化词缀-ğan，并且以领格形式引出其施事论元。在第二句中，var-（去）附加了名词化词缀-ğu。和限定动词能带名词向格形式充当的状语一样，这里的非限定动词 va(r)-ğu 也可以带向格形式的状语 öy-e 作状语，如 u öy-e va(r)-ğu-sï gi-ba(r)（他想去家里）。当然，上例第一句中，var-（去）的施事论元也能以主格形式出现（为避免歧义，现用 "阿里" 代替 "她"），如：

u　　Ali　　va(r)-ğan-ï-nï　　　gör-miš.
他　　阿里　　去-形动-3 属人称-宾格　　看见-过去时
他看见阿里去了。

此外，撒拉语中动词的-sA 形式也有类似英语不定式的功能，如：

u　　var(-sa)　　yara-ba(r).
他　　去（条件）　　可以-进行体
他可以去。

词缀-sA 省略与否都不影响句子意义的表达。这儿动词 var-（去）可以以原形出现，并且没有时态变化，而真正的限定动词是后面的 yara-，它带了时态标记-ba(r)。撒拉语的这句话与英语的 it is OK for him to go 也非常接近。

2.3.3　动名词

动名词是动词起名词作用的词，兼有动词和名词的一些特点，因此动名词能够带有自己的一些论元结构。撒拉语的动名词形式-GUsI、-(I)š、-ğUjI 都可以带一些不同形式的论元，如：

me(n)　　odun　　qala-ğu-sï　　　al-jï.
我　　　柴　　烧-形动-3 属人称　买-过去时
我买了烧的柴。

上例中动名词 qalağusï（烧的东西）没有主语，只带了主格形式的宾语 odun。撒拉语及物动词本来既可以带定指的宾格形式-nI 的宾语，也可以带不定指的主格形式的宾语，如可以说 odun qala，也可以说 odun-nï qala，但动名词-GUsI 形式只能带主格形式的不定指的宾语，而不能带宾格形式的定指的宾语。这可能是因为动名词-GUsI 指一类事物，因而其所带宾语只能是不定指的一类事物，而不是具体的事物。可以通过附加定指的宾格形式-nI 使动名词变为定指，但即使这样其所带宾语仍不能是定指的宾格形式。如：

me(n)　　qala-ğu-sï-nï　　　al-jï.
我　　　烧-形动-3 属人称-宾格　买-过去时
我买了燃料。

*me(n)　　odun-nï　　qala-ğu-sï　　al-jï.
我　　　柴-宾格　　烧-形动-3 属人称　买-过去时
*我买了烧柴。

当上例第二句撒拉语表示"我买了木柴作燃料"时也可以成立。

当动名词-(I)š 形式作主语和宾语时，其施事主语以领格形式出现，动名词自身也附加人称领属附加成分，体现前后领属关系的一致，如：

a-niği　　čeden　　für-eš-i　　　　yaxšï　　ir-a.
他-领格　背斗　　编-动名-3 属人称　好　　是-现在时
他编织背斗的编法好。

" 这里的动名词 für-eš 还带有其宾语 čeden，同样 čeden 也以主格形式出现，不能以定指的宾格形式出现。动名词-GUsI 形式也具有类似的特点，如：

mi-niği	qïš-ïn-da-ğï	yi-ğü-si-m	dos-jï.
我-领格	冬天-3 属人称-位格-领属	吃-形动-3 属人称-1 属人称	完-过去时

我的冬粮完了。

这句话中 yiğüsim 作为名词还带有一个定语 qïš-ïn-dağï。其中-da-ğï 来自位格-da +功能转换词缀-GI＜-da + -ğï。具有状语功能的位格-da 形式附加了-ğï 就具有了定语功能。当然，由于 yiğüsim 也具有动词的一些特点，因此这句话中的定语也可以被替换为 qïš-ïn-da 作时间状语。

动名词-ğUjI 形式本身具有 "做××的人，干××的人" 之意，因此，该形式不带主语，而只带宾语，如：

ağïl-a	saxat	yasa-ğujï	gi-miš.
村-与格	家具	做-形动	来-过去时

给村里做家具的人来了。

上例中动名词 yasa-ğujï 带了主格形式的直接宾语 saxat，意为做家具的人。同时，它还带了与格形式的间接宾语 ağïl-a。此句中的直接宾语也能以定指形式 saxat-nï 出现，意为 "做家具的人到村里来了"。

在英语等一些语言中，由动词转化成名词的个别词有自指功能，即指动作行为本身，如名词 refusal 来自动词 refuse（拒绝）、名词 suggestion 来自动词 suggest（建议）等。在支配论元方面，它们没有直接带主宾语的能力。这种派生的构词现象，不是完全可以类推的。这种现象被称之为名词化。而一些由动词转变的、具有转指功能的名词，如汉语 "听者" 指听的施事，古汉语 "所求" 指求的受事等不属于这种名词化（刘丹青，2008：307）。除了动名词外，撒拉语名词 orax（"收割"＜or-"收割" + -ax）、otax（"锄草"＜ota-"锄草" + -x）等也属于这种具有自指功能的名词化现象。

2.4　空间和时间语义功能的表达

2.4.1　空间语义功能的表达

在许多语言名词的格形态或功能相当的其他标记手段中，表处所类的占了很大比重，因此，在考察跟格有关的名词标记手段时，有必要区分处所性和非处所性语义功能的表达方式（刘丹青，2008：308）。

2.4.1.1　非处所性语义功能的表达

2.4.1.1.1　受益者

受益者为动作行为间接及于的对象。撒拉语动作行为的受益者用与格形式表达，如：

u　　Ali-ğa　　　neme　　qayna-t-ba(r).

她　阿里-与格　　饭　　　熟-使动-进行体

她在给阿里做饭。

ama-m　　　　mang-a　išdan-ïm-nï　　　yama　ber-ji.

妈妈-1属人称　我-与格　裤子-1属人称-宾格　缝补　给-过去时

我妈给我缝了裤子。

2.4.1.1.2　来源

来源是某事物运动所移开的个体，这种运动可以是实际运动，也可以是隐喻性的运动。撒拉语非处所性来源的意义即隐喻性的运动也通过表处所性来源的标记-dAn 表示，如：

me(n)　mu-nï　　aba-m-dan　　　angna　gel-ji.

我　　这-宾格　爸爸-1属人称-从格　听　　来-过去时

我从我爸爸那儿听说了这（事）。

bu　gölex-den　sïx-qan　süt　i-dïr.

这　牛-从格　　挤-形动　奶　是-现在时

这是由牛挤的奶。

2.4.1.1.3　工具

工具是实施某行为的物体，或某事情发生的方式。撒拉语的工具标记和伴随者一样都可用工具格-lA(nI)来表达，如：

me(n)　em-ni　čuxrax　su-la(nï)　iš-ji.

我　　药-宾格　开　　水-工具格　服-过去时

我用开水服了药。

u　kiret-le(ni)　qo-nï　aš-jï.

他　钥匙-工具格　门-宾格　开-过去时

他用钥匙开了门。

撒拉语中没有类似英语中的 without 的否定式工具表达形式，而是用动词的否定形式表达否定意义，如：

me(n)　　em-ni　　čuxrax　　su-la(nǐ)　　iš-me-ji.
我　　　药-宾格　　开　　　水-工具格　　服-否定-过去时
我没用开水服药。

u　　kiret-le(ni)　　qo-nǐ　　aš-ma-jǐ.
他　　钥匙-工具格　　门-宾格　　开-否定-过去时
他没用钥匙开门。

除了-lA(nI)外，撒拉语还可用名词短语的向格形式来表示工具意义，如：

u　　aš-nǐ　　joǧ-qa　　süt-ba(r).
他　　饭-宾格　　勺子-向格　　舀-进行体
他用勺子舀饭。

u　　neme-ni　　talar-a　　daša-ma,　　el-in-e　　daša-ba(r).
他　　饭-宾格　　盘子-向格　　端-否定　　手-3属人称-向格　　端-进行体
他不用盘子端饭，（而是）用手端饭。

2.4.1.1.4　伴随者

伴随者是指和施事同时进行某种动作行为的对象。撒拉语的伴随者标记为工具格-lA(nI)，或有时在-lA(nI)后再结合以 bi(r)le、birleǧa 等词，如：

Ali　　diu　　o-čüx-le(ni)　　čal-aš-mǐš.
阿里　　那　　男孩-有定-工具格　　摔-共同态-过去时
阿里和那个男孩摔跤了。

Ali　　ama-sǐ-la(nǐ)　　　　　bi(r)le　　var-jǐ.
阿里　　妈妈-3属人称-工具格　　一起　　去-过去时
阿里和他妈妈一起去了。

me(n)　　ma　　gaga-m　　išgi-si-m　　ana-čüx-le(ni)
我　　和　　哥哥-1属人称　　二-3属人称-1属人称　　姑娘-有定-工具格

birleğa   var-jï.

一起   去-过去时

我和哥哥俩同那姑娘一起去了。

伴随者主体的一些附带状况或条件，被称为伴随状况。伴随状况和伴随者的表达方式相同，也用工具格-lA(nI)表达，但其后不能出现 birle、birleğa等副词，如：

aba-m   ağar-ğan   pong-ï-la(nï)   iš   et-ba(r).

爸爸-1属人称   病-形动   身体-3属人称-工具格   事   做-进行体

我爸以有病之身在工作。

伴随者和伴随状况的否定意义也是通过动词的否定形式来表达。

2.4.1.1.5 领属

撒拉语的领属关系既可以从核心名词的领属人称范畴体现，又可以从领属语的领格形式来体现，如：

a-niği   aba-sï

他-领格   爸爸-3属人称

他的爸爸

si-niği   el-ing

你-领格   手-2属人称

你的手

mi-niği   göz-im

我-领格   眼睛-1属人称

我的眼睛

ešgü-m   qïl-ï

山羊-1属人称   毛-3属人称

我的山羊的毛

jonggi-ng   gil-iš-i

庄稼-2属人称   来-动名-3属人称

你的庄稼收成

ana-sï　　　　bala-sï

姑娘-3属人称　　孩子-3属人称

他女儿的孩子

上例前三个结构中，如果省略了前面的人称代词的领格形式，其意义也不会发生变化。后三个例子 ešgü-m qïl-ï、jonggi-ng giliš-i 和 ana-sï bala-sï 都是省略领属语领格形式的结果。这里核心名词后的词缀被称之为名词的领属人称范畴。撒拉语名词的领属人称范畴只有人称的区别，没有单数、复数的区别。举例如下：

表 2-2　　　　　　　　　　　　名词领属人称

人称	附加成分		例词		
	名词以元音结尾	名词以辅音结尾	dam	qo	em
			墙	门	药
第一人称	-m	-Im	dam-ïm	qo-m	em-im
第二人称	-ng	-Ing	dam-ïng	qo-ng	em-ing
第三人称	-sI	-I	dam-ï	qo-sï	em-i

有时，撒拉语领属语和核心名词都不带任何形态，而以名词本身形式出现，如 gölex baš（牛头）、qoy tire（羊皮）、Salïr bala（撒拉族孩子）、Tiut kiš（藏族人）等。有时，领属语以名词自身形式出现，而核心名词以第三人称领属形式出现，如 Altiuli bala-sï（街子孩子）　su baš-ï（水源）、zhuma gün-i（星期五）、šira ayax-ï（炕桌腿子）等。这两种领属关系形式的领属语都是名词的主格形式，区别在于核心名词的形式不同。前者的核心名词为名词主格本身，表示一种类型的事物或人；后者的核心名词带了第三人称领属附加成分，表示某一确定的事物或人。

2.4.1.1.6　特性

撒拉语中用来说明一个对象特性的修饰性名词可以直接与核心名词组合，如 tux ačïx（直译为鸡脾气，意为容易生气）、dimer zanzi（铁碗）、xaxït heli（纸币）、gölex kiš（直译为牛人，意为莽撞之人）。特性的否定式表达方法没有专门的像英语的引进特性词的 without 式标记，如 a man without humour（一个没有幽默感的男子）中用 without 引出特性词 humour。撒拉语的特性否定只能由其后的动词否定形式-mes 表达出来，如 dimer zanzi e-mes-gen（不是铁碗）。

上例前三个结构中的核心名词还可以带有第三人称领属附加成分，这时这些语言单位就有了定指的意义，即核心名词所指称对象属于某一特定的人或事物，如 tux ačïx-ï（直译为他的鸡脾气，意为他的容易爆发的脾气）、dimer zanzi-si（他的铁碗）、xaxït heli-si（他的纸币）等。

dimer zanzi、xaxït heli、gölex kiš 中表特性的修饰性名词 dimer、xaxït、gölex 也可以成为中心名词，然后由原来的中心名词进行修饰，如：

bu　　zanzi-niği　　dimer-i
这　　碗-领格　　　　铁-3 属人称
这（只）碗的铁材

bu　　heli-niği　　xaxat-ï
这　　钱-领格　　纸-3 属人称
这钱的纸张

bu　　kiš-niği　　gölex-i
这　　人-领格　　牛-3 属人称
这人的莽撞

这种语义表达方法被称之为特性参照。tux ačïx 无法转换成类似的特性参照表达方式，可能是由于 tux（鸡） 和 ačïx（脾气）的结合很紧等原因，无法再颠倒语序由 ačïx 对 tux 进行修饰。

2.4.1.1.7　数量

这里的数量是指对象的某种数量特征，而不是对象本身。撒拉语表达数量特征时，往往用数词的领格形式，如：

on　　oman-niği　　yağ
十　　斤-领格　　　油
十斤的油

beš　　dasïr-niği　　heli
五　　元-领格　　　钱
五元的钱

这里不是说油和钱的数量，而是指以十斤为单位的油和以五元为面值的钱。

当表示对象本身的数量时，撒拉语中数量词语大多位于名词之后，而且如果作为对象的名词是可数名词，一般只用数词；如果名词是不可数名词，一般配合使用量词，如：

kiš　on
人　十
十个人

bala　döt
孩子　四
四个孩子

yaǧ　bir　oman
油　一　斤
一斤油

un　üš　küre
面　三　斗
三斗面

有时，撒拉语的数词位于名词前，如 on kiš（十个人）、döt bala（四个孩子）、bir oman yaǧ（一斤油）、üš küre un（三斗面）。这两种不同的表达方式与数量词语的句法及语义有密切关系。

2.4.1.1.8　物料

撒拉语的物料语义直接由名词作定语来表达，如 altun sïrǧa（金耳环）、gümüš panjir（银手镯）、aǧaš sovan（木犁）等。其否定形式也不能否定名词，只能以动词的否定形式出现。

2.4.1.1.9　方式

以名词尤其是以抽象名词表示的方式跟工具格-lA(nI)相同，如：

me(n)　bu　heli-ni　nit-le(ni)　ve(r)-ǧen-i　i-dïr.
我　这　钱-宾格　诚意-工具格　给-形动-3 属人称　是-现在时
我诚心诚意给了这钱。

u　kine-ni　ačïx-la(nï)　yiur-miš.
他　妻子-宾格　生气-工具格　送-过去时
他一气之下休了妻子。

否定式的方式是以否定动词或否定整个名词化的小句结构形式来表达

的，如：

u   kine-ni   ačïx-la(nï)   yiur-me-miš.

他   妻子-宾格   生气-工具格   送-否定-过去时

他不是因为生气休了妻子。

u   kine-ni   ačïx-la(nï)   yiur-ğen-i   e-mes-a.

他   妻子-宾格   生气-工具格   送-形动-3属人称   是-否定-现在时

他不是因为生气休了妻子。

2.4.1.1.10　原因

撒拉语用名词表明原因的形式常用的是省略中心语后的形动词形式 -GAn 附带词缀-niği，如：

me(n)   yağmur   yağ-qan-niği   var-al-ma-jï.

我   雨   下-形动-领格   去-能-否定-过去时

我由于下雨没能去。

u   da   kiji   vo(l)-ğan-niği   yür-el   yox-a.

他   还   小   成为-形动-领格   走-能   没有-现在时

他由于还小，走不了。

有时名词的从格形式-DAn 或工具格形式-lA(nI)也可以表示原因，如：

pise(r)   buğün-gi   sel-den   mören-ni   öt-el-me-ji.

我们   今天-领属   洪水-从格   河-宾格   过-能-否定-过去时

我们由于今天的洪水未能过河。

me(n)   yağmur-dan   var-al-ma-jï.

我   雨-从格   去-能-否定-过去时

我由于下雨未能去。

me(n)   ağrïx-la(nï)   var-al-ma-jï.

我   病-工具格   去-能-否定-过去时

我由于有病未能去。

2.4.1.1.11　目的

撒拉语中名词向格形式或向格形式与后置词 vol(ï)（为了）结合起来表达动作行为的目的，如：

o-m　　　　liangzi-ğa　　var-jï.
儿子-1 属人称　士兵-向格　　去-过去时
我儿子当兵去了。

me(n)　zhuma-ğa　gel-ji.
我　　主麻①-向格　来-过去时
我来做主麻了。

u　heli-ğa　vol(ï)　Ali-le(ni)　yemen(-a)　va(r)-mïš.
他　钱-向格　为了　阿里-工具格　坏 (-向格)　去-过去时
他为了钱和阿里交恶了。

me(n)　armut-a　vol(ï)　bağ-ïm-nï　　sïxla-bïr.
我　梨-向格　为了　园子-1 属人称-宾格　守-进行体
我为了梨而守园子。

以动词短语的-GAn 形式附加与格/向格词缀，再结合 vola（为了）也是常见的表目的的方法，如：

Ali　mung-a　gačala-š-qan-a　　gi-miš.
阿里　这-向格　*说话-共同态-形动-向格　来-过去时
阿里到这儿聊天来了。

bu　xaxat-nï　me(n)　oxaš　piti-ğen-e　al-jï.
这　纸-宾格　我　字　写-形动-向格　买-过去时
这纸是我为写字而买的。

2.4.1.1.12　功用

撒拉语用名词的主格形式结合动词 et-（做，当作）表达对象的功能，如：

---

① 主麻：穆斯林星期五的聚礼。

bu　heli-ni　mal　et-duğu.

这　钱-宾格　彩礼　做-折使

把这钱当作彩礼。

ular　u　ana-čüx-ni　yoğmo　et-miš.

他们　那　姑娘-有定-宾格　奴仆　做-过去时

他们把那个姑娘当作了奴仆。

2.4.1.1.13　关涉

撒拉语用名词与格/向格形式表达关涉的对象，如：

bu　iš-e　se(n)　ačïxlan　qu-ma.

这　事-向格　你　生气　留下-否定

对于这事你不要生气。

u　kiš-čüx-ge　heme　kiš　yaxšï　yenša-ba(r).

那　人-有定-向格　所有　人　好　说-进行体

大家对那（个）人的评价都很好。

2.4.1.1.14　转化

撒拉语名词的主格结合一些特定动词如 yasa-（造）、čingnat-（使……成为）、yarat-（创造）等表达转化之意，如：

ağaš-lar-nï　ki:imu　yasa-mïš.

木料-复数-宾格　船　造-过去时

木料被造了船。

aba-sï　ma　ama-sï　a-nï　axun　čingna-t-mïš.

爸爸-3属人称　和　妈妈-3属人称　他-宾格　阿訇　成为-使动-过去时

他的父母把他培养成了阿訇。

balux-nï　Xuda　i-ğa　yi-ğüsi　yara-t-mïš.

鱼-宾格　真主　自己-向格　吃-形动　适合-使动-过去时

真主让鱼成为我们合法的食物。

有时，名词的向格形式与动词 yiur-（放开，派）结合表达转化意义，如：

u　　šira-nï　　bir　čat-mïš-da　doza-maza(-ğa)　yiur-miš.

他　炕桌-宾格　一　砍-过去时-副动　碎（-向格）　　　派-过去时

他一刀把炕桌砍碎了。

ular-nï　　döy-miš-de　šar-šur(-ğa)　　　yiur-miš.

他们-宾格　打-过去时-副动　唏里哗啦（-向格）　派-过去时

他们被打得唏里哗啦。

2.4.1.1.15　部分—整体

表示某一物体或生命体的部分与整体关系时，撒拉语仍用普通的领属关系表达法，整体为名词的领格形式，部分为核心名词的第三人称领属形式，如：

bu　　dağ-niği　baš-ï

这　　山-领格　　峰-3属人称

这（座）山的山峰

Ali-niği　　el-i

阿里-领格　　手-3属人称

阿里的手

撒拉语名词从格形式还可表达部分—整体关系中的数量意义的部分，这时作为部分的数词作名词短语的核心，作为整体的名词作名词短语的定语，如：

čam　qoy-ma-da　et-den　bir　čut-a　yi.

客气　放-否定-副动　肉-从格　一　拿-副动　吃

别客气，拿点肉吃。

bala-lar-dan　išgi　kiš　qo-nï　sïxla.

孩子-复数-从格　二　人　门-宾格　守

两个孩子守门。

撒拉语中还有类似于上例第二句的句子，如：

išgi　kiš　qo-nï　sïxla.

二　人　门-宾格　守

两人守门。

这两句的区别在于，balar-dan išgi (kiš)与 išgi kiš 的不同。前一句的潜在意义可为：孩子们中的两个（人）守门，妇女们中的三个人做饭。而后一句的潜在意义可为：两个人守门，三个人做饭。因此，前一句是拿孩子和其他人相比，而后一句是拿两个人和别的数目的人相比。

撒拉语这种部分—整体关系中的数词还可以是部分量化词，如：

bala-lar-dan　　biji
孩子-复数-从格　　一些
孩子们中的一些（人）

但撒拉语中不能出现*biji bala（一些孩子）这样的结构。表部分—整体关系意义的否定形式为对动词的否定，如：

bala-lar-dan　　bir　　da　　ge(l)-me-miš.
孩子-复数-从格　　一　　也　　来-否定-过去时
孩子们一个都没来。

bala-lar-dan　　gi-ğüji　　bir　　da　　yox-a.
孩子-复数-从格　　来-形动　　一　　也　　没有-现在时
一个孩子都没来。

2.4.1.1.16　价格
表示价格的度量成分在撒拉语中标记为与格/向格形式或工具格形式，如：

Ali　　öy-i-ni　　　　yiğirme　zanzi-ğa　sat-mïš.
阿里　　房子-3 属人称-宾格　　二十　万-向格　卖-过去时
阿里以二十万元（的价钱）卖了他的房子。

me(n)　bu　　išdan-nï　　elli　　dasïr-la(nï)　al-jï.
我　　这　　裤子-宾格　五十　元-工具格　买-过去时
我以五十元（的价钱）买了这（条）裤子。

此外，度量成分的从格形式也是表示价格的常用方法，如：

u   soğan-ĭ-nĭ   bir   bağlax-qa   beš   dasïr-dan   sat-jĭ.
他   葱-3属人称-宾格   一   捆-向格   五   元-从格   卖-过去时
他以每把五元（的价钱）卖了他的葱。

2.4.1.1.17　价值
撒拉语可用领属关系表达价值，其中领属语为度量词的领格形式，如：

on   dasïr-niği   xay
十   元-领格   鞋
十元的鞋

yibeykuy-niği   ča
一百元-领格   茶
一百元的茶

2.4.1.1.18　距离
撒拉语中表达动作行为所覆盖的空间距离时，直接在动词前使用度量词，如：

Ali   il-in-e   on   ahlam   ahla-jĭ.
阿里   前-3属人称-向格   十   步   跨-过去时
阿里往前跨了十步。

a-niği   chezi-si   bir   gün-de   yičen   günli   yür-miš.
他-领格   车子-3属人称   一   天-位格   一千   公里   走-过去时
他的车子一天走了一千公里。

2.4.1.1.19　幅度
撒拉语中可以直接用数量词指明形容词的度量，如：
bu   beš   qulïš   uzun   ir-a.
这   五   庹   长   是-现在时
这个五庹长。

u   tuturğan-čüx   išgi   oman   ağïr   ir-a.
那   大米-有定   二   斤   重   是-现在时
那大米两斤重。

　　撒拉语的幅度还可以用一种常用的方法来表达，就是用形容词（实际上已转化为名词）的-lïğa 形式配合动词 var-/vara-来表达，如上例句子意义也可以用以下方式表达：

bu　uzunlïx^①-a　beš　qulïš　var.

这　长度-向格　　五　庹　　有

这个有五庹长。

u　　tuturğan-čüx　ağïrlïx-a　išgi　oman　var-a.

那　大米-有定　　　重量-向格　二　斤　　有-现在时

那大米有两斤重。

2.4.1.1.20　包括、排除和附加

名词的工具格形式-lA(nI)与后置词 lamli 组合可引进被包括对象，如：

a-la(nï)　lamli　sekis　kiš　qal-jï.

他-工具格　包括　八　　人　留下-过去时

包括他，（有）八（个）人留下了。

ušax-ï-la(nï)　　lamli　xus-nï　　man　tada-duğu.

小-3 属人称-工具格　包括　核桃-宾格　全部　摘-祈使

包括小的，把核桃都摘下来。

　　名词的从格形式带后置词 dašï（除了、以外）可以表达排除意义，如：

Ali-den　dašï　　man　gi-miš.

阿里-从格　以外　全部　来-过去时

除了阿里以外都来了。

　　其实，上例中除 Ali-den dašï 外，确定代词 man（全部）在包括意义方面也起着作用，如果把 man 改为具体的数量词，则包括意义变成了附加意义，如：

---

① 虽然现代撒拉语中由形容词附加-lAx 或-lXx 构成的抽象名词如 uzunlux（长度）、bixilix（高度）、ağïrlïx（重量）、xalanglux（厚度）等已不见使用现象，但表示幅度时形容词后都附加-lïğa。我们认为这可能是附加成分-lAx 或-lXx 与向格标记-A 的组合。

Ali-den　　daŝï　altï　kiš　gi-miš.

阿里-从格　以外　六　人　来-过去时

除了阿里以外（有）六（个）人来了。

2.4.1.1.21　呼格

撒拉语中一般用叹词 e 作为呼格助词，然后带称谓词进行称呼，如 e ana（哎，姑娘）、e nine（哎，老大奶）等。当用 ye 做呼格助词时，在语气上有点生硬或自大之义，如：

ye,　avo,　se(n)　qala　va(r)-ğur　i?

哎　男孩　你　哪儿　去-将来时　呢

哎，小伙，你去哪儿呢？

当对称谓词进行强调以引起听话人注意时，撒拉语还可以在称谓词后附加 -(a)y 词缀，如 abay（爸爸）、amay（妈妈）、loshay（老师）等。

2.4.1.1.22　引述与标牌

撒拉语中用动词 di-（说）的不同形式可表达引述内容，如：

u　uxla-ğan-da　ağzï-n-da　aba　aba　di-ba(r).

他　睡觉-形动-位格　嘴-3 属人称-位格　爸爸　爸爸　说-进行体

他睡觉时嘴里喊着"爸爸，爸爸"。

对标牌内容，撒拉语用 dijA(nI) 引出，如：

qo-sïn-da　Salïr　fangön　di-je(ni)　piti-ba(r).

门-3 属人称-位格　撒拉尔　饭馆　说-副动　写-进行体

他门上写着"撒拉尔饭馆"。

2.4.1.2　处所性语义功能的表达

撒拉语表处所性语义功能的形式为名词的位格 -dA、向格 -(G)A 和从格 -dAn 等形式，分别相当于"在"、"到"、"从，经由"，如：

处所类型	在	移动到	从……移动来	经由
普通	-dA			-dAn
接近	yan-da	yan-a	yan-dan	yan-dan
里面	iš-in-de	iš-in-e	iš-in-den	iš-in-den

外面	daš-ïn-da	daš-ïn-a	daš-ïn-dan	daš-ïn-dan
前面	il-in-de	il-in-e	il-in-den	il-in-den
后面	ardï-n-da	ardï-n-a	ardï-n-dan	ardï-n-dan
上面	išde-n-de	išde-n-e	išde-n-den	išde-n-den
上面（触及）	išde-n-de	išde-n-e	išde-n-den	išde-n-den
表面	dašï yan-da	dašï yan-a	dašï yan-dan	dašï yan-dan
下面	jiuyi-n-de	jiuyi-n-e	jiuyi-n-den	jiuyi-n-den
下面（触及）	jiuyi-n-de	jiuyi-n-e	jiuyi-n-den	jiuyi-n-den
边侧	qïrğï yan-da	qïrğï yan-a	qïrğï yan-dan	qïrğï yan-dan
边侧（触及）	qïrğï yan-da	qïrğï yan-a	qïrğï yan-dan	qïrğï yan-dan
一侧	bir yan-da	bir yan-a	bir yan-dan	bir yan-dan
一侧（触及）	bir yan-da	bir yan-a	bir yan-dan	bir yan-dan
（较远）那边	u yan-da	u yan-a	u yan-dan	u yan-dan
（较远）那边的（触及）	u yan-da	u yan-a	u yan-dan	u yan-dan
两个对象当中	išgi-si ara-sïn-da	išgi-si ara-sïn-a	išgi-si ara-sïn-dan	išgi-si ara-sïn-dan
三个以上对象当中	üš-ti-si ara-sïn-da	üš-ti-si ara-sïn-a	üš-ti-si ara-sïn-dan	üš-ti-si ara-sïn-dan
围绕	—	—	—	-dAn ilan
对面	il-in-de	il-in-e	il-in-den	il-in-den
里面（长形物）	iš-in-de	iš-in-e	iš-in-den	iš-in-den
外面（长形物）	daš-ïn-da	daš-ïn-a	daš-ïn-dan	daš-ïn-dan
上面（长形物）	išde-n-de	išde-n-e	išde-n-den	išde-n-den
上面（触及，长形物）	išde-n-de	išde-n-e	išde-n-den	išde-n-den
表面（长形物）	daš-ï yan-da	daš-ï yan-a	daš-ï yan-dan	daš-ï yan-dan
里面（长形物）	iš-in-de	iš-in-e	iš-in-den	iš-in-den
里面（触及，长形物）	iš-i yan-da	iš-i yan-a	iš-i yan-dan	iš-i yan-dan

2.4.2　时间语义功能的表达

撒拉语表达时间关系的语法手段主要有名词性短语的位格、与格/向格、从格、主格等形式。

2.4.2.1　普通时间的表达

2.4.2.1.1　一天中的某一时点

撒拉语虽然有自己的基本数词系统，但由于钟表等新兴事物的名称都是汉语借词，因此以钟表计时的时间词也都是汉语借词。撒拉语表达以钟表计时的时间时往往使用汉语的时间名词附加位格-dA 的方法，如：

buğün　　sandien-de　　var-a.

今天　　三点-位格　　　走-祈使

今天三点走。

2.4.2.1.2　一天中的某个时段

撒拉语一天中的某个时段往往用时间名词的向格-(G)A 形式，如：erğen-e（早上）、ölden song-ïn-a（下午）、geji-sin-e（晚上）。有时，er（早上）、öyle-de（中午）、öl-den song-a（下午）、geji-si（晚上）等也可表示一天中的某一时段，但这些表达形式的来源可能并不相同。erğen 可能是 er-ex-in 的演变形式，是形容词 er（早）的名词形式的第三人称领属形式。ölden song-ï 是 öyle（中午）的-den 从格形式结合 song-ï（song "后" 的第三人称领属形式）形成的。geji-si 是 geji（晚上、夜晚）的第三人称领属形式。

2.4.2.1.3　一星期中的某一天

一星期中的某一天用名词的向格形式，如 šinčisi-ğa（星期四）、šinčivu-ğa（星期五）、zhuma-ğa（星期五）、pešembe gün-e（星期四）、zhuma gün-e（星期五）等。这些时间名词都是汉语借词、波斯语借词或阿拉伯语借词（其中 gün 为撒拉语，意为 "天"），但其向格形式为撒拉语成分。

2.4.2.1.4　一月中的某一天

一月当中的某一天用向格形式，如 bir yang-a（初一）、beš yang-a（初五）。

2.4.2.1.5　节日

节日用时间名词的向格形式，但有时也用位格，如 qurban-da（古尔邦节）。

2.4.2.1.6　一年中的月份

月份用名词的向格形式，如 birinji ay-(ğ)a（一月）、bišinji ay-(ğ)a（五月）、exinji ay-(ğ)a（二月）、liuyüe-ğa（六月）。

2.4.2.1.7　季节的表达

季节用 yaz-ïn-da（春天）、yiy-in-de（夏天）、güz-in-de（秋天）、qïš-ïn-da（冬天）等位格形式，或 yaz-ïn-a（春天）、yiy-in-e（夏天）、güz-in-e（秋天）、

qïš-ïn-a（冬天）等向格形式。

2.4.2.1.8　年份表达

撒拉语既可用名词的-(G)A 向格形式，也可用名词的-dA 位格形式表达年份，如 qoy yïl-a（羊年）、bijin yïl-a（猴年）、qoy yïl-da（羊年）、bijin yïl-da（猴年）。关于公历，撒拉语一般直接用汉语年份结合撒拉语的向格或位格形式，如 erlinyiernian-da / erlinyiernian-a（2012 年）。

2.4.2.1.9　时间的复数形式

由于撒拉语名词有复数形式，以上所谈的这些普通时间名词可以有复数形式，如 sandian-lar-da（三点），öl-deng song-ïn-lar-a（下午）、pešembe gün-ler-e（星期四）、beš yang-lar-a（初五）、doxsïnjï ay-lar-(ğ)a（九月）、qïš-ïn-lar-a（冬天）、qoy yïl-lar-a（羊年）等。这些词的复数形式原来可能指周期性反复的时间，如 pešembe gün-ler-e 意为"每周四"等。现在的撒拉语中，这些词的意义带有"大约"之意，如 pešembe gün-ler-e 意为"大约星期四"等。

2.4.2.1.10　以时量表达时点

撒拉语中可以用时量定时点，如：

me(n)　　on　　gün-de　　gi-ğür.
我　　　 十　　天-位格　　来-将来时
我十天后回来。

me(n)　　on　　gün-den　　ili　　Senger-de　　var.
我　　　 十　　天-从格　　 前　　清水-位格　　 有
我十天前在清水。

前一句以时量词的位格形式表达某一确定的将来时点，而后一句用时量词的从格形式结合后置词 ili 表达某一确定的过去时点。

2.4.2.2　时段的表达

这里的时段不是指时间轴上的位置，而是指时间轴上的数量。撒拉语时间的数量用时量词的主格形式表达，如：

me(n)　　Sïliang-a　　gil-e　　beš　　yïl　　vo(l)-mïš.
我　　　 西宁-向格　　来-副动　五　　年　　成为-过去时
我来到西宁五年了。

geji　　me(n)　bir　gün　uxla-jĭ.

昨天　我　　一　天　　睡-过去时

昨天，我睡了一天。

过去某时间之前的时段，用时间名词的从格形式附加后置词 ili（前）表示，如：

geji-den　ili　iš　čĭx-ma-jĭ.

昨天-从格　前　事　出-否定-过去时

昨天之前没出事。

此句意义也可表达如下：

geji　　vo(l)-ğung-čüx　iš　čĭx-ma-jĭ.

昨天　成为-形动-强调　　事　出-否定-过去时

直到昨天没出事。

此句中用动宾短语 geji vol 的-ğung(<-ğan)形式结合词缀-čüx 表达时段。

将来某时间之前的时段，用时间名词的从格形式附加后置词 ili（前）表示，如：

ardï　gez　zhuma-dan　ili　me(n)　mun-da　var.

后　　次　星期五-从格　前　我　　这-位格　有

下星期五前我在这儿。

过去某时间之后的时段，用时间名词的从格形式-dAn 附加后置词 bele（以来）表达，如：

zhuma-dan　bele　me(n)　mun-da　var.

主麻-从格　以来　我　　这-位格　有

星期五以来我在这儿。

将来某时间之后的时段，用时间名词的从格形式附加后置词 ardï（以后）表达，如：

zhuma-dan　ardï　me(n)　mun-da　var.

主麻-从格　以来　我　　这-位格　有

星期五以后我在这儿。

过去某时段中的某时点，用时量词结合后置词 arasï（中间）的位格形式-dA 表达，如：

ili　　bir　ay　ara-sïn-da　　　u　üš　gez　ağar-jï.
之前　一　月　中间-3 属人称-位格　他　三　次　病-过去时
之前他一（个）月之间病了三次。

将来某时段中的某时点，也用时量词结合后置词 arasï（中间）的位格形式-dA 表达，如：

me(n)　beš　gün　ara-sïn-da　　　gi-ğür.
我　　五　天　中间-3 属人称-位格　来-将来时
我五天之内回来。

2.4.2.3　时间表达式与动词时体关系
由于动词也有时/体范畴，因此，与名词的时间表达形式能否同时出现在相同句子中值得观察。

2.4.2.3.1　时间名词的位格形式与动词时体关系
时间名词的-dA 位格形式可与动词过去时、现在时、将来时、过去进行体、将来进行体、完成体等同时出现在一个句子中，如：u öyle-de gel-ji（他中午来了），u öyle-de gi-miš（他中午来了），u öyle-de gel-er（他中午来），u öyle-de ge(l)-ğe(r)（他中午要来），geji öyle-de u öy-in-de uxlï-ba(r)（昨天中午他在家睡觉），ette öyle-de u uxlï-ba(r)（明天中午他在睡觉），u öyle-de iš-ni et vol-jï（他中午时干完了活儿）等句子中，时间名词的位格形式 öyle-de 可分别与动词的过去时标记-ji 和-miš、现在时标记-er、将来时标记-ğe(r)、进行体标记-ba(r)、完成体标记 vol 等同时出现在一个句子中。现在进行体与-dA 的结合视情况而定，当现在进行体表示现在正在进行的动作时，不能与-dA 结合。当现在进行体表示现在经常性的动作行为时，可以与-dA 结合，如：

me(n)　öyle-de　daš-ïn-da　iš-bür.
我　　中午-位格　外-3 属人称-位格　吃-进行体
我中午在外面吃。

撒拉语 u uxlï-ba(r) 意为"他正在睡觉"，句中动词前可出现 öyle-de，变成 u öyle-de uxlï-ba(r)。这时虽然 öyle-de 和-ba(r)同现，但此时句子的意思不是正在进行体，而是现在时意义，表示他每天中午都睡觉这样一个动作行为。如果"他"正在睡觉的时间是中午，那么句子当中不会使用时间名词的位格形式 öyle-de，而是使用 čuxur（现在）一词，如 u čuxur uxlï-ba(r) 意为"他现在在睡觉"，或者干脆不用时间名词，如 u uxlï-ba(r)（他在睡觉），指"他"睡觉的时间就是说话人和听话人都能感知的现在时间"中午"。

时量名词的-dA 位格形式可以与进行体结合，如 u beš gün-de gi-ba(r)（他五天以后来）表示将来要进行的动作，但不能与经验体标记-GAn var/vara 等同现，如*u beš gün-de ge(l)-ğen var（*他五天以后来过）。

2.4.2.3.2　时间名词的向格形式与动词时体关系

时间名词的-(G)A 向格形式可与动词过去时、现在时、将来时、过去进行体、将来进行体、完成体等同时出现在一个句子中，但不与现在进行体同现，如: ular zhuma gün-e gölex jar-jï（他们星期五宰了牛），ular zhuma gün-e gölex jar-mïš（他们星期五宰了牛），ular zhuma gün-e gölex jar-ar（他们星期五宰牛），ular zhuma gün-e gölex jar-ğa(r)（他们星期五将宰牛），ular ili gez zhuma gün-e gölex jar-ba(r)（他们上星期五在宰牛），ular ardï gez zhuma gün-e gölex jar-ba(r)（他们下星期五在宰牛），ular ili gez zhuma gün-e gölex jar vol-jï（他们上星期五宰完了牛）等句中，时间名词的向格形式-e 可分别与动词的过去时标记-jï 和-mïš、现在时标记-ar、将来时标记-ğa(r)、过去或将来进行体标记-ba(r)、完成体标记 vol 等同时出现在一个句子中，但是-e 不能与现在进行体同现。ular zhuma gün-e gölex jar-ba(r)中向格形式-e 与进行体标记-ba(r)同时出现，表示现在经常性的动作行为，即他们每星期五宰牛，或者指将来的动作行为。如果表示现在正在进行的动作行为，那么向格形式-e 与进行体标记-ba(r)不能同时出现，正在进行的动作只能由 ular gölex jar-ba(r)（他们在宰牛）或 ular bugün gölex jar-ba(r)（他们今天在宰牛）这样的结构来表达。注意后一句的时间名词 bugün（今天）是主格形式而不是向格形式。

时量名词的-(G)A 向格形式不能与单纯的过去时、现在时、将来时、进行体等在同一句子中出现，但可与这些范畴的完成体 vol 结合形式同现，如 ular beš gün-e jar vol-jï（他们五天之内宰完了），ular beš gün-e jar vo(l)-mïš（他们五天之内宰完了），ular beš gün-e jar vol-ar（他们五天之内能宰完），ular beš gün-e jar vo(l)-ğa(r)（他们五天之内将宰完），ular beš gün-e jar vo(l)-ba(r)（他们五天之内宰完）等。最后一句中，完成体与进行体的结合实际是指现在经常性的动作。

时量名词的-(G)A 向格形式不能直接与经验体标记-GAn var/vara 同现，如*ular beš gün-e gölex jar-ğan var（*他们五天之内宰过牛），但可与完成体的经验体形式 voğan var/vara 同现，如 ular beš gün-e gölex jar voğan var（他们曾在五天内宰完过牛）。

2.4.2.3.3　时间名词的从格形式与动词时体关系

撒拉语时间名词的从格形式-dAn 可以与动词过去时、现在时、将来时形式出现在同一句子中，如 u puldïr-dan bele em iš-ji（他自去年以来吃了药），u puldïr-dan bele em iš-miš（他自去年以来吃了药），u puldïr-dan bele em iš-er（他自去年以来吃药），u on gün-den ardï ge(l)-ğe(r)（他十天后要来）。

时间名词的从格形式-dAn 也可以与进行体出现在相同句子中，如 puldïr-dan bele u em iš-ba(r)（自去年以来，他在吃药），ardï gez zhuma-dan ardï u em iš-ba(r)（他下星期五以后，他在吃药）。因为，时间名词的从格形式-dAn 结合后置词不能指向现在的时间点，因此，时间名词的从格形式-dAn 不能表示正在进行的动作，即它无法与真正的现在进行体同现。如果它与进行体标记-ba(r)/-bïr 同现，则表示类似英语的现在完成进行时，或者表示将来进行体。

时间名词的从格形式-dAn 无法与完成体标记 vol 出现在相同句子中，但可以和经验体标记-GAn var/vara 等同现，如：puldïr-dan bele me(n) Sïliang-a beš gez va(r)-ğan var（自去年以来，我去过西宁五次）。

2.4.2.3.4　时间名词的主格形式与动词时体关系

主格形式的时间名词如果出现在主语、表语和定语位置上，那么它所表达的时间意义与动词的时体没什么关系。如：

bir　yïl　öt　bar-jï.
一　年　过　去-过去时
一年过去了。

buğün　zhuma　ir-a.
今天　星期五　是-现在时
今天是星期五。

geji-ği　et　čür-miš.
昨天-领属　肉　腐烂-过去时
昨天的肉腐烂了。

当它出现在状语位置上时，有两种类型：第一种是普通时间名词，如buğün（今天）、geji（昨天）、ette（明天）、puldïr（去年）、bi:li（今年）等，

这些时间名词和动词的各种时体都能结合。第二种是时量名词，如 beš gün
（五天）、bir ay（一个月）、sekis yïl（八年）等，可与过去时、现在时、将
来时、进行体同现，但不能和完成体同现，如：

me(n)　beš　gün　em　iš-ji.
我　　　五　天　药　吃-过去时
我吃了五天的药。

ular　　mun-da　beš　gün　ot-ar.
他们　这-位格　五　天　坐-现在时
他们在这儿会住五天。

ular　　mun-da　beš　gün　ot-qa(r).
他们　这-位格　五　天　坐-将来时
他们将在这儿住五天。

me(n)　bu　em-ni　beš　gün　iš-bïr.
我　　这　药-宾格　五　天　吃-进行体
这药我吃了五天了。

*me(n)　bu　em-ni　beš　gün　iš　vol-jï.
我　　这　药-宾格　五　天　吃　完-过去时
这药我五天吃完了。

注意最后一个句子撒拉语不成立，但汉语成立。

2.4.2.3.5　名词时间范畴表达式的位置

名词时间范畴的表达式在句子中主要出现在状语位置上（见上）。

2.5　格范畴

格是表示名词、代词、数词、形容词等与其他词的关系的语法形式。
撒拉语名词的核心格分为主格、领格、与格/向格、宾格、位格、从格六种。

2.5.1　核心格

2.5.1.1　主格

撒拉语主格为名词原形，在句子中可作主语、宾语、表语、定语、呼

语等，如：

> gün　　bat-mïš.
> 太阳　　落-过去时
> 太阳落了。

> me(n)　su　iš-ji.
> 我　　水　喝-过去时
> 我喝水了。

> bu　daš　i-dïr.
> 这　石头　是-现在时
> 这是石头。

> bu　et　lulïx　ir-a.
> 这　肉　菜　　是-现在时
> 这是肉菜。

> ana,　se(n)　qala　va(r)-ğur　i?
> 姑娘　你　　哪儿　去-将来时　　呢
> 姑娘，你去哪儿呢？

以上句子中名词的主格形式 gün（太阳）、su（水）、daš（石头）、et（肉）和 ana（姑娘）分别在句中作主语、宾语、表语、定语和呼语。此外，时间名词在句中常作状语，如：

> me(n)　buğün　jonggi-ğa　su　yu-jï.
> 我　　今天　庄稼-向格　水　浇-过去时
> 我今天给庄稼浇水了。

上例中时间名词 buğün（今天）在句中作状语。

2.5.1.2　领格

领格表示领有关系，在名词词干后附加-niği 构成，主要作定语，如：

> gölex-ing-niği　bala-sï-nï　　dat-mïš.
> 牛-2属人称-领格　孩子-3属人称-宾格　找到-过去时
> 找到你的牛犊了。

ana-čüx-niǧi　göz-i　　　　qoš　göz　ir-a.

姑娘-有定-领格　眼睛-3 属人称　双　　眼睛　是-现在时

那姑娘的眼睛是双眼皮。

　　上例第一句中　gölex-ing-niǧi（你的牛的）作　bala-sï（孩子）的定语，其中，-ing 为名词第二人称的领属词缀，-niǧi 为名词的领格形式，-sï 为 bala（孩子）的第三人称领属词缀。第二句中，ana-čüx-niǧi（那个姑娘的）作 göz-i（眼睛）的定语，其中，-čüx 为名词的有定标记，-niǧi 为 ana-čüx（那个姑娘）的领格标记，-i 为 göz 的第三人称领属词缀。

　　如果名词领格后中心语出现，那么领格标记-niǧi 一般都可以省略，如前面两句可分别为 gölex-ing bala-sï-nï dat-miš 和 ana-čüx göz-i qoš göz ira。如果中心语不出现，那么前面的领格标记不能省略，如：

bu　kem-niǧi　zorax-ï　　　i-dïr　　　i?

这　谁-领格　　帽子-3 属人称　是-现在时　呢

这是谁的帽子呢？

　　对于这个问句，可以有以下不同的回答：

bu　Ali-niǧi　　zorax-ï　　　　(i-)dïr.

这　阿里-领格　帽子-3 属人称　（是-）现在时

这是阿里的帽子。

bu　Ali　　zorax-ï　　　　(i-)dïr.

这　阿里　帽子-3 属人称　（是-）现在时

这是阿里的帽子。

bu　Ali-niǧi　　(i-)dïr.

这　阿里-领格　（是-）现在时

这是阿里的。

Ali-niǧi.

阿里-领格

阿里的。

　　通过上面的答句，我们看到名词领格之后的中心语可以省略；在中心语出现的情况下，定语的领格标记-niği 可以省略；如果中心语省略了，那么，定语的领格标记-niği 不能省略。

　　在定语为领格时，有时中心语也可以不出现领属词缀，如：

a-ni(ği)　　kiš(-in-e)　　　　vax-qan　mi-niği　kiš(-im)　　atux　ir-a.
他-领格　　人（-3 属人称-向格）　　比-形动　我-领格　　人（-1 属人称）　多　　是-现在时
比起他的人，我的人多。

　　由于定语领格已经标明后面中心语的所属性，因此，此句中的 kiš-in-e 可以省略为 kiš，kiš-im 可以省略为 kiš。这是语言的经济原则对羡余现象的反应。在特定语境下，有时中心语的领属词缀强制性不出现，如：

pisi(-niği)　　　kiš　atux　ir-a.
我们（-领格）　　人　多　　是-现在时
我们的人多。

aba　　　gel-ji.
爸爸　　来-过去时
爸爸来了。

　　上例第一句中，如果听话人不包括在"我们"之内，那么中心语"人"的完整形式应该是 kiš-im（我们的人），但正如前面所述，由于定语有领格形式，所以此时中心语的领属词缀-im 可省略。甚至于此处的定语领格标记-niği 也可以同时省略，因为，撒拉语第一人称的复数主格形式是 pise(r)，此处由于后面附加了领格-niği 词缀发生语音逆同化，使得 pise(r) 被同化为 pisi(-niği)。换句话说，即使-niği 被省略，pisi 也意指"我们的"，而没有"我们"之意。如果听话人包括在"我们"之内，那么中心语"人"只能以 kiš 的形式出现，是强制性的。此时，如果附加第一人称词缀-im 就意味着"人"只属于说话人一方，排除了听话人。这与定语的"我们"包括听话人之义相矛盾。上例第二句中，aba（爸爸）是说话人和听话人双方的爸爸，因此，不仅中心语 aba 不能出现领属词缀，而且前面的定语（可能形式为 i-niği 或 pisi-niği）也根本不需要出现。

2.5.1.3　与格/向格

撒拉语的与格与向格在形式上是一致的，都为-(G)A①，表示动作行为的间接对象、趋向、价格、工具、目的、时间、领有所属对象等，如：

u　Ali-ğa　　armut　bir　ver-ji.
他　阿里-与格　梨　　一　给-过去时
他给了阿里一（个）梨。（表示对象）

ini-m　　　öy-im-e　　var-jĭ.
弟弟-1属人称　家-1属人称-向格　去-过去时
我弟弟回家了。（表示方向）

bu　kitap-nĭ　on　dasĭr-a　al-jĭ.
这　经书-宾格　十　元-向格　买-过去时
用十元（钱）买了这（本）经书。（表示价格）

torax-nĭ　čeden-e　küt-ji.
土-宾格　背斗-向格　背-过去时
土是用背斗背的。（表示工具）

Ali　funie-ğa　var-jĭ.
阿里　副业-向格　去-过去时
阿里搞副业去了。（表示目的）

me(n)　u　gün-e　gel-ji.
我　那　天-向格　来-过去时
我那天来了。（表示时间）

① 名词第三人称领属性词缀形式后接与格/向格、位格、从格成分时，要先加-n-辅音成分，即与格/向格、位格和从格标记出现在名词第三人称领属性形式后面时，其形式为-n-(G)A、-n-dA 和-n-dAn。这个-n-成分可能是原始突厥语名词的一种旁格成分，如同代词还具有的形式（Lars, 1998:73），如撒拉语第三人称代词 a-niği（领格）、a-nĭ（宾格）、a-ng-a（与/向格）、a-n-da（位格）、a-n-dan（从格）。这个成分也被称为代词性附加成分（李增祥，2011:95）。本书将-n-当作名词第三人称领属词缀的组成部分，在谈及撒拉语的与/向格、位格和从格形式时，不再以格的附加成分对待。当-(G)A 附加在以元音结尾的名词之后时，G 不发生元音和辅音间的和谐，即不管前面出现的是前元音还是后元音，G 实际上都为发音部位靠后的 g[ʁ]。

sang-a   heli   atux   var-a,   mang-a   atux   yox-dïr.
你-向格   钱   多   有-现在时   我-向格   多   没有-现在时

你有许多钱，我没有多少。（表示领有所属对象）

u   aba-ğa   čïx-mïš.
他   爸爸-向格 上-过去时

他当上了爸爸。（表示身份）

2.5.1.4 宾格

宾格表示动作行为直接涉及的客体，同时具有定指的功能，在句子中作直接宾语，其标记形式为-nI，如：

iš-ni   et   vol-jï.
活-宾格 干   完-过去时

活干完了。

ette   pise(r)   mal-nï   al-ma   va(r)-ğur.
明天   我们   牲畜-宾格 接-副动 去-将来时

明天我们要去接牲畜。

上例中，-nI 形式标明 iš（活）作 et-（干）的直接宾语，mal（牲畜）作 al-（接）的直接宾语。在撒拉语中，除宾格形式外，在许多情况下不带宾格标记的名词（即主格形式名词）也可以作直接宾语，如：

me(n)   et   yi-ji.
我   肉   吃-过去时

我吃了肉了。

me(n)   kiš   gör-ji.
我   人   看见-过去时

我看见人了。

上例中，et 和 kiš 分别作 yi-和 gör-的直接宾语。对这种现象，有学者认为是宾格附加成分省略的结果，而且还举出许多例子，说明什么条件下用宾格标记，什么情况下可以省略（林莲云，1985：39；韩建业，2004：69—71）。其实，直接宾语如果是定指，就必须用宾格标记，如果是不定指的，就必须用主格标记（名词零形式）。也就是说使用宾格标记与否是强制性的，而不是自由的。当然，在直接宾语因其他标记已经显示出有定性时，其宾格标记可以省略，如：

me(n)　　baš-ïm(-nï)　　　　yili-bïr.
我　　　头-1属人称（-宾格）　　理-进行体
我在理我的头发。

在这句话中，由于 baš（头）已经带有-ïm（名词第一人称领属标记），显示出 baš 的有定性，所以之后宾格标记-nï 出现与否不影响句子的意思。因此，宾格标记的主要功能是定指还是受事需要进一步的研究。

2.5.1.5　位格

位格表示动作行为的时间、空间、范围、状态、领有等，在句中常作状语，其标记形式为-dA，如：

me(n)　　öyle-de　　gel-ji.
我　　　中午-位格　　来-过去时
我中午来了。

u　　qo-da　　tix-el-ba(r).
他　　门-位格　　立-反身态-进行体
他站在门口。

ana-lar　　iš-in-de　　　yaču(x)-jüğü　　Halmagu　　ir-a.
女孩-复数　　里-3属人称-位格　　漂亮-最高级　　哈丽玛姑　　是-现在时
女孩当中最漂亮的是哈丽玛姑。

bo-sï-čüx　　　düğ-de　　var-a.
老大爷-3属人称-有定　　悲痛-位格　　有-现在时
那老大爷在悲痛当中。

men-de　　irex　　var.
我-位格　　杏子　　有
我有杏子。

2.5.1.6　从格

从格表示动作行为的时空起源、原因、路径以及事物的材料、价格、数量、对比、从属等，其标记形式为-dAn，如：

geji-den   bele   asman   dum-jï.
昨天-从格   以来   天   阴-过去时
从昨天起，天变阴了。

Qadïr   bo   Yili-den   gi-miš.
卡得尔   爷爷   伊犁-从格   来-过去时
卡得尔爷爷从伊犁来了。

u   ağrïx-dan   var-al-ma-jï.
他   病-从格   去-能-否定-过去时
他因病未能去。

čuxur   Salïr   kiš-ler   hazhi-ğa   var-sa   Lanzhu-dan   va(r)-ba(r).
现在   撒拉尔   人-复数   朝觐-向格   去-条件   兰州-从格   去-进行体
现在，撒拉族从兰州去朝觐。

kish-ni   torax-dan   döy-ğen-i   ir-a.
土坯-宾格   土-从格   打-形动-3属人称   是-现在时
土坯是用土做的。

me(n)   pingö-m-ni   bir   dasïr-dan   sat-jï.
我   苹果-1属人称-宾格   一   元-从格   卖-过去时
我以一元（的价格）卖了我的苹果。

a-niği   öy-in-de   kiš-ler-e   heli   on   dasïr-dan   vi-miš.
他-领格   家-3属人称-位格   人-复数-与格   钱   十   元-从格   给-过去时
他家里给了每人十元钱。

se(n)   men-den   jadax   ir-a.
你   我-从格   大   是-现在时
你比我大。

türe-ng-den   bir   učile   ber-se   vo(l)-ğar   o?
铁锨-2属人称-从格   一   借   给-条件   可以-将来时   吗
可以借一下你的铁锨吗？

u　yirex-den　et-güsi　gil　yox-a.

他　心-从格　　做-形动　来　没有-现在时

他真的不想做。

u　ağïs-dan　yenša-ba(r).

他　嘴-从格　　说-进行体

他（只是）嘴上说说。

2.5.2　工具格和等同格

由于格词缀和后置词之间的界限不是很清楚（冯·加班，2004：78-79），因此，撒拉语格数量的多少在不同学者的眼里有不同的认识。林莲云（1985：37）、捷尼舍夫（1981：559）等认为撒拉语的格有主格、领格、与格/向格、宾格、位格、从格六种，而韩建业（2003：72—73）则提出除了以上六种格以外，撒拉语还有造联格和形似格。造联格形式为-la（孟达土语为-nene），形似格形式为-ka/-kamağï，如：me(n) ağašni palda-la čatji（我用斧子砍木头），se(n) Osman-la sorašji mu（你和奥斯曼商量过吗），öy išinde issi ot-ka（屋里热得跟火似的）中-la 形式表达工具和共同关系，-ka 形式表达某种相似的事物。

对于这种现象，Johanson（1998：39）在论及突厥语的共同特点时说，突厥语有六个核心格，即主格、领格、与格/向格、宾格、位格、从格，其中的格标记都是重读词缀，而其他一些被认为的格形式是次要的，其标记绝大部分都不重读，其中一部分跟后置词非常接近。基于这种认识，本书中撒拉语包括了六种核心格形式，以及工具格和等同格的两种其他格形式。-lA(nI)是工具格标记，表示使用的工具及伴随意义，如：

buğün　piser　dor-la(nï)　došan　bir　čut-jï.

今天　我们　网-工具格　　兔子　一　捉-过去时

今天我们用网捉住了一只兔子。

u　mi-ni　yiğni-le(ni)　bir　jilla-r.

他　我-宾格　针-工具格　　一　扎-现在时

他用针扎了我一下。

me(n)　ama-m-la(nï)　dağ-qa　var-jï.

我　妈妈-1属人称-工具格　山-向格　去-过去时

我和妈妈去山里了。

等同格标记有表示相似意义的-jA 和-jIlA 形式以及表示接近意义的-jo
形式，如：

se(n)　bala-ja　　　nang　yenša-bïr　i?
你　　孩子-等同格　什么　说-进行体　　呢
你像孩子一样说什么呢？

u　o-čüx　　gača　yenša-sa　ana　kiš-jile　yenša-ba(r).
那　男孩-有定　话　说-条件　女孩　人-等同格　说-进行体
那男孩像女孩一样说话。

上例中名词的等同格-jA 或-jIlA 形式可以被替换为名词和后置词 keme
的组合形式，而且意思保持不变。-jo 形式表示在数量方面的接近，如：

u　Imağïl-a-jo　　　qaš-mïš.
他　伊麻目-向格-等同格　逃-过去时
他一直逃到了伊麻目（村）。

ana-čüx　yaš　si-jo　　yaša-ba(r).
女孩-有定　岁数　你-等同格　活-进行体
那女孩岁数和你一样大。

bu　aš　dahli　ir-a,　　me(n)　üš　zanzi-jo　iš-ji.
这　饭　香　　是-现在时　我　　三　碗-等同格　吃-过去时
这饭香，我吃了三碗。

se(n)　mi-ni　　belğ i-jo　kemjila　qu-ma.
你　　我-宾格　这样-等同格　欺负　　留下-否定
你不要这样欺负我。

2.5.3　格的组合

世界上有些语言中出现双重格现象，即定语名词本身可能因为作定语
而要取领格或形容词化，但所修饰的核心名词本身又处在一个格形态中，
那么对于存在定中一致关系的语言来说，该定语可能又要标出与名词格一
致的格关系，从而出现双重格标注（刘丹青，2008：330）。撒拉语中没有这
种双重格现象。

撒拉语领格形式在其后所修饰的核心名词不出现时自己仍可单独出

现，并且可以直接和其他格结合，如：Ali-niği-ni ver（给阿里的），Ali-niği-n-e yet-er（能比得上阿里的），Ali-niği-n-den yi（吃阿里的），Ali-niği-n-de jičex var（阿里的有花），Ali-niği-je et（做得像阿里的那样），Ali-niği-jo yox-a（没有阿里的多），Ali-niği-le yasa（用阿里的做）等单位中，领格标记分别与宾格标记-ni、向格标记-e、从格标记-den、位格标记-de、等同格标记-je 和-jo、工具格标记-le 结合。这时的领格形式虽然不带其后的核心名词，但其作用与核心名词一样。因此，领格与这些不同格的组合，实际上是以领格形式体现的核心名词与其他格之间的组合。这种单独出现的领格形式如同汉语的"的"字短语，如"我的大，你的小"中"我的"和"你的"都是省略了其所修饰的中心语而形成"的"字短语，都可以起核心名词的作用，在句子当中作主语。

在领格与其他格结合时，有时为了强调对定语名词的处置性，领格标记可以转化为宾格标记，如：

a-niği　　baš-ïn-dan　　dama.
他-领格　　头-3属人称-从格　　抬
从他的头部抬。

a-nï　　baš-ïn-dan　　dama.
他-宾格　　头-3属人称-从格　　抬
从头部抬他。

a-niği　　ayax-ï-nï　　qičïxla.
他-领格　　脚-3属人称-宾格　　痒
痒他的脚。（强调对"他的脚"的处置）

a-nï　　ayax-ï-nï　　qičïxla.
他-宾格　　脚-3属人称-宾格　　痒
痒他脚。（强调对"他"的处置）

a-niği　　arxa-sïn-a　　čat-ma.
他-领格　　背-3属人称-向格　　砍-否定
不要砍向他的背。（强调别"砍"向"他背"）

a-nï　　arxa-sïn-a　　čat-ma.
他-宾格　　背-3属人称-向格　　砍-否定

不要砍他的背。（强调别对"他"以"砍"的方式处置）

2.5.4 功能转换词缀-GI

-GI 词缀可以将表示空间或时间意义的状语转换为定语，如：buğün（今天）→buğün-gi（今天的），geji（昨天）→geji-ği（昨天的），oza（刚才）→oza-ğï（刚才的），uzağïl（前年）→uzağïl-qï（前年的）等，是将作状语的时间名词转化为定语。-GI 词缀一个很重要的特点是通过与位格-dA 的结合，将作状语的名词形式转化为定语，如：dağ-da（在山上）→dağ-da-ğï（山上的），öy-de（在家里）→öy-de-ği（家里的），an-da（在那儿）→an-da-ğï（那儿的），buğün（今天）→buğün-de-ği（今天的），öyle（中午）→öyle-de-ği（中午的），er kiš（男人）→er kiš-de-ği（在男人那儿的），uzağïl（前年）→uzağïl-da-ğï（前年的）等。

-GI 形式功能和领格形式的功能完全一样，也可以没有中心语；没有中心语的-GI 形式也同领格一样可与不同的格组合。

2.6 数范畴

撒拉语中存在数的形态标记，其数范畴系统分单数和复数两种意义。单数一般用名词零形式表示，复数一般用名词附加词缀-lAr 来表示。

2.6.1 复数用法

2.6.1.1 复数标记

复数标记-lAr 直接附加在名词后表示两个或两个以上的数量意义，如：

bala-lar   öy-e   yan-mïš.
孩子-复数   家-向格   回-过去时
孩子们回家了。

u   ašlax-ï-lar-nï   sat-mïš.
他   粮食-3属人称-复数-宾格   卖-过去时
他卖掉了他的粮食。

Ali   gölex-ler-e   čöp   čöy   bi-ba(r).
阿里   牛-复数-与格   草   喂   给-进行体
阿里在给牛喂草。

当名词的复数标记、领属标记、格标记等同时出现时，其顺序一般是领属人称标记直接附加在名词词干上，其次是名词的复数标记，然后是格标记，如上例第二句中 ašlax-ï-lar-nï 中，名词 ašlax 后各标记的顺序依次为 -ï、-lar 和-nï。

2.6.1.2　并列名词后的复数标记

当多个名词并列出现时，复数标记既可出现在每个名词之后，也可出现在最后一个名词之后，但其表达意义不同，如：

me(n)	gišang-dan	yumuta-lar-nï	armut-lar-nï
我	县城-从格	鸡蛋-复数-宾格	梨-复数-宾格

zanzi-ler-ni	man	akel-ji.
碗-复数-宾格	全部	买来-过去时

我从县城把鸡蛋、梨和碗都买过来了。

me(n)	gišang-dan	yumuta	armut	zanzi-ler-ni	man	akel-ji.
我	县城-从格	鸡蛋	梨	碗-复数-宾格	全部	买来-过去时

我从县城把鸡蛋、梨和碗都买过来了。

根据汉语翻译我们看不出这两句的意义区别，但撒拉语中其意义是不同的，前一句中复数标记-lar 出现在每个名词后面表示每种事物都是复数意义，后一句中复数标记出现在最后一个名词后面表示鸡蛋、梨、碗的种类复数意义，而不是每类事物的复数概念。因此，后一句中的鸡蛋、梨和碗分别可以是单数意义，也可以是复数意义。

2.6.1.3　专有名词后的复数标记

在专有名词后出现的复数标记表示和该名词同类的一些对象，如：

Ali-ler	orax-qa	var-jï.
阿里-复数	收割-向格	去-过去时

阿里等人去收割了。

aba-m-lar	namas	udï-ma	var-jï.
爸爸-1属人称-复数	礼拜	做-副动	去-过去时

我爸爸等人去做礼拜了。

Ali	gaga-m-lar	gel-ji.
阿里	哥哥-1属人称-复数	来-过去时

我的阿里哥哥等人来了。

上例前两句中，"阿里"和"我爸爸"都仅为一个人，其后出现复数标记不是指有许多"阿里"或"我爸爸"，而是指"阿里等人"、"我爸等人"。第三句中，gaga-m-lar 在一般情况下可指"我的哥哥（复数）"，但此处前面出现了专有名词"阿里"后，其意义变为"我的阿里哥哥等人"。这里的"等人"可以是"我"的其他哥哥，也可以是其他人。

2.6.1.4　不可数名词后的复数标记

su（水）、yağ（油）、un（面）等不可数名词后有时也可以出现复数标记-lAr，如：

se(n)　su-lar-nï　　döx-duğu.
你　　　水-复数-宾格　　倒-折使
你把水倒掉。

yağ-ïng-lar-nï　　sat　dos-dï　　mo?
油-2属人称-复数-宾格　卖　完-过去时　吗
把你的油卖完了吗？

un-lar-a　　qut　　tiš-miš.
面-复数-向格　虫子　生-过去时
面里生虫子了。

上例中，su-lar、yağ-ïng-lar、un-lar 都是不可数名词带复数标记的形式。-lar 一方面表示这些名词是定指的，同时，也表示这些名词所指对象是较多的。这里的"多"指："水"可能有多个盆子的水，"油"可能有多个桶的油，"面"可能有多个容器的面等，或者"水等"、"油等"、"面等"之义。

2.6.1.5　借词的复数表达方法

撒拉语中的外来借词如果要表达复数意义一般都会按撒拉语的复数标记形式出现，如 kuangčüenshuy（矿泉水）是个汉语借词，在汉语中不能说"矿泉水们"，但进入撒拉语的这个借词可以说 kuangčüenshuy-ler，表示在多个容器中存在的矿泉水。

2.6.1.6　-lAr 的有定意义

-lAr 除了表示复数意义外，还可表示名词的有定性，如我们前面所举例子中的-lAr 形式名词都是定指的。我们再看下面的例子：

öy-e　　kiš　gel-ji.
家-向格　人　来-过去时
家里来人了。

qo-da　　bala　　yox-a.

门-位格　　孩子　　没有-现在时

门外没有孩子。

　　上例中，名词 kiš（人）可能为一个人，也可能为多个人，但由于此处为不定指，即没有明确说明来的是谁，因此，就用了单数形式。如果用了复数形式，如 öy-e kiš-ler gel-ji（家里来人了），那么，kiš-ler（人们）就有了定指意义，即虽然此处没有明确说明是谁来了，但说话人和听话人都知道是谁来了。第二句中，名词 bala（孩子）为不定指，而在 qo-da bala-lar yox-a（门外没有孩子）中，bala-lar（孩子们）为定指。因此，撒拉语的复数标记-lAr 在表达复数意义的同时，还表达有定意义。

2.6.2　没有复数标记-lAr 的复数

　　撒拉语的复数标记-lAr 不是强制性的，其使用因条件而异，即有些条件下必须标记，而在有些条件下则不能标记，如：

　　名词有数词进行修饰时，复数标记-lAr 一般不能出现，如：

me(n)　Altiul-de　beš　gün　ot-jĭ.

我　　　街子-位格　五　　天　　住-过去时

我在街子住了五天。

ular　　iš-in-de　　　　beš　kiš　Salïr　　ir-a.

他们　　里-3属人称-位格　　五　　人　　撒拉尔　是-现在时

他们当中（有）五人是撒拉族。

mang-a　ana　üš　var,　o　　döt　var.

我-向格　女孩　三　有　　男孩　四　有

我有三（个）女孩，四（个）男孩。

me(n)　buğün　armut　on　yi-ji.

我　　今天　　梨　　十　　吃-过去时

我今天吃了十（个）梨。

　　上例中，第一句的 gün（天）、第二句的 kiš（人）、第三句的 ana（女儿）和 o（儿子）、第四句中的 armut（梨）都是复数意义的名词，但它们都未带复数标记-lAr，而且绝对不能带这个复数标记。在个别情况下，带有数词修饰语的名词可以带复数标记-lAr，如：

甲： neče kiš gel-ji?

多少 人 来-过去时

来了多少人？

乙： beš kiš gel-ji.

五 人 来-过去时

来了五（个）人。

甲： beš kiš-ler biji az vo(l)-mïš.

五 人-复数 一点 少 成为-过去时

五（个）人少了点。

上例最后一句中，beš kiš-ler 中名词前面既有数词，后面还带复数标记-lAr。这种现象比较少见，一般这样的句子中谓语动词的动作性不强，动词实际上为系动词。此处的复数标记似乎表达定指意义，即指前面乙所提到的那五人。当然，这种情况下的复数标记也可以省略，省略后句子的意思不变。类似的句子，如：

甲： u kiš neče parla① gi-miš i?

他 人 多少 带 来-过去时 呢

他带来多少人呢？

乙： an(a)-or beš parla gi-miš.

女孩-无定 五 带 来-过去时

带来了五（个）女孩。

甲： an(a)-or beš-le(r)-ni parla gel(-e)， nang et-ger i?

女孩-无定 五-复数-宾格 带 来 什么 做-将来时 呢

带来五个女孩想做什么呢？

同样，上例第一句中，名词 kiš 由于不定指，只能以单数形式出现；第二句中，an-or（女孩）为不定指（-or 为不定指标记），且有数词 beš（五）修饰，因此，ana（女孩，此处由于和-or 结合，ana 的后一个元音脱落了）

---

① parla-应该来自 bashla- < bašla-（带领）。

只能以单数形式出现；第三句中，-or 标明 ana 是不定指的，但-le(r)又似乎标明 beš 是定指的（即上面所说的 beš）。当然，这句中的-le(r)-ni 是可选的，使用与否对句子的意思影响不大，使用后只是好像强调了 an-or beš（五个女孩）。

名词表达不定意义时，-lAr 标记不能出现，如前文所举例子 öy-e kiš gi-miš（家里来人了）中，kiš（人）可以指一个人，也可以指多个人，但由于其不定指，只能以单数形式出现。但撒拉语中有这样的现象：

an(n)-or-lar　　qo-da　　oyna-ba(r).
女孩-无定-复数　门-位格　玩-进行体
一个女孩（为首的几个人）在门外玩。

这句话中-or 标明女孩是不定指的，但同时标明 ana 的数量是一个，至于后面的复数标记-lar，确实指多个人，但其可以为其他女孩，也可以为其他男孩。因此，此处的 an-or-lar 表示以一个女孩为首的一群人，并不一定指多个女孩，这句话也就不能翻译为"一些女孩在门外玩"。

2.7　性与类

2.7.1　性范畴

撒拉语名词没有表示性范畴的词缀，只有个别词有性的对立，如：dana（公牛、种牛）、sïxïr（公牛）、inex（母牛），güngü（公鸡）、anaš（母鸡），teğe（公山羊）、sïxlïx（母绵羊），er kiš（男人）、qadïn kiš（女人）等。

2.7.2　类范畴

和其他阿尔泰语一样，撒拉语的分类词不发达，标记名词类别的专门词缀较少，但仍然有一定的类范畴标记，如表示从事某工作的人的标记为-ji(-či)，表示具有某种嗜好（多为贬义）的人的标记为-jIn，一些容器、处所、用品等的标记为-lAx/-lXx，一些工具与事物的标记为-čax/-čUx，一些植物与动物的标记为-GAn 等（具体见名词的构成部分）。

撒拉语中极个别词有分析性的名词分类手段，如：čöp bir bağ（一捆草）、gördi bir bağ（一把韭菜）、soğan bir bağ（一把葱）等中，bağ 把草、韭菜和葱等类事物联系到一起，形成了一种类别；et bir tige（一块肉）、emex bir tige

（一块馍馍）、kesex bir tige（一块土块）等中，tige 把肉、馍馍、土块等联系到一起。这种具有分类作用的个体量词在撒拉语中数量少，其中部分借自于汉语（详见后面量词部分）。

2.8 有定与无定

2.8.1 有定范畴

2.8.1.1 指示代词的有定性

如同许多语言把指示代词加在名词性单位上表示有定，撒拉语也有此现象，如：

bu   bala   bir   zen   ir-ar   a.
这   孩子   一   调皮   是-现在时   强调
这孩子太调皮了。

这句话中指示代词 bu "这" 加在名词 bala "孩子" 前表示孩子的有定性。bala 本身没有有定标记。如果不用 bu 一词，整个句子不成立。再如：

mang-a   u   armut   yaxšĭ   ir-a
我-向格   那   梨   好   是-现在时
对来我说，那个梨好。

句中 u "那" 在 armut "梨" 前表示有定。如果没有 u，就表示泛指意为 "我喜欢梨"。

2.8.1.2 专有名词的有定性

专有名词在没有显性有定标记的情况下都可以表示有定，如：

gün   čĭx   gi-miš.
太阳   出   来-过去时
太阳出来了。

geji   me(n)   ay   gör-ji.
昨天   我   月亮   看见-过去时
昨天我看见月亮了。

u　　Sïliang-a　　var-jï.

他　　西宁-向格　　去-过去时

他去西宁了。

Ali　　Altiul-den　　gel-ji.

阿里　　街子-从格　　来-过去时

阿里从街子来了。

2.8.1.3　格的有定性

科姆里（2010：154）在说明语言有定直接宾语的特殊标记时专门举土
耳其语例子加以说明：

Hasan　　öküz-ü　　aldı.

哈桑　　牛-宾格　　买

哈桑买走那头牛。

同样的句子可以出现在撒拉语中，如：

Hasan　　gölex-ni　　al-jï.

哈三　　牛-宾格　　买-过去时

哈三买了牛。

撒拉语中这句话成立的前提是说话人和听话人之前都知道哈三要买牛
这件事，但其有定性较为复杂。首先，如果说话人和听话人之前都知道哈
三要买具体的一头牛（或几头牛），但哈三买的时候说话人在场，听话人却
不在，当后来说话人告诉听话人这件事的时候，就可以用以上句子，但这
时"牛"的有定性是以说话人和听话人之前知道的信息为基础的，如果之
前他们知道哈三要买的是一头牛，那么这句话中的宾格-ni 表达的是有定的
一头牛，即这句话意为"哈三买了那头牛"。如果他们之前知道哈三要买的
是几头牛，那么这句话中的宾格-ni 表达的是有定的几头牛，即这句话意为
"哈三买了那几头牛"。此外，如果听话人之前给说话人和哈三安排任务去
集市各买一只羊和一头牛，但没说明是什么样的羊和牛（即无定）。说话人
和哈三从集市回来后，说话人就可以说以上那句话，但此时句中的宾格-ni
表达的有定性不是具体的一头或几头牛，对听话人来说是一种较抽象的有
定意义，即他们之前安排要买的"牛"。

其实，如果说话人和听话人之前都知道名词所代表的对象，那么除了

直接宾语的宾格形式外，说话人也可以用名词的主格、属格、与格/向格、位格、从格等表达有定性，如：

　　o　　var-jï.
　　儿子　去-过去时
　　（我们的）儿子走了。

　　这句话中说话人和听话人都清楚主格形式的 o "儿子"指的是他们共同的儿子，因此，此处的没有任何标记的 o 是有定的。同样，下列句子中名词的属格、与格/向格、位格、从格、工具格、等同格都可以表达有定意义：

　　o-niǧi　　baš-ï　　aǧar-ba(r).
　　儿子-领格　头-3属人称　痛-进行体
　　（我们）儿子的头在疼。

　　o-ǧa　　ver-ji.
　　儿子-与格　给-过去时
　　给了（我们）儿子。

　　öy-e　　var-jï.
　　家-向格　去-过去时
　　回（我们）家了。

　　öy-de　kiš　var.
　　家-位格　人　有
　　（我们）家有人。

　　öy-den　gel-ji.
　　家-从格　来-过去时
　　从（我们）家来了。

　　o-la(nï)　　var-jï.
　　儿子-工具格　去-过去时
　　和（我们）儿子去了。

　　o-jo　　bixi　ir-a.
　　儿子-等同格　高　是-现在时

和（我们）儿子一样高。

2.8.1.4　起定冠词（殿词或尾词）作用的-čüx

撒拉语中名词（短语）后加-čüx 后可表达有定，如：

ana-čüx　　qïzïl　biqïrax　giy-ba(r).
姑娘-有定　　红　　衣服　　　穿-进行体
那姑娘穿着红衣服。

ana-čüx-ler　　qïzïl　biqïrax　giy-ba(r.)
姑娘-有定-复数　红　　衣服　　　穿-进行体
那些姑娘们穿着红衣服。

ana-čüx-niği　　biqïrax-ï　　qïzïl　ir-a.
姑娘-有定-领格　衣服-3属人称　红　　是-现在时
那姑娘的衣服是红的。

ana-čüx-ni　　me(n)　dana-mur.
姑娘-有定-宾格　我　　认识-否定
我不认识那姑娘。

ana-čüx-de　　heli　yox-a.
姑娘-有定-位格　钱　没有-现在时
那姑娘没钱。

ana-čüx-ge　　me(n)　heli　on　dasïr　ver-ji.
姑娘-有定-与格　我　　钱　十　元　　给-过去时
我给了那姑娘十元钱。

　　这个有定标记是强制性的，上例中如果该标记被省略那么句子意义就不一样。词缀-čüx 的有定表达主要为空间或时间方面较远的对象。如果是较近对象，表达有定意义要么直接在名词前加指示代词 bu "这"，要么采用"bu 名词+ -čüx"形式，如：

bu　o(-čüx)　　yaš　kiji　ir-a.
这　男孩（-有定）　年龄　小　是-现在时
这男孩年龄小。

　　当然，如果指称对象只有一个，没有选择的余地，那么-čüx 一般都省略不用，有时甚至省略名词，如：

bu　(o)　　　yaš　kiji　ir-a.
这　（男孩）　年龄　小　是-现在时
这（男孩）年龄小。

mu-nï　se(n)　dana-r　　mu?
这-宾格　你　认识-现在时　吗
这（个）你认识吗？

　　如果指称对象为说话人和听话人共有的事物或人，那么一般情况下指示代词 bu 也不用，而只用名词的各种格形式（参见前面格的有定性部分内容）。

　　在其他突厥语中，我们见不到类似形式的成分表达有定意义的现象。对此，Johanson（1998：38）先生也说，突厥语没有定冠词。但撒拉语的-čüx（有时有-čix/-čiux 等语音变体现象）确实起着一种定冠词（殿词或尾词）的作用。撒拉语的这种有定成分可能是后来自己独立发展的结果，它可能来自于古代突厥语的等同格-ča 和小品词 ök 的组合。撒拉语的 ničüx/ničix “怎样，如何”也有同样的后缀-čüx/-čix。冯·加班（2004：140）将古突厥语的näčüx（如何）分析为＜nä +čä ök。她明确指出 ök 为加强语气的小品词。古代突厥语的词尾-k（且前面为前元音）在撒拉语中都变为-x，如古代突厥语的 ingäk（乳牛）、ämgäk（痛苦）、tik-（立起）等在撒拉语中都变为 inex（乳牛）、emgex（麻烦）、tix-（立起）。因此在撒拉语中表示类似意义的后缀-ča 和表示加强语气的小品词 ök 组合成表达有定性的后缀-čöx，并变为-čüx 是很有可能的。

　　-čüx 有时出现在专有人名后，有时则不能，如：

Ali-čüx　　gi-miš.
阿里-有定　来-过去时
那（个）阿里来了。

Ali　　gi-miš.
阿里　来-过去时
阿里来了。

　　以上两句的区别在于专有人名 Ali 是否带有定标记-čüx。带有定标记意味着阿里是说话人和听话人都知道的阿里，而且阿里不是二者的家庭成员或与二者没有亲密关系，-čüx 显示出说话人、听话人与阿里关系较远，在说话时刻阿里也不在场。这里的-čüx 是非强制性的，可以用别的词限定 Ali 而不用它，如 baš-ï jadax Ali gi-miš（大头阿里来了）。第二句中，Ali 为说话人与听话人所知道的，而且与二者有密切的关系，或者，即使阿里与说话人、听话人关系不密切，只要说话时刻他在场，说话人也可以这样说。

　　抽象名词一般不能加-čüx 表达有定意义。

2.8.2　无定范畴

2.8.2.1　bir 的无定性
撒拉语中数词 bir "一" 可以用来表达不定意义，如：

qo-da　　kiš　　bir　　var-a.
门-位格　　人　　一　　有-现在时
门外有一（个）人。

me(n)　　qo-da　　kiš　　bir　　gör-ji.
我　　　门-位格　　人　　一　　看见-过去时
我在门口看见了一个人。

如果 bir 出现在名词之前，则可以表达一定程度的有定性，如：

ular　　gi-ğür　　di-r,　　　gešlix-in-e　　　si　　bir　　kiš　　gi-miš.
他们　　来-将来时　　说-现在时　　晚上-3属人称-向格　　才　　一　　人　　来-过去时
他们说要来，（但）到晚上才来了一个人。

这句话中的 kiš "人" 是 ular "他们" 当中的一员，因此，在此 bir 可以出现在名词前面表达一定程度的有定性。

2.8.2.2　-Or 的无定性
后缀-Or 在撒拉语中很活跃，可以出现在名词、数词、代词等后面。其意义与功能目前还没有得到较好的研究。捷尼舍夫谈到这一问题时说，撒拉语词干末尾有时附加-r，附加这个音后，这些词的词义仍然不变，如：

kiyn‖kiynur "未婚妻，妻子"
yangzï‖yangzur "样子"
aʰt‖aʰtur "马"

捷尼舍夫（1981：556）认为这种词尾加-r 的现象（词的"儿化"）只能是在汉语的影响下产生的。林莲云（1985：49—51）也提到撒拉语数词后可以出现-Or，并说其有"大约"之义。捷尼舍夫的看法显然是不正确的。林莲云的见解可能是对的，但除数词以外，-Or 还可出现在名词、代词后面，如：

qo-da　　an(a)-or　var-a.
门-位格　　姑娘-无定　有-现在时
门外有（个）姑娘。

kiš-ör　　gel-ji.
人-无定　　来-过去时
来了（个）人。

geji　　me(n)　kiš-ör　gör-ji.
昨天　　我　　　人-无定　看见-过去时
昨天我看见了（一个）人。

bu　kiš-ör　ir-a.
这　人-无定　是-现在时
这是（一个）人。

以上例句中，-Or 都出现在名词之后表达一种不定的意义，且都具有强制性。如果省略了它，那么各句的意义都会发生一定的变化。前两句中如果名词省略-Or，那么这些名词都表示有定（但也有一定的前提条件，否则不成立）。第三句省略-ör 后不能成立。最后一句原来表示"这是（一）个人，不是别的什么东西"，但省略-ör 后意为"这是人"。

当-Or 出现在由动词转化而来的名词后面时，在绝大部分情况下表示任指，如：

buğün　　gi-ğüji-ör　　Xadï　　yenša-ba(r).
今天　　来-形动-无定　　汉语　　说-进行体
今天来的都说汉语。

me(n)　yi-ğen-i-ör　　čür-miš.
我　　吃-形动-3 属人称-无定　腐烂-过去时

我吃的（东西）都烂了。

在极个别特定的语境下，以上两句-ör 也可表示单数、无定。如果省略了-ör，那么第一句意为"今天来的说汉语"，且"来的（人）"为定指，也不清楚来的是一个人还是多个人。同样，省略-ör 后，第二句变为"我吃的（东西）烂了"，"吃的（东西）"为定指，但其数量是单数还是复数不清楚。疑问代词和-Or 结合后表示无定，不表疑问，如：

kem-ör   qo-da   čala-ba(r).
谁-无定   门-位格   叫-进行体
有人在门口叫喊。

ana-čüx   qada-or   yašïn-mïš.
姑娘-有定   哪儿-无定   躲藏-过去时
那姑娘躲藏在某个地方。

以上两句中的无定是非实指的，即说话人和听话人都不知道门口的人是谁、姑娘到底躲在什么地方。但如果在"疑问代词+ -Or"后出现表示有定的-čüx，那么，非实指的无定就会变为实指的无定，即说话人知道门口的人是谁、姑娘到底躲在什么地方，但听话人不知道门口的人是谁、姑娘到底躲在什么地方。

关于-Or 的来源，我们目前还不太清楚。在古代突厥语中也见不到类似的语法现象。但我们可以想象，撒拉语的在名词后表达无定意义的-Or 可能从数词 bir "一"发展而来，这在其他语言中也是常见的。如前所述，撒拉语的数词 bir "一"也可表达无定意义，而且 bir 和-Or 出现的位置及功能完全一样。此外，当-Or 出现在代词后面时，一般表示"仅，只有"之义，如：

men-ör Salïr   gača yenša-ba(r), bašqa-sï   man Xadï yenša-ba(r).
我-强调 撒拉尔   语   说-进行体   别的-3属人称 都   汉语 说-进行体
只有我说撒拉语，其他的都说汉语。

se(n)-ör de-me-se   yiy-in-de   kem bağdax giy-bar i?
你-强调   说-否定-条件 夏天-3属人称-位格 谁   棉袄   穿-进行体 呢
除了你，谁在夏天穿棉袄呢？
这两句中-ör 可以由 bir 替换，意义也基本保持不变。从语音演变的角度看，bir 可能和前面的名词结合后导致词首辅音 b 脱落。其音变过程可能为-b->-w->-j->ø，并且在-b->-w-的过程中可能导致 b 后元音 i 圆唇化为 o。从-b-转变为-w-被认为是早期乌古斯语的典型特点（Johanson, 1998：103）。古代突厥语的 sub/suw "水"、sawčĭ "使者"、suwsa- "渴"、tawĭš "声音"、toprax "土"、yapïrğaq "叶子"、käpäk "麸子"、säbin-/säwin- "高兴"（冯·加班，2004），在撒拉语中分别为 su "水"、sojï "媒人"、susa- "渴"、doš "声音"、torax "土"、yahrax "叶子"、küx "麸子"、söyin- "高兴"。古代突厥语的词尾或词间唇音在撒拉语中往往消失。

-Or 可以直接附加在可数名词上，一般情况下表示 "一" 的数量，如：

me(n)   išdan-or   al-jĭ.
我   裤子-无定   买-过去时
我买了（条）裤子。

dal-da   seji-ör   var-a.
树-位格   麻雀-无定   有-现在时
树上有（只）麻雀。

-Or 也可以附加在表示复数意义的名词短语上，如：

ang-a   bala-or   beš   var-a.
他-向格   孩子-无定   五   有-现在时
他有五个孩子。

kiš-ör   beš-ler   az   vo(l)-mĭš.
人-无定   五-复数   少   成为-过去时
五个人少了点。

an(a)-or-lar   qo-da   var-a.
姑娘-无定-复数   门-位格   有-现在时
一些姑娘在门口。

当-Or 附加在不可数名词上时往往指种类，后面可以出现数量词，如：

me(n)   buğün   yağ-or   al-jĭ.
我   今天   油-无定   买-过去时
我今天买了油。

ana-čüx　　öl-deng　　song-ïn-a　　su-or　　altï　sučïx　küt-miš.

姑娘-有定　中午-从格　后-3属人称-向格　水-无定　六　桶　背-过去时

那姑娘下午背了六桶水。

撒拉语名词的无定性可以分有指的无定性和无指的无定性。有指的无定性可以用-Or 来表示，如：

me(n)　kitap-ör　al-jï.

我　　经书-无定　买-过去时

我买了（本）经书。

me(n)　kitap-ör　al-ğur.

我　　经书-无定　买-将来时

我要买（本）经书。

上例第一句中听话者不知 kitap（经书）是哪一本，kitap 是无定的。但经书对说话人来说是指向某本具体的书的，即有所指的，因此经书表达的是有指的无定性意义。第二句也可以表达这样的意思，但第二句中如果说话人也不知道将要买什么书，那么，这时经书表达的是无指的无定性。撒拉语无指的无定性还可通过名词的重叠形式来表达，如：

me(n)　kitap-mitap-ör　　al-ğur.

我　　经书-一类的-无定　买-将来时

我要买（本）经书类的（东西）。

这句话中不仅听话人，连说话人也不清楚要买什么书，因此 kitap-mitap-ör 表达的是无指的无定意义。

撒拉语名词的原形或其复数形式都可表达类指意义，其表达形式是非强制的，如：

kiš-e　aqïl　var, it-e　aqïl　yox-dïr.

人-向格　理智　有　狗-向格　理智　没有-现在时

人有理智，而狗没有理智。

bala-lar　oyna-ğan-a　gala-r,　xarï-sï-lar　　gača-ğa　gala-r.

孩子-复数　玩-形动-向格　喜欢-现在时　老人-3属人称-复数　话-向格　喜欢-现在时

孩子们喜欢玩耍，老人们喜欢聊天。

2.8.2.3　主格形式表达无定意义

已往研究（林莲云，1985：102；韩建业，2004：172）在分析句子成分时指出，撒拉语中直接宾语的宾格附加成分-nI 可省略（代词除外）。撒拉语直接宾语的宾格附加成分确实有时候出现，有时候不出现，如：

me(n)　neme-ni　iš-ji.
我　　饭-宾格　　吃-过去时
我把饭吃了。

me(n)　neme　iš-ji.
我　　饭　　吃-过去时
我吃了饭。

但正如上面两句汉语意义的不同，"我把饭吃了"暗含"饭"是有定的，"我吃了饭"表示"饭"是无定的，撒拉语中直接宾语带宾格时也表示有定，不带宾格（即为主格时）时表示无定。因此，直接宾语是否带有宾格标记-nI 都是强制性的，省略与否会导致表达意义的有定与无定的差异。

2.8.2.4　名词重叠表达无定意义

名词的重叠形式可以表达无定意义。如果该名词以辅音开头，重叠时往往将该辅音替换为 m，如果该词以元音开头则直接在元音前加 m，如：

öy-im-e　　buğün　kiš-miš　　biji　gel-ji.
家-1属人称-向格　今天　人-一类的　一些　来-过去时
我家里今天来了许多人。

u　ačïx-mïš-da　emex-mexe　yi-ba(r).
他　饿-过去时-副动　馍馍-一类的　吃-进行体
他饿了，在吃馍馍类（东西）。

2.9　名词的构成

除由一个语素构成的单纯词外，撒拉语的名词还有派生词、谐音词和复合词等合成词。谐音词和复合词不能算做用形态手段构成的词。

2.9.1　派生词

派生词是通过附加词缀构成的词，撒拉语的名词派生附加成分有：

2.9.1.1　-jI

-jI（个别为-čI）附加在名词后构成新的名词，指从事某种活动或工作的人，如：

yoğ	苦役	+ -jï	>	yoğjï	仆人、佣人
dimer	铁	+ -ji	>	dimerji	铁匠
su	水	+ -jï	>	sujï	水手
mal	牲畜	+ -jï	>	maljï	牧人
rïtïx	猎物	+ -jï	>	rïtïxjï	猎人
ay	月、月亮	+ -jï	>	ayjï	产妇
ağaš	木料	+ -jï	>	ağašjï	伐木者
satax	生意	+ -jï	>	sataxjï	商人
pitix	书信	+ -ji	>	pitixji	作家
yol	路	+ -jï	>	yoljï	行人
* sa:v	话	+ -jï	>	sojï	媒人
öy	家	+ -či	>	öyči	妻子（家庭主妇）

damjï（雨滴）也是以-jï 结尾构成的名词，但其词根 dam-（滴）是动词，附加-jï 以后构成的名词也不指从事某种工作或活动的人，而指与动作相关的事物。

2.9.1.2　-jIn

-jIn 附加在名词后构成新的名词，表示具有某种特长的人，多含有贬义色彩，如：

yiğni	针	+ -jin	> yiğnijin	擅长针线活儿的人
gača	语言	+ -jïn	> gačajïn	爱说话的人
dodax	嘴唇	+ -jïn	> dodaxjïn	爱搬弄是非的人
qazanbaš	锅台	+ -jïn	> qazanbašjïn	有烹饪才能的人
yağlax	哭泣	+ -jïn	> yağlaxjïn	爱哭的人
yalğan	谎言	+ -jïn	> yalğanjïn	爱撒谎的人
sabïlax	赖皮	+ -jïn	> sabïlaxjïn	无赖
osïrax	屁	+ -jïn	> osïraxjïn	放屁的人

purnax	鼻涕	+ -jïn	>	purnaxjïn	流鼻涕的人
xorlax	害怕	+ -jïn	>	xorlaxjïn	胆小的人
siyix	尿床	+ -jin	>	siyixjin	爱尿床的人
jağlax	拉屎	+ -jïn	>	jağlaxjïn	爱拉屎的人
umnax	贪吃	+ -jïn	>	umnaxjïn	爱贪吃的人

除撒拉语、图瓦语等极个别语言外,-jIn 在现代各突厥语中都不太活跃,但在蒙古语等语言中我们能看到这一形式,这说明-jIn 是个非常古老的构词附加成分,它可能源自共同阿尔泰语(程适良,1997: 81)。

2.9.1.3　-lAx/-lXx

-lAx/-lXx 附加在名词(有的为形容词或动词)后表示跟原词根相关的容器、处所、用品等,如:

ot 草	+ -lax	>	otlax	草房
yağ 油	+ -lax	>	yağlax	榨油坊
dağ 山	+ -lax	>	dağlax	山区
qïš 冬天	+ -lax	>	qïšlax	冬衣、冬粮
ara 中间的	+ -lux	>	aralux	(正餐之间吃的)饭
ulï 大	+ -lax	>	ulïlax	大老婆
kiji 小	+ -lax	>	kijilax	小老婆
qara 黑	+ -lux	>	qaralux	(植物上出现的)黑点
čügü 筷子	+ -lüx	>	čügülüx	筷笼
ette 早晨	+ -lüx	>	ettelüx	早饭
öyle 中午	+ -lüx	>	öylelüx	午饭
geš 晚(geji 昨天?)	+ -lüx	>	gejilüx	晚饭
iš 里	+ -lix	>	išlix	里子
göz 眼睛	+ -lüx	>	gözlüx	眼镜
aš 饭	+ -lax	>	ašlax	粮食
bağ 捆	+ -lax	>	bağlax	带子
box 粪便	+ -lux	>	boxlux	肛门
yem 饲料	+ -lüx	>	yemlüx	(鸡)嗉束、嗉子
čira 灯	+ -lux	>	čiralux	灯
ur- 打、放	+ -lux	>	urlux	种子

有些词也带有-lAx/-lXx 词缀,如 dürlüx(种类)、menzalux(瓷器)、

bombulux（小孩玩游戏时用的一种用泥做的圆形物）、kürlüx（眉毛）、mimilüx（羽毛）、dümülüx（天窗）、tütülüx（烟道）、bizmilüx（荷包）、kegelex（蝴蝶）、čömbalux（串）、balux（鱼）、salux（茶）等。这些词的词根在现代撒拉语中大多已不再单独使用，其中的 dümülüx（天窗）可能与*tüng（天窗、烟囱）相关，tütülüx（烟道）可能与 tütün（烟）相关，bizmilüx（荷包）可能与 biz-（锥）相关。

2.9.1.4 -čax/-čUx

-čax/-čUx 附加在名词、形容词或动词后构成新的名词，表示与原词根相关的工具与事物，如：

su 水	+ -čax	>	sučax	水桶
turma 萝卜	+ -čax	>	turmačax	形似萝卜但非常小的一种植物
ot 火	+ -čax	>	otčax	厨房、灶
ağïr 重	+ -čax	>	ağïrčax	秤砣、膝盖骨、纺锤
*qol 臂	+ -čax	>	xočax	怀抱
salan- 荡	+ -čax	>	salančax	秋千
ilan- 旋转	+ -čax	>	ilančax	漩涡
yašïn- 隐藏	+ -čux	>	yašïnčux	捉迷藏
em- 吮吸	+ -čüx	>	emčüx	乳房
tüxür- 吐	+ -čax	>	tüxürčax	痰
yan 边、侧面	+ -čux	>	yančux	口袋
dum- 沉	+ -čux	>	dumčux	角落

撒拉语中还有些附加类似成分的一些词，如 xïlčïx（芒、针状物）可能来自 qïl（山羊毛），还有如 inčüx（腿）、emürčüx（食管、食道）、gürğünčüx（鸽子）、qong'orčïx（膀胱）等。

2.9.1.5 -(X)x

-(X)x 附加在动词后可构成名词，表示与该动词的意义相关的事物，如：

piti- 写	+ -x	>	pitix	书信
čiy- 铺	+ -ix	>	čiyix	毡
öt- 盖、经过	+ -ix	>	ötix	被子、门槛
ota- 锄	+ -x	>	otax	锄草
köy- 焦	+ -ix	>	köyix	烧焦的东西
qada- 钉	+ -x	>	qadax	钉子

qaz- 挖	+ -ux	>	qazux	铲子、楔子
*pič- 切、割	+ -ax	>	pičax	刀子
qon- 落	+ -ax	>	qonax	客人
yama- 补	+ -x	>	yamax	补丁
dara- 梳	+ -x	>	darax	梳子
axsa- 瘸	+ -x	>	axsax	瘸子
sat- 卖	+ -ax	>	satax	生意
or- 割	+ -ax	>	orax	收割
ağrï- 疼	+ -x	>	ağrïx	病
ül- 死	+ -ex	>	ülex	尸体
tiš- 穿（眼）	+ -üx	>	tišüx	窟窿、洞
üxser- 咳	+ -ex	>	üxserex	咳嗽
kes- 切	+ -ex	>	kesex	土疙瘩
boya- 染	+ -x	>	boyax	颜料、颜色
buda- 折	+ -x	>	budax	枝子
sana- 数	+ -x	>	sanax	数目
čür- 烂	+ -ex	>	čürex	腐烂物
yat- 躺	+ -ux	>	yatux	枕头
*göl- 治理、给动物套轭具	+ -ex	>	gölex	牛（＜驮畜＜车子）
*yaz- 不中、消逝	+ -ux	>	yazux	罪恶

一些名词或动词后附加-(A)x 可构成表示身体器官的名词，如：

*qul 奴隶	+ -ax	>	qulax	耳朵
*dal 分支	+ -ax	>	dalax	脾
yan 边、侧面	+ -ax	>	yangax	下巴
*at- 扔、掷	+ -ax	>	ayax(＜adax)	脚
yür- 走	+ -ex	>	yirex	心脏
*böğür 肾（？）	+ -ex	>	böğrex	肾、腰子
*kökre 往上（？）	+ -x	>	köxrex	胸腔

撒拉语地名 qumux（下滩）应为 qum（沙子）和-ux 的结合。清水乡下滩村位于黄河边，当地沙子较多。

-nax 出现在一些名词的词尾，如 boğnax（雷）、boynax（坡）、dïrnax（指甲）、purnax（鼻涕）、qaznax（仓库）、sïrnax（蹄）、umnax（贪食）等，

但这些词中至少部分词最终的附加成分可能为-ax，如 boynax（坡）应来自
boyunax，purnax（鼻涕）应来自于 purunax。

2.9.1.6　-(X)m

-(X)m 附加在动词后，表示事物的名称，如：

ohla- 喝、呷	+ -m	>	ohlam	口
yar- 劈	+ -am	>	yaram	半
ahla- 迈	+ -m	>	ahlam	步
ül- 死	+ -em	>	ülem	死亡
dili- 切	+ -m	>	dilim	牙、块
*ye- 吃	+ -m	>	yem	饲料
boğ- 勒	+ -um	>	boğum	节
qur- 砌、建立	+ -um	>	qurum	烟子、尘土
höre- 生长	+ -m	>	hörem	机会、空隙、动静
*yil- 粘	+ -im	>	yilim	胶

2.9.1.7　-mA

-mA 附加在动词后可构成名词，表示与该动词的意义相关的事物，如：

*tur- 结、站	+ -ma	>	turma	萝卜
*sör- 过滤	+ -me	>	sörme	酒
*düğ- 打结	+ -me	>	düğme	纽扣
sal- 放	+ -ma	>	salma	抛石绳
yar- 劈	+ -ma	>	yarma	糁子、冰雹
xadar- 烙	+ -ma	>	xadarma	褙子、袼褙
axdar- 翻	+ -ma	>	axdarma	土疙瘩、土块

2.9.1.8　-mAx

-mAx 附加在动词后构成名词，表示与动词所表达的动作相关的事
物，如：

*et- 做	+ -mex	>	emex	馍馍
kes- 切	+ -max	>	kesmax	打场时未打净的麦穗
*dap- 找到	+ -max	>	dombax	故事、谜语
*yas- 平	+ -max	>	yasmax	扁豆
dara- 耙	+ -max	>	darmax	耙子

撒拉语还有一些以-mAx 结尾的词，如 yarmax（价钱）、mišmax（角落）、yimax（群）、yumax（球）、bilmax（油搅团）、qošmax（阴囊）、burmax（指头）、damax（食欲）、qaymax（奶皮）、qazmax（锅巴）、mamux（棉花）、išmex（带面的皮衣）等。

2.9.1.9   -mUr

-mUr 附加在个别动词后构成名词，表示构成动作行为结果的名词，如：

yağ- 下	+ -mur	>	yağmur	雨
köy- 焦	+ -mür	>	gömür	炭
dam- 滴	+ -mur	>	damur	筋、脉

dimer（铁）、tumur（胡同）、kömür（桥）、tumur（护身符）、ömür（寿命）等名词也以-mUr 结尾。

2.9.1.10   -(X)n

-(X)n 附加在动词之后构成名词，表示动作的结果或与动作相关的事物，如：

ex- 种	+ -en	>	exen	庄稼
*tüt- 冒烟	+ -ün	>	tütün	烟
qal- 留下	+ -an	>	xalang	厚
qar- 搅	+ -an	>	qaran	肚子
*kel- 来	+ -in	>	kine(<kelin-i)	妻子
*yïl- 滑	+ -an	>	yïlan	蛇

撒拉语中还有一些以-(X)n 结尾的名词，如 oğlan（孩子、儿子 < oğul）、qazan（锅）、mören（河）、özen（小河）、odun（木柴）、öxen（肺）、purun（鼻子）、qoyun（怀抱）、orun（位置）、oyun（玩）、boyun（脖子）。

2.9.1.11   -GU

-GU 附加在动词之后构成名词，表示与动作相关的工具、事物等，如：

*pič- 切	+ -qu	>	pišqu	锯子
üs- 飘、浮	+ -gü	>	üsgü	糖
peje- 掏	+ -gü	>	pejegü	骨节、石子游戏
*közön- 出现	+ -gü	>	güzgü	镜子
*uzun- 变长？	+ -gü	>	özengü	梯子

qaran- 变黑　　　+ -qu　>　qarangqu　黑暗

2.9.1.12　-dax/tXx

以-dax 或-tXx 结尾的名词大多有"突出"、"低凹"或连接之意，部分词表示人体器官，可能与 dox（满）有关，如 jamtux（脸庞）、xoltux（腋窝、凹地）、xïqïrdax（气管）、boğdax（咽喉）、dodax（唇）、madax（累赘）、adax（脚）[①]、yuğurdax（拳）、sütüx（尿）、ontux（屁股）、gindix（肚脐）、ahtïx（低地）、čoltux（洞穴）、sandux（柜子）、jadux（绳子）、bağdax（棉袄）。

2.9.1.13　-GAn

以-GAn 结尾的部分词为植物、动物名称，如 čubuğan（枣）、tuturğan（米）、soğan（葱）、čoğan（碱草）、süjmağan（甘草）、timesgen（一种很小的山芋类植物）、tigen（刺）、xalğan（一种草名）、došan（<došğan 兔子）、sïxsïğan（喜鹊）、qumusqan（蚂蚁）。此外，tağan（炒面）、xoğan（薄饼）、yorğan（被子）、yalğan（谎言）、balğan（痰）、čalğan（波浪）等词也以-ğan结尾。

2.9.1.14　-GA(-Xa)/-GU

以-GA(-Xa)/-GU 结尾的部分词为动物名称，如 šinağa（蝌蚪）、qarğa（乌鸦）、bağa（青蛙）、sirğe（虮子）、birğe（跳蚤）、teğe（公山羊）、buğu（鹿）、tülgü（狐狸）、ešgü（山羊）等。此外，qoxqa（肋骨）、sağa（坝）、sïrğa（耳环）、man'ga（囊鼻）、longxa（瓶子）、arxa（背）、yaxa（领子）等也以-GA(-Xa)结尾。

2.9.1.15　-z/-s

以-z/-s 结尾的部分身体器官名称等表示双数意义，如 göz（眼睛）、diz（膝）、mongas（角）、meniz（>menzi 额头）、ağïs（嘴）、boğuz（喉咙）、biz（>pise(r) 我们）等。

2.9.1.16　-jang

-jang 附加在动词后构成名词，如：

yïldïr- 闪耀　　　　　　　+ -jang　>　yïldïrjang　雷电

*soğal- (< yïğïl-收缩？)　+ -jang　>　soğïljang　蚯蚓

2.9.1.17　-zux/-sux

-zux/-sux 附加在一些词后面构成名词，如 borsux（獾）、azux（干粮）、bağzux（肠子）、samsux（蒜）、tangsux（惊奇）等。

---

① 表示"脚"的 adax 只在 yalangqadax（光脚）中存在，其他地方都为 ayax。

2.9.1.18 -(X)š

-(X)š 附加在动词后构成名词，表示与动作相关的事物，如：

boya- 染	+ -š	>	boyaš	苦豆
dana- 认识	+ -š	>	današ	熟人、朋友
oxa- 读	+ -š	>	oxaš	字
*sïx- 哭泣	+ -ïš	>	sağaš	哭嫁歌
bur- 拧、扭	+ -uš	>	buruš	皱纹
göm- 埋	+ -eš	>	gömeš	馄锅馍

2.9.1.19 -mAš

-mAš 附加在动词后构成名词，表示动作的结果，如：

qor- 炒	+ -maš	>	qormaš	炒麦
uv- 碾碎	+ -maš	>	omaš	稀饭
yi- 吃	+ -meš	>	yimeš	水果

这些名词都是表示食物的名词，很有可能与 aš（饭）一词相关，上面所举例子 gömeš（馄锅馍）也有可能与此相关。

2.9.1.20 -DA/-DI

-DA/-DI 附加在一些成分后构成名词，palta（斧头）、loxda（笼头）、jida（矛）、yumuta（鸡蛋）、quda（亲家）、tïxda（板子）、gördi（韭菜）、belte（芯、捻）、qïndï（刺）等。但这些词中至少部分词是借词，如 tïxda（板子）来自于波斯语，loxda（笼头）和 jida（矛）可能来自蒙古语。

2.9.1.21 -jün

-jün 附加在一些词后表示昆虫类名词，如 baljün（蜜蜂）、boxjün（苍蝇）、sajün（黄蜂）、sinexjün（蚊子）、šabanjün（牛虻），moğuljang（巨蜂）中的 -jang 应是 -jün 的不同音变形式。

2.9.2 复合词

复合词是由词根和词根组合而成的词。撒拉语的复合名词有以下两种：

2.9.2.1 联合型

联合型复合词是由两个独立语素并列组合的，如：

dünnö-axïr	今生来世	yi-qïš	一年四季
世界-来世		夏-冬	

ağ(a)-ini　兄弟（社会组织）　　　　išde-tiun　　上下
兄-弟　　　　　　　　　　　　　　　上-下

bixi-ašax　困难时期、轻重　　　　　oğul-qïz　　　孩子
高-下　　　　　　　　　　　　　　　男孩-女孩

2.9.2.2　偏正型

偏正型复合词是由一个独立语素修饰限制另一个独立语素而组成
的，如：

dal-tux　啄木鸟　　　　　　　　　su-kürlex　　睫毛
树-鸡　　　　　　　　　　　　　　水-眉毛

sarï- armut　黄果（一种梨名）　　pire-ağrax　神志不清
黄-梨　　　　　　　　　　　　　　鬼-病

iš-don(>dan)　裤子　　　　　　　ter-don(>dan)　皮袄
里-衣服　　　　　　　　　　　　　皮-衣服

2.9.2.3　主谓型

主谓型复合词是由前一个词根的第三人称领属形式与后一词根按主谓
关系构成的词，如：

purun-ï　　jadax　大鼻子　　　　　ayax-ï　　uzun　　长腿
鼻子-3属人称　大　　　　　　　　　脚-3属人称　长

qulax-ï　　Sağïr　聋子　　　　　　baš-ï　　jadax　大头
耳朵-3属人称　聋　　　　　　　　　头-3属人称　大

boyun-ï　　uzun　长脖子　　　　　dodax-ï　　qïya　歪唇
脖子-3属人称　长　　　　　　　　　唇-3属人称　歪

这些词都是人的不雅绰号，属于专名，整个词虽然是主谓结构，但其
功能相当于名词，具有名词的特征，可以有数、格等变化。

2.9.3　谐音词

撒拉语的谐音词由两个部分组成，第一部分为一个独立的语素，第二

部分为经过语音变化的第一个语素的重叠形式。一般情况下，如果第一个
语素是辅音开头的，重叠部分就用 m 代替原语素的开头辅音；如果第一个
语素以元音开头，重叠时就在该元音前再加一个辅音 m，如：

qoy-moy	羊一类的	kiš-miš	人一类的
daš-maš	石头一类的	yol-mol	路一类的
zorax-morax	帽子一类的	gača-mača	话一类的
emex-memex	馍馍一类的	irex-mirex	杏子一类的
o-mo	男孩一类的	un-mun	面粉一类的
ana-mana	女孩一类的	öt-möt	胆一类的

　　如果原语素以 m 开头，那么重叠部分仍以 m 开头，但 m 后的元音有时
有不同的变化，如：

mamux-mumux	棉花一类的
mal-mul	牲畜一类的
malu-mulu	圆珠一类的
müšüx-müšüx	猫一类的
muz-muz	冰一类的
muš-muš	花椒一类的

第三章 代词

3.1 人称代词

3.1.1 自由代词

自由代词是能够独立充当句法成分的代词，它不依附在谓语动词上。

3.1.1.1 出现位置

现代撒拉语的人称代词都是自由代词，能出现在主语、直接宾语、间接宾语、定语、状语等位置上，如：

me(n)　　iš-ji.
我　　　　喝-过去时
我喝了。

Ali　　a-nï　　čala-jï.
阿里　　他-宾格　　叫-过去时
阿里叫了他。

Ali　　ang-a　heli　ver-ji.
阿里　　他-与格　钱　　给-过去时
阿里给他钱了。

a-niǧi　aba-sï　　　gel-ji.
他-领格　爸爸-3属人称　来-过去时
他的爸爸来了。

heli　an-da　var.
钱　　他-位格　有
钱在他那儿。

　　以上句子中，自由代词 me(n)（我，主格）、anï（他，宾格）、anga（他，与格）、aniği（他，领格）、anda（他，位格）分别作主语、直接宾语、间接宾语、定语、状语。

　3.1.1.2　强制性与可选性

　　自由代词在不同的语言里其隐现规律是不同的，有些语言中是强制性出现的，有些语言中是可选的，而且不同人称的自由代词出现的强制性或可选性也可能是不同的。除在主语、定语位置外，撒拉语自由代词在其他位置都是强制性的。在主语位置上，自由代词常因上下文关系而被省略，如：

问：　se(n)　va(r)-ğur　o?
　　　你　　去-将来时　　吗
　　　你去吗？

答：　va(r)-ğur.
　　　去-将来时
　　　去。

　　上例第二句中，主语 me(n)（我）被省略，这是由于第一句是对 se(n)（你）的提问，因此，第二句必然是以 me(n)为主语的回答，省略了 me(n)不会影响意思。同时，这是由于第二句谓语动词将来时词缀-ğur 不会出现在以第二人称为主语的陈述句中，除个别情况下可出现在第三人称为主语的句子中外，大多数是出现在第一人称为主语的句子中。

　　以动词原形为谓语形式出现的祈使句，如 öy-e var（回家）、qo-nï aš（开门）、ason yür（慢慢走）等实际上都是对第二人称主语的省略。这里的第二人称主语隐现与否都较为自由。这是因为在以第二人称为主语的祈使句中，谓语动词不附加任何附加成分，以原形出现。在以第一、三人称为主语的祈使句中，谓语动词不会以原形出现，而在原形之后附加词缀-GI，如：

me(n)　et-gi.
我　　　做-祈使
我做。

u　　va(r)-ğï.
他　　去-祈使
他去。

　　由于作为中心语的名词有领属人称词缀，因此，自由代词作定语时常常可被省略，如：

(mi-niği)　　ini-m　　　gi-miš.
（我-领格）　弟弟-1属人称　来-过去时
我弟弟来了。

3.1.1.3　对比与强调
　　对处在主语或定语位置上的自由代词进行强调或对比时，自由代词不能省略，如：

me(n)　qal-jï,　　　u　var-ar.
我　　留下-过去时　他　去-现在时
我留下来了，他走了。

čuxur　u　ox　namas　parla-ba(r).
现在　他　强调　礼拜　带领-进行体
现在多由他领拜。

　　在第一句中，自由代词 me(n)（我）和 u（他）进行对比，因此，这时二者当中的任何一个都不能被省略；在第二句中，自由代词 u（他）由助词 ox 进行强调，也不能被省略。

3.1.1.4　特指问
　　在针对 kem i-dïr i?（谁呀？）、bu kem-niği i-dïr i?（这是谁的呢？）这样的问句回答时，人称代词（一般是第一人称）不能省略，如：

问：　kem　i-dïr　　i?
　　　谁　　是-现在时　呢
　　　是谁呢？

答：　me(n)　(i-dïr).
　　　我　　（是-现在时）
　　　是我。

问：　bu　kem-niği　xay-ï　　i-dïr　　i?
　　　这　谁-领格　鞋-3属人称　是-现在时　呢
　　　这是谁的鞋呢？

答：　(bu)　　mi-niği　　(xay-ĭm)　　(i-)dĭr.

（这）　我-领格　　（鞋-1 属人称）　（是-）现在时

（这）是我的（鞋）。

3.1.2　人称和数范畴

3.1.2.1　普通代词

撒拉语人称代词具有人称和数的范畴，如：

单数	第一人称	第二人称	第三人称
主格	me(n)	se(n)	u
宾格	mini	sini	anï
领格	miniği	siniği	aniği
与/向格	manga	sanga	anga
位格	mende	sende	anda
从格	menden	senden	andan
工具格	mile(ni)	sile(ni)	ala(r)(nï)
等同格	mijo	sijo	ajo

复数	第一人称	第二人称	第三人称
主格	pise(r)	seler	ular
宾格	pisini	seleni	ula(r)nï
领格	pisiniği	seleniği	ula(r)niği
与/向格	pisere	selere	ulara
位格	piserde	selerde	ularda
从格	piserden	selerden	ulardan
工具格	pisile(ni)	selile(ni)	ula(r)la(nï)
等同格	pisijo	selejo	ula(r)jo

撒拉语人称代词存在包括式与排除式的差别。第一人称复数 pise(r)（我们）既可以表示说话人，也可以包括说话人和听话人，如：

piser　va(r)-ğur,　seler　yan.

我们　去-将来时　你们　回

我们要走了，（请）你们回。（不包括听话人）

piser　var-a,　ular　yan-qǐ.

我们　去-祈使　他们　回-祈使

我们走，让他们回。（包括说话人和听话人）

第二人称复数形式 seler 既可以指听话人，也可以指听话人和不在场的第三方，如：

seler　qala　va(r)-ğur　i?

你们　哪儿　去-将来时　呢

你们去哪儿呢？

这句话中 seler 可以指在场的听话人，这时听话人和他一起的人正在去或正要去一个地方，针对这种情况说话人使用这样的句子提问；这句话也可以指在场的听话人和不在场的其他人，他们将来可能要去某个地方，针对这种情况说话人使用这样的句子提问。

3.1.2.2　čo 及其变化形式

撒拉语中存在着一种特殊的人称代词成分 čo 及其变化形式，čo（大家、我们）、čosïm(lar)（我们）、čosïng(lar)（你们）、čosï(lar)（他们），如：

čo　var-a.

大家　去-祈使。

我们走。（包括说话人和听话人）

čo-sï-m(-lar)　　　　var-jǐ.

大家-3属人称-1属人称（-复数）　去-过去时

我们去了。（不包括听话人）

čo-sï-ng(-lar)　　　　var.

大家-3属人称-2属人称（-复数）　去

你们去。（指听话人一方）

čo-sï(-lar)　　　　va(r)-mïš.

大家-3属人称（-复数）　去-过去时

他们去了。（指说话人和听话人以外的第三方）

čo 应该来自于藏语，它以名词形式出现，然后再附加撒拉语名词的词缀形式（-sï 为名词第三人称领属标记，-lar 为名词复数标记），就形成了这种特殊的代词形式。čo 及其变化形式也有各种格的变化，它们都表示复数意义，如：

	我们（包括式）	我们（排除式）	你们	他们
主格	čo	čosïm	čosïng	čosï
宾格	čonï	čosïmnï	čosïngnï	čosïnï
领格	čoniği	čosïmniği	čosïngniği	čosïniği
与/向格	čoğa	čosïma	čosïnga	čosïna
位格	čoda	čosïmda	čosïngda	čosïnda
从格	čodan	čosïmdan	čosïngdan	čosïndan
工具格	čola(nï)	čosïmla(nï)	čosïngla(nï)	čosïla(nï)
等同格	čojo	čosïmjo	čosïngjo	čosïjo

复数词缀-lar 附加于 čo 及其变化形式之后意义基本相同，也有各种格的变化，如：

	我们（包括式）	我们（排除式）	你们	他们
主格	čolar	čosïmlar	čosïnglar	čosïlar
宾格	čolarnï	čosïmlarnï	čosïnglarnï	čosïlarnï
领格	čolarniği	čosïmlarniği	čosïnglarniği	čosïlarniği
与/向格	čolara	čosïmlara	čosïnglara	čosïlara
位格	čolarda	čosïmlarda	čosïnglarda	čosïlarda
从格	čolardan	čosïmlardan	čosïnglardan	čosïlardan
工具格	čolarla	čosïmlarla	čosïnglarla	čosïlarla
等同格	čolarjo	čosïmlarjo	čosïnglarjo	čosïlarjo

3.1.2.3　代词与数词的组合

在名词短语中，撒拉语代词可以和数词连用，并且有两种不同的结合形式，如：

me(n)　išgi-si-m　　　var-jï.
我　　二-3 属人称-1 属人称　去-过去时
我俩去了。

se(n)　　üš-ti-si-ng　　　　　var.

你　　　三-?　-3属人称-2属人称　　去

你们三（个）去。

u　　döt-i-si　　　　va(r)-mïš.

他　　四-?　-3属人称　　去-过去时

他们四（个）去了。

　　以上例子都为单数人称代词和数词的组合。组合时，数词与前面的代词表现出人称一致，如 me(n)和-m 相对一致，se(n)和-ng 相一致，u 和-si 相一致。-si 是名词领属人称附加成分，在这里数词和名词一样也具有这个特点。当第三人称单数 u 和-si 同现时，-si 可能既表示领属人称附加成分，同时，也与 u 保持人称一致。除 išgisi（两个）、üštisi（三个）和 dötisi（四个）外，再往后还有三个这样的类似数词形式 beštisi（五个）、altïsï（六个）、yidesi（七个）。这些复合代词往往可以单独使用，可以省略前面的单数人称代词而意义保持不变。此外，在 üštisi 和 beštisi 中都有-tï-成分，它有可能是出现在辅音之后的名词第三人称领属附加成分-I，-t-有可能是由于前面的辅音而产生的增音。此外，撒拉语还有 birsi（其中之一）的形式。按语音规则，辅音之后出现的名词第三人称领属形式应该是-I，但这里却是应出现在元音之后的-sI。这个看似例外现象的原因，还需要进一步的研究。相关讨论还可参见"不定代词 bir 及其变化"部分。

　　单数人称代词还可与表达复数意义的 čo 及其变化形式组合，如：

me(n)　　čo-sï-m(-lar)　　　　var-jï.

我　　　大家-3属人称-1属人称（-复数）　去-过去时

我们去了。

se(n)　　čo-sï-ng　　　　　var.

你　　　大家-3属人称-2属人称　去

你们去。

u　　čo-sï　　　　va(r)-mïš

他　　大家-3属人称　去-过去时

他们去了。

还有一种代词与数词连用形式为：

piser　išgi　kiš　var-jï.

我们　二　人　去-过去时

我们两（个）人去了。

seler　üš　kiš　var.

你们　三　人　去。

你们三（个）人去。

ular　döt　kiš　va(r)-mïš.

他们　四　人　去-过去时

他们四（个）人去了。

撒拉语中还有一个第一人称双数代词 ixüle（我俩），如：

ixüle　su　čöm-me　var-a.

我俩　水　游-副动　去-祈使

我俩去游泳。

u　ixüle-ni　öy-in-e　čala-ba(r).

他　我俩-宾格　家-3属人称-向格　邀请-进行体

他邀请我俩到他家。

关于 ixüle 的来源，它可能是早期 iki（二）和-ler（复数标记）的组合，甚至有可能前面还有个反身代词成分-i（自己），而-i 又来自 öz（自己）。撒拉语的这个词缀与现代维吾尔语的集合数词词缀-äylän 很接近，如 ikki-ylän（两个人）、beš- äylän（五个人）、yätti-ylän（七个人）（赵相如等，1985：59）。

3.2　疑问代词

疑问代词是指特指疑问句中代替疑问内容的词语。撒拉语疑问代词有 kem（谁）、nang（什么）、qaysï（哪个）、neče（多少）、nečinji（第几）、qačang（何时）、qahal（何时）、qayax（什么时间）、qada（在哪儿）、qala（往哪儿、在哪儿）、qadan（从哪儿）、qadaǧï（哪儿的）、neǧe（为什么）、ničüx（怎样）、ničüxli（怎样）等。

3.2.1 数范畴

一般情况下，疑问代词比指示代词尤其是比人称代词更容易没有数标记，这是由于疑问代词所代替的内容是提问者都不知道的对象，因此可能提前无法确定所问对象具有单数还是复数特点。在撒拉语中，kem（谁）、nang（什么）、qaysï（哪个）、qahal（何时）、qačang（何时）、qayax（何时）等疑问代词可以带和名词复数标记一样的-lAr，如：

öy-e   kem   va(r)-mïš   i?
家-向格   谁   去-过去时   呢
谁去家里了呢？

这句话中由于提问者不知道所问对象是单数还是复数，就用了 kem 的单数形式。但这个单数形式的 kem 既可以指一个人，也可以指多个人。如果提问者事前明确知道去家里的人是多个，想问清楚是哪些人去的，这时可以用 kem 的复数形式 kemler，但由于汉语的"谁"没有单复数之别，句子翻译完全相同，如：

öy-e   kem-ler   va(r)-mïš   i?
家-向格   谁-复数   去-过去时   呢
谁去家里了呢？

同样，用 nang（什么）进行提问时也一般用单数形式表示单数或多数意义，如：

se(n)   nang   al-ğur   i?
你   什么   买-将来时   呢
你要买什么呢？

对这一问句的回答可以是单数也可以是复数内容的回答，如：

me(n)   zorax   bir   al-ğur.
我   帽子   一   买-将来时
我要买一（顶）帽子。

me(n)   zorax   išgi   al-ğur,   išdan   bir   al-ğur.
我   帽子   二   买-将来时   裤子   一   买-将来时

我要买两（顶）帽子，一（条）裤子。

如果提前知道对象是多数，则可用 nanglar 的复数形式[①]，如：

se(n)　　nang-lar-nï　　vax-al-ar　　i?
你　　　什么-复数-宾格　　看-能-现在时　　呢
你喜欢什么呢？

qaysï 意为"哪个"，而 qaysïlar 意为"哪些"，如：

se(n)　　qaysï-nï　　kele-ğür　　i?
你　　　哪个-宾格　　要-将来时　　呢
你要哪个呢？

se(n)　　qaysï-lar-nï　　kele-ğür　　i?
你　　　哪个-复数-宾格　　要-将来时　　呢
你要哪些呢？

qahal、qačang、qayax 等词是表示时间的疑问词，当这些词附加有复数词缀-lAr 时，表示提问者对时间的具体内容不清楚，而用复数形式表达一个大概的范围，如：

se(n)　　qahal-da/qayax-da/qačang　　va(r)-ğur　　i?
你　　　何时-位格/何时-位格/何时　　　去-将来时　　呢
你什么时候去呢？

se(n)　　qahal-lar-da/qayax-lar-da/qačang-lar　　va(r)-ğur　　i?
你　　　何时-复数-位格/何时-复数-位格/何时-复数　　去-将来时　　呢
你大概什么时候去呢？

　　上例第一句中，提问者期待着一个明确的时间答案（也许结果是有可能得不到这样的回答），在第二句中，提问者期待的是大概的时间答案（也许结果是有可能得到一个明确的时间答案）。

　　[①] 捷尼舍夫（1976）曾指出 nang 没有复数形式，但这与撒拉语的实际不符；他还把 nangari（什么是）也当成疑问代词，说它也有格的变化，但实际上这是 nang irar i 的连读结果，它不可能有格的变化。韩建业（2004:92）提出，疑问代词的复数形式有夸张或礼貌之意，对此，撒拉语是母语的笔者觉得疑问代词的复数形式是根据语境的需要而使用的，而并没有夸张或礼貌之义。

撒拉语疑问代词的重叠也可以表达复数意义，如：

u kem kem-ni gör-ğen-i-ni yenša-ba(r).
他 谁 谁-宾格 看见-形动-3属人称-宾格 说-进行体
他在说见了谁。

u nang nang iš-gen-i-ni sumurla-ba(r).
他 什么 什么 喝-形动-3属人称-宾格 想-进行体
他在想他喝了什么（东西）。

u qačang qačang va(r)-ğur di-ba(r).
他 何时 何时 去-将来时 说-进行体
他在说要在某个时候去。

u qala qala va(r)-ğan-ï-nï unat-mïš.
他 往哪儿 往哪儿 去-形动-3属人称-宾格 忘记-过去时
他忘了去过什么地方。

u čöp qada qada čïx-qan-ï-nï bil-ba(r).
他 草 在哪儿 在哪儿 长-形动-3属人称-宾格 知道-进行体
他知道草长在哪里。

ular ničüx ničüx yür-ğüsi-ni sor-aš-ba(r).
他们 如何 如何 走-形动-宾格 问-共同态-进行体
他们商量如何走。

u qaysï qaysï em yara-š-qan-ï-nï olan yox-a.
他 哪个 哪个 药 合适-共同态-形动-3属人称-宾格 明白 没有-现在时
他不知道哪个药合适。

以上句子中除 ničüx ničüx 外，其他重叠的疑问代词都可以被替换成该疑问代词的复数形式而意义基本保持不变，如 kemler、nanglar、qalalar、qadalar、qaysïlar、qačanglar 等。ničüx 是副词，因此没有-ler 的复数形式，其重叠形式在本句中表达的意思为第一段路怎么走，第二段路怎么走等。

3.2.2 格范畴

部分撒拉语疑问代词（即代替名词的代词）和名词一样具有格的变化

形式，如：

	谁	什么	哪个	多少	何时₁	何时₂	何时₃
主格	kem	nang	qaysï	neče	qahal	qayax	qačang
宾格	kemni	nangnï	qaysïnï	nečeni			
领格	kemniği	nangniği	qaysïniği	nečeniği	qahaldağï	qayaxdağï	qačangniği/
							qačangdağï
与/向格	keme	nanga	qaysïna	nečeğa			
位格	kemde	nangda	qaysïnda	nečede	qahalda	qayaxda	
从格	kemden	nangdan	qaysïndan	nečeden	qahaldan	qayaxdan	qačangdan
工具格	kemle(ni)	nangla(nï)	qaysïla(nï)	nečele(ni)			
等同格	kemjo	nangjo	qaysïjo	nečejo	qahaljo	qayaxjo	

qada（在哪儿）、qala（往哪儿）、qadan（从哪儿）、qadağï（哪儿的）等没有格的变化，这是因为它们本身分别就是*qa-（哪儿）的位格、向格、从格等形式，qadağï 是位格与功能转换词缀-GI 的结合。在现代撒拉语中没有单独的*qa（哪儿、什么）形式存在，但毫无疑问，*qa-是以下这些词的共同词根：qaysï（哪个）、qačang（何时）、qahal（何时）、qayax（何时）、qada（在哪儿）、qadan（从哪儿）、qala（往哪儿、在哪儿）、qali（在哪儿）、qadağï（哪儿的）等。

其中 qačang（何时）、qahal（何时）、qayax（何时）是*qa 和其他词及构形词缀结合以后词汇化的结果。qačang 来自*qa（哪儿、什么）+ -č（等同格标记）+ an（时间）（力提甫，2004：462）。qahal（何时）来自*qa（哪儿、什么）+ hal（时间）。hal 在现代撒拉语中没有单独的存在形式，但 oholda（从前）中也存在跟 hal 音很近的-hol-（应该是 hal 受前面 o 音影响的结果）。qayax（何时）来自*qa（哪儿、什么）+ vax（时间）。qaysï 可能来自*qa（哪儿、什么）+ -sï（名词第三人称领属词缀）。甚至于古突厥语的 kem（谁）也被认为是来自*qa（哪儿、什么）的更早形式*ke（力提甫，2004：462）。

其他疑问代词 neče（多少）、neğe（为什么）、ničüx（怎样）、ničüxli（怎样）、nečinji（第几）等都与 nang（什么）相关。nang 在 11 世纪成书的《突厥语词典》（Dankoff, 1984：261）还是在古代突厥语中（耿世民，2005：244）都为 nä，其意义为"什么"。neče（多少）应该来自于 nä（什么）+ -čä（等同格）。neğe（为什么）应该来自 nä（什么）+ -GA（向格）。ničüx（怎样）应该来自 nä（什么）+ -čä（等同格）+ ök（助词）。而 ničüxli（怎样）是 ničüx 附加了-li 词缀的结果。nečinji（第几）来自 neče（多少）+ -nji（序数词词缀）。

在古代突厥语中，kim（谁）和 nä（什么）被认为是生命/无生命相对立的语法化形式（Erdal, 2004：211），这对撒拉语的 kem（谁）和 nang（什么）来说也同样是如此。

3.2.3　功能

疑问代词主要是根据询问功能而不是句法功能划分出来的，因此，以上撒拉语的疑问代词的功能并不相同。如 kem、nang、qahal、qayax、qačang 具有名词功能，neče 具有基数词功能，nečinji 具有序数词功能，qada、qala、qadan、neğe、ničüx、ničüxli 等具有副词功能，qaysï 和 qadağï 具有形容词功能，当它们的中心语被省略时，它们也具有名词功能。nang 除名词功能外，还具有形容词功能。qala 和 qali 还直接作谓语，如：

kem　　azat-da　　su　　yu-bar　　i?
谁　　　地-位格　　水　　浇-进行体　　呢
谁在地里浇水呢？

se(n)　　nang　　üšer-bïr　　i?
你　　　什么　　看-进行体　　呢
你在看什么呢？

čuxur　　qahal/qayax　　vo(l)-mïš　　i?
现在　　何时　　　　成为-过去时　　呢
现在什么时间了呢？

bu　　qačang-da-ğï　　iš　　ir-ar　　i?
这　　何时-位格-领属　　事　　是-现在时　　呢
这是什么时候的事呢？

ular　　čubuğan　　neče　　al-jï?
他们　　枣　　　　多少　　买-过去时
他们买了多少枣？

piser　　neči-nji-niği　　su-nï　　yu-ğï　　yi?
我们　　多少-第-领格　　水-宾格　　浇-祈使　　呢
我们浇第几次的水呢？

Ali　　qada　　　var-ar　　i?
阿里　在哪儿　　有-现在时　呢
阿里在哪儿呢？

azï-m　　　　qala　　　var-jï?
姐姐-1 属人称　往哪儿　去-过去时
我姐到哪儿去了呢？

bu　o-čüx　　qadan　　gi-miš　　i?
这　男孩-有定　从哪儿　来-过去时　呢
这男孩是从哪儿来的呢？

u　　neğe　　yağla-bar　　i?
他　为何　哭-进行体　　呢
他为何在哭呢？

seler　qo-nï　　ničüx/ničüxli　aš-jï　　i?
你们　门-宾格　怎样　　　　　开-过去时　呢
你们怎样开的门呢？

mu-nï　qaysï　kiš　belği　et-miš　　i?
这-宾格　哪个　人　这样　做-过去时　呢
谁把这个弄成这个样子了呢？

qaysï　qïzïl　ir-ar　　　i?
哪个　红　　是-现在时　呢
哪个是红的呢？

bu　qadağï　ča　ir-ar　　i?
这　哪儿的　茶　是-现在时　呢
这是哪儿的茶呢？

bu　ča　qadağï　ir-ar　　　i?
这　茶　哪儿的　是-现在时　呢
这茶是哪儿的呢？

sen　nang　kitap　vax-bĭr　i?

你　什么　经书　看-进行体　呢

你在看什么经书呢？

ešex　qala?

驴　哪儿

驴呢？

ešex　qali?

驴　哪儿

驴呢？

最后两句意义的区别在于：前一句中，说话人之前见过驴，现在看不见了，有寻找的意思；后一句只是普通问句，问驴在哪儿。

3.2.4　与数词的组合

具有定语功能的疑问代词还可以与数词组合，如：

qaysĭ　išgi-si　　　öy　sïxla-bar　i?

哪个　二-3属人称　家　守-进行体　呢

哪两个在守家呢？

qadağĭ　bir-i　　　yara　yox-ar　　i?

哪儿的　一-3属人称　行　没有-现在时　呢

哪一（个）不行了呢？

u　nang　bir　al-mĭš　i?

他　什么　一　买-过去时　呢

他买了（个）什么呢？

除以上三个疑问代词外，kem 也可以和数词组合，这时 kem 的作用和 qaysï 相同，二者可以互换，如：

u　kem　išgi-si(-leni)　　　va(r)-mĭš　i?

他　谁　二-3属人称（-工具格）　去-过去时　呢

他和哪两（个）人去了呢？

kem　üš-ti-si　　　qal-mïš　　i?

谁　三-?　-3属人称　留下-过去时　呢

哪三（个）人留下来了呢？

3.3　不定代词

不定代词是无法明确表示人或事物是谁或什么以及怎样的代词。

3.3.1　疑问代词+ -Or　构成形式

在疑问代词后附加-Or 可以构成不定代词，如：kemör（某人）、nangor（某人或物）、qa(y)sor（某个）、nečör（多少）、nečinjör（第某几）、qačangor（某时）、qahalor（某时）、qayaxor（某时）、qador（某地）、qalor（往某地、某程度）、qadanor（从某地）、qadağor/qadiğor（某地的）、neğör（因某种原因）、ničüxör（某样）、ničüxliör（某样）等。这些不定代词表示不仅听话者连说话者也不知其所代对象，但说话者确知其存在，如：

kem-ör　azat-da　su　yu-ba(r).

谁-无定　地-位格　水　浇-进行体

某人在地里浇水。

sen　nang-or　　üšer-ba(r).

你　什么-无定　看-进行体

你在看某物。

eš,　qahal-or/qayax-or　vo(l)-mïš.

哎呀　何时-无定/何时-无定　成为-过去时

哎呀，已经到某个时刻了。

u　qačang-or　gel-er.

他　何时-无定　　来-现在时

他某个时候会来。

ular　čubuğan　neč(e)-ör　al-dï　　mu　　al-mïš.

他们　枣　　　多少-无定　买-过去时　疑问　买-过去时

他们买了一些枣。

piser　neči-nji-ör　su-nï　yu-dï　mu　yu-mïš.
我们　多少-第-无定　水-宾格　浇-过去时　疑问　浇-过去时
我们浇了某次的水。

Ali　qad(a)-or　var-a.
阿里　在哪儿-无定　有-现在时
阿里在某处。

azï-m　qal(a)-or　var-jï.
姐姐-1属人称　到哪儿-无定　去-过去时
我姐去了某地。

bu　o-čüx　qadan-or　gi-miš.
这　男孩-有定　从哪儿-无定　来-过去时
这男孩是从某地来的。

u　neğ(e)-ör　belği　yağla-bïr　mu　yağla-ba(r).
他　为何-无定　这样　哭-进行体　疑问　哭-进行体
他由于某事在哭。

seler　qo-nï　ničüx-ör/ničüxli-ör　aš-dï　mu　aš-mïš.
你们　门-宾格　怎样-无定/怎样-无定　开-过去时　疑问　开-过去时
你们以某种方法开了门。

u　qaysï-or-nï　döy-miš.
他　哪个-无定-宾格　打-过去时
他打了某人。

bu　ča　qadağ(ï)-or-di-ği　i-dïr　mu　ir-a.
这　茶　哪儿的-无定-位格-领属　是-现在时　疑问　是-现在时
这茶是某地的茶。

sen　nang-or　vax-bïr　mu　vax-ba(r).
你　什么-无定　看-进行体　疑问　看-进行体
你在看着某（东西）。

3.3.2　疑问代词+ -Or + -čüx　构成形式

在疑问代词后附加-Or 后再附加-čüx 可以构成不定代词，如：kemörčüx（某人）、nangorčüx（某物）、qa(y)sorčüx（某个）、nečörčüx（多少）、nečinjörčüx（第某几）、qačangorčüx（某时）、qahalorčüx（某时）、qayaxorčüx（某时）、qadorčüx（在某地）、qalorčüx（往某地、某种程度）、qadanorčüx（从某地）、qadağorčüx/qadiğörčüx（某地的）、neğörčüx（因某原因）、ničüxörčüx（某样）、ničüxliörčüx（某样）等。这些不定代词代替说话者知道并能确定其存在而对听话人来说不能确定的对象，如：

kem-ör-čüx　azat-da　su　yu-ba(r).
谁-无定-有定　地-位格　水　浇-进行体
某人在地里浇水。

sen　nang-or-čüx　bas-mïš.
你　什么-无定-有定　踩-过去时
你踩了某物。

men　qahal-or-cüx-de　yan-qur.
我　何时-无定-有定-位格　回-将来时
我将于某时返回。

u　qačang-or-čüx　gel-er.
他　何时-无定-有定　来-现在时
他某个时候会来。

ular　čubuğan　neč(e)-ör-čüx　al-dï　mu　al-mïš.
他们　枣　多少-无定-有定　买-过去时　疑问　买-过去时
他们买了一些枣。

piser　neči(-nji)-ör-čüx-niği　su-nï　yu-jï.
我们　多少(-第)-无定-有定-领格　水-宾格　浇-过去时
我们浇了多次的水。

Ali　qad(a)-or-čüx　var-a.
阿里　在哪儿-无定-有定　有-现在时
阿里在某处。

azĭ-m　　　　qal(a)-or-čüx　　var-jĭ.

姐姐-1 属人称　　到哪儿-无定-有定　　去-过去时

我姐去了某地。

bu　o-čüx　　qadan-or-čüx　　gi-miš.

这　男孩-有定　从哪儿-无定-有定　来-过去时

这男孩是从某地来的。

u　neğ(e)-ör-čüx　belği　yağla-ba(r).

他　为何-无定-有定　　这样　哭-进行体

他由于某事在哭。

ular　qo-nï　　ničüx-ör-čüx　　aš-mïš.

你们　门-宾格　怎样-无定-有定　　开-过去时

他们以某种方法开了门。

u　qaysĭ-or-čüx-ni　döy-miš.

他　哪个-无定-有定-宾格　打-过去时

他打了某人。

bu　ča　qadağ(ï)-or-čüx-di-ği　i-dïr　　mu　ir-a.

这　茶　哪儿的-无定-有定-位格-领属　是-现在时　疑问　是-现在时

这茶是某地的（茶）。

u　nang-or-čüx　vax-bïr　mu　vax-ba(r).

他　什么-无定-有定　看-进行体　疑问　看-进行体

他在看着某（东西）。

　　以上句子中的不定代词表示说话者知道，但故意向听话者隐瞒的对象。①

---

　　① 捷尼舍夫（1981:565）在其著作中认为撒拉语不定代词是由疑问代词附加-dïr/-der 或-čüx 等构成的，如 kemder（某人）、nangdïr（什么东西）、kemurčüx（某人、谁）、nehčičüx（某些）。kemder（某人）和 nangdïr（什么东西）确实可以作主语和补足语，但从严格意义上来说，kemder、nangdïr 等能不能算作不定代词，值得商榷。因为 kemder 是 kem（谁）和 der（系动词）的组合，同样 nangdïr 是 nang（什么）和 dïr（系动词）的组合。这两个词都没有一般代词所有的格的变化及数的变化。实际上，这两个词是一个句子中某些成分缩减的结果，如 kemder（是谁），kem der gimiš（是谁来了），kem der mu gimiš（是谁呢来了），kem der mu bir kiš gimiš（是谁呢一个人来了）. kemurčüx 确实是不定代词，但不是捷氏所说的疑问代词 kem 和-čüx 的组合，而是中间多了-ur 成分。对-ur 这个成分捷氏的认识显然是不正确的，详见本书 2.8.2.2 部分的讨论。至于 nehčičüx（某些）则根本不是不定代词，而是强调性的疑问代词。在林莲云（1985:52）和韩建业（2004:96）的论述中或多或少也有同样的问题。

3.3.3　疑问代词的重叠

疑问代词重叠以后可以表达实指的不定意义，详见本章 3.2 疑问代词数范畴部分内容。

3.3.4　不定代词 bir 及其变化形式

撒拉语数词 bir（一）除了表达数字意义外，还可表达有定与无定意义，如：

甲：　men　yang'ï　öy　　bir　al-jï.
　　　我　　新　　　房子　一　买-过去时
　　　我买了个新房。

乙：　men　da　bir　al-sa　　di-bïr.
　　　我　　也　一　买-条件　说-进行体
　　　我也打算买一个。

上例第二句中的 bir 指代说话人心目中希望有但实际上不存在的一个房子，从句法角度而言代替的是一个名词性短语，其所指在这里通过上文的 öy bir（一个房子）来理解，属于非实指的不定代词。当然，bir 还可以表达有定意义，如：

mang-a　yarï　išgi　var,　bir-i　　Ali　i-dïr,
我-向格　朋友　二　　有　　一-3 属人称　阿里　是-现在时
bir-i　　Hasan　i-dïr.
一-3 属人称　哈三　是-现在时
我有两（个）朋友，一（个）是阿里，一（个）是哈三。

上例中，bir 附加第三人称领属词缀表达有定意义。biri（有些，有时）可作定语、状语，表达实指不定意义，如：

bir-i　　kiš　mun-da　yat-ba(r).
一-3 属人称　人　这-位格　睡觉-进行体
有些人在这儿睡觉。

bir-i　　　u　　daš-ïn-da　　iš-ba(r).

一-3 属人称　他　外-3 属人称-位格　吃-进行体

有时，他在外面吃。

如果 bir-i 再附加领属词缀（-si），那么，bir-i-si 又能表达实指不定意义，如：

ular　bir-i-si　　　malla　ir-a.

他们　一-3 属人称-3 属人称　满拉①　是-现在时

他们当中有些是学生。

biri 还有复数形式 biriler 及单复数的各种格的变化。

3.3.5　实指不定代词　se(n)

第二人称代词 se(n)可以出现在表惯常性行为的句子中，代替假设的非实指对象，如：

u　　ağzï-n-da　　yenša-ğan-ï　yaxšï,　　　sen　išde-de　var,

他　嘴-3 属人称-位格　说-形动-3 属人称　好　　　　你　找-副动　去

va(r),　sang-a　qala　　bangna-š-qur.

去　你-向格　哪儿　帮-共同态-将来时

他嘴上说得好，你去找他，去，（他）哪里给你帮忙呢。

上例中的 se(n)并不指真正的听话人，而是假设中的需要帮忙的人。

3.3.6　kiš 和 kiši

名词 kiš（人）的单复数形式有非实指不定代词的作用，如：

u　elği-čüx　et-e,　elet②-gen-niği　kiš　a-nï　gör-el　yox-a.

他　那样-强调　做-副动　那样做-形动-领格　人　他-宾格　看-能　没有-现在时

他就那样做，所以，人们看不起他。

qo-nï　bix-duğu,　kiš-ler　gör-se　　yaxšï　vo(l)-ma-ğa(r).

门-宾格　关-折使　人-复数　看见-条件　好　成为-否定-将来时

---

① 满拉：清真寺里学习的学生。

② elet 应该是 elği et-（那样做）的紧缩形式。

关上门，别人看见不好。

kiš（人）附加了领属人称词缀-i 后就具有了实指不定代词的作用，如：

daš-čüx-ni　　jaǧa　qu-ma,　kiš-i　　　a-nï　　mören

石头-有定-宾格　扔　　留下-否定　人-3 属人称　它-宾格　河

qïrǧï-n-dan　　dama　gel-ji.

边-3 属人称-从格　抬　　来-过去时

别扔那石头，那可是人家从河边抬过来的。

有时，由于句中其他成分的作用，kiši 变成实指有定，如：

bala-lar,　zïqïra-š　qu-ma,　kiš-i　　　aǧar　dalan-mur.

孩子-复数　吵-共同态　留下-否定　人-3 属人称　病　忍受-否定

孩子们，别吵了，人家疼得受不了了。

这句话中由于动词 dalan-（忍受）的附加成分-mur 指明忍受的主体 kiši
是说话人自己，因此，kiši 在此定指说话人自己。

3.3.7　任指的不定代词

撒拉语中存在着表示任指的一些不定代词，如 kemoso（任何人）、
nangoso（任何东西）、qadoso（任何地方）、qadanoso（从任何地方）、qačangoso
（任何时候）、qahaloso（任何时间）、qayaxoso（任何时候）、qaloso（往任
何地方）等。这些词尤其是 kemoso 和 nangoso 有格的变化，有些甚至有数
的变化。如：

mu-nï　kemoso　jar-sa　vol-ar.

这-宾格　任何人　用-条件　可以-现在时

这个任何人都可以用。

dongïs　nangoso　yi-ba(r).

猪　　　任何东西　吃-进行体

猪什么东西都吃。

qadoso-da　　besgi-ǧi　yačux　jičex　gör-ǧen　yox-a.

任何地方-位格　这样-领属　漂亮　花　看见-形动　没有-现在时

在任何地方都没见过如此漂亮的花。

u　qadanoso　　　heli　učile-ba(r).

他　从任何地方　　钱　　借-进行体

他从各处借钱。

ey-ing　　　qačangoso　gel-se　vol-ar.

自己-2 属人称　任何时候　来-条件　可以-现在时

你自己什么时候来都可以。

u　qaloso　　gez-gen　var-a.

他　任何地方　游玩-形动　有-现在时

他什么地方都游玩过。

这些表任指的不定代词来源于疑问代词 ＋erse（系动词+条件式附加成分）。在现代土耳其语中有 kimse 这样的不定代词（Lew, 1967:78），意为某人，但其本来形式是 kim ise（不管是谁）。在古代突厥语文献中也出现过 kim ärsär（任何人）、nä ärsär（任何）等形式（Erdal, 2004:219）。

3.4　反身代词

反身代词是表示回指或强调的代词。回指是指反身代词返回指向前面的主语，使主语把动作行为作用于自己身上。强调是指反身代词充当主语的同位语或状语。撒拉语反身代词 iz（有 ey 的变体）与其前面（有时也在后面）的主语（名词性词语）在人称与数方面保持一致，如：

u　iz-i-niği　　　ayax-ĭ-nĭ　　yu-mĭš.

他　自己-3 属人称-领格　脚-3 属人称-宾格　洗-过去时

他洗了自己的脚。

ular　iz-i-le(r)-ni　　shola-ba(r).

他们　自己-3 属人称-复数-宾格　打-进行体

他们在打自己。

men　ey-im-ni　　piti-ji.

我　自己-1 属人称-宾格　写-过去时

我写了自己。

piser　ey-im-ler-e　　　　al-jĭ.

我们　自己-1 属人称-复数-向格　买-过去时

我们为自己买了。

sen　ey-ing-ni　　　　lanzaxla-ba(r).

你　自己-2 属人称-宾格　玷污-进行体

你在玷污自己。

seler　ey-ing-le(r)-ni　sat-ba(r).

你们　自己-2 属人称-宾格　卖-进行体

你们在败坏自己（名誉）。

这些句子中的反身代词回指前面的主语，并在人称与数方面同主语保持一致。就动作意义而言，主语发出动作后及于反身代词（实际上回指前面的主语，即及于自身）。反身代词的另一个重要特点是其强调功能，如：

u　iz-i　　　　oxĭš　piti-ba(r).

他　自己-3 属人称　字　写-进行体

他自己在写字。

u　oxĭš-nï　iz-i　　　　piti-ba(r).

他　字-宾格　自己-3 属人称　写-进行体

他自己在写字。

ular　iz-i-ler　　　　oyna-ba(r).

他们　自己-3 属人称-复数　玩-进行体

他们自己在玩。

me(n)　ey-im　　　　ang-a　va(r)-ğur.

我　自己-1 属人称　那-向格　去-将来时

我自己要去那儿。

pise(r)　ey-im(si)①-ler　boğdï　ex-ji.

我们　自己-1 属人称-复数　小麦　种-过去时

_____

① 反身代词第一、二人称的复数形式 eyimler 和 eyingler 有 eyimsiler 和 eyingsiler 的语音变体。其中 -imsi-(＜imiz？)和-ingsi-(＜ingiz？)可能是古代撒拉语名词领属附加成分复数形式的残存成分，但除这两个例子外，在现代撒拉语中我们见不到这样的现象。

我们自己种了小麦。

se(n)　ey-ing　　　　iš.
你　　自己-2 属人称　喝
你自己喝。

seler　ey-ing(si)-ler　　dağ-qa　čïx　qu-ma.
你们　自己-2 属人称-复数　山-向格　上　留下-否定
你们自己不要上山。

　　上例第二句中，由于反身代词 izi 未能紧随主语 u，在语音上需要重读，所以，izi 在句中作状语，即写字是由自己写，而不是让人写。而其他句子中，当反身代词不重读时，反身代词和主语形成同位关系；当反身代词重读时，反身代词作状语。
　　有时一个句子中可以出现两个反身代词，如：

u　iz-i　　　　iz-i-ni　　　　　öxre-ba(r).
他　自己-3 属人称　自己-3 属人称-宾格　骂-进行体
他自己在骂自己。

me(n)　i-m　　　　　i-m-niği　　　baš-ïm　yili-bïr.
我　　自己-1 属人称　自己-1 属人称-领格　头-1 属人称　理-进行体
我自己在理自己的头。

　　这时离主语近的反身代词表达强调意义，而后面的反身代词回指主语，且表达其是动作所及对象。
　　撒拉语反身代词是由名词 öz 演变而来的。该词本意为"最深处"（Erdal，2004：209）。现代撒拉语中的 özex（根）、özen（河）等实际上就是以这一词根为基础而形成的。is（主人）也与 öz 密切相关。由于 öz 本是名词，因此，它可以带名词性领属附加成分，形成了撒拉语的各人称的反身代词，如：

i（自己）＜öz
im、eyim 或 izim（我自己）＜öz＋im
ing、eying 或 izing（你自己）＜öz＋ing
izi（他自己）＜öz＋i

在循化的街子土语中，im/eyim（我自己）、ing/eying（你自己）形式用得较多，izim（我自己）、izing（你自己）还在用，但使用频率很低。而在清水、白庄、孟达等地，izim（我自己）、izing（你自己）的使用频率要明显高于街子地区。因此，öz 在语音上有个变化过程：i＜（iy）ey＜(iz) ez＜öz，而第三人称反身代词词根的变化过程为：iz＜ez＜öz。这种由圆唇元音到非圆唇元音的变化是现代撒拉语的一个特点，而由非圆唇元音中的舌位较低元音到舌位较高元音的变化在现在的撒拉族地区依然可以被观察到，一些地方偏远的人或年龄较大的老人偏向于使用舌位较低的音，而街子地方或一些年轻人偏向于使用舌位较高的音。如笔者在田野调查中发现，白庄地区的老人说 er-a（是），而笔者出生的街子地区一般为 ir-a（是）。

撒拉语反身代词有数和格的变化，如：

表 3-1　　　　　　　　　反身代词数与格的变化（单数）

单数	我自己（包括式）	我自己（排除式）	你自己	他（她、它）自己
主格	i	im/eyim/izim	ing/eying/izing	izi
宾格	ini	im(eyim/izim)ni	ing(eying/izing)ni	izini
领格	iniği	im(eyim/izim)niği	ing(eying/izing)niği	iziniği
与/向格	iğa	im(eyim/izim)e	ing(eying/izing)e	iziğa
位格	ide	im(eyim/izim)de	ing(eying/izing)de	izide
从格	iden	im(eyim/izim)den	ing(eying/izing)den	iziden
工具格	ile(ni)	im(eyim/izim)le(ni)	ing(eying/izing)le(ni)	izile(ni)
等同格	ijo	im(eyim/izim)lejo	ing(eying/izing)lejo	izijo

表 3-2　　　　　　　　　反身代词数与格的变化（复数）

复数	我们自己（包括式）	我们自己（排除式）	你们自己	他（她、它）们自己
主格	i(ler)	im(eyim/izim)ler	ing(eying/izing)ler	iziler
宾格	i(le)ni	im(eyim/izim)leni	ing(eying/izing)leni	izileni
领格	i(le)niği	im(eyim/izim)leniği	ing(eying/izing)leniği	izileniği
与/向格	iğa/ilere	im(eyim/izim)leğa	ing(eying/izing)leğa	izileğa
位格	i(ler)de	im(eyim/izim)lerde	ing(eying/izing)lerde	izilerde
从格	i(ler)den	im(eyim/izim)lerden	ing(eying/izing)lerden	izilerden
工具格	i(le)le(ni)	im(eyim/izim)lele(ni)	ing(eying/izing)lele(ni)	izilele(ni)
等同格	i(le)jo	im(eyim/izim)lejo	ing(eying/izing)lejo	izilejo

i（自己）是个很重要的反身代词，如：

mu-nï　i　　qal-dar-a.

这-宾格　自己　留下-使动-祈使

这个自己留下。

这句话随语境不同而有不同的意思：当说话者自言自语而不针对他人说这话时，i 指说话者自己。这时 i 单独作主语，前面不能再出现第一人称单数 me(n)，但也可以出现 pise(r)（我们），以复数形式表达单数意义；当针对他人说话时，i 指说话人和听话人，前面可出现第一人称复数 pise(r)，二者形成同位关系。i 有自己的复数形式 iler，可表达包括听话人在内的第一人称复数意义，这时前面可出现第一人称复数代词 pise(r)，如：

mu-nï　pise(r)　i-ler　　qal-dar-a.

这-宾格　我们　自己-复数　留下-使动-祈使

这个我们自己留下。

此外，iler 还可指说话人自己（第一人称单数），用复数形式表达单数意义，使话语显得较随意，有自言自语之义，如：

甲：　si-ni　　malla①-ğa　čala-ba(r).

　　　你-宾格　满拉-向格　邀请-进行体

　　　（有人）请你吃饭。

乙：　ya,　i-le(r)-ni　　čala-sa,　var-a.

　　　噢　自己-复数-宾格　邀请-条件　去-祈使

　　　噢，既然请我，走吧。

上例第二句中的 ileni（自己的复数宾格形式）是对第一句中的 sini（第二人称单数宾格）的回应，意为"我"，但采用了复数形式体现了说话人的自言自语的特点，动词词缀-a 也标记出说话人以自言自语的形式建议自己去参加宴会。i 的单复数形式还有各种格的变化。因此，i 和 iler 可以表达包括式第一人称复数意义（即包括说话人和听话人），可以和同样运用反身代词的 imler(eyimler/izimler)形成对立，后者为排除式第一人称复数形式（既只包括说话人一方，不包括听话人一方）。无论是 i、iler 还是 öz 的其他各种人称、数和格的变化形式反身代词都可以单独作句法成分。

---

① 为了做善事，撒拉族往往免费把人们请到家中吃饭，这种有宗教行为的宴席就称为 malla.

i 还可以和 čo 组合成各种复合式的反身代词，并有人称、数和格的变化，如：

表 3-3　　　　　　　　　　　　i 和 čo 的组合及变化

	我们（包括式）	我们（排除式）	你们	他们
主格	ičo(lar)	imčosïm(lar)	ingčosïng(lar)	izičosï(lar)
宾格	ičo(lar)nï	imčosïm(lar)nï	ingčosïng(lar)nï	izičosï(lar)nï
领格	ičo(lar)niği	imčosïm(lar)niği	ingčosïng(lar)niği	izičosï(lar)niği
与/向格	ičolara(ičoǧa)	imčosïm(lar)a	ingčosïng(lar)a	izičosïlara(izičosïǧa)
位格	ičo(lar)da	imčosïm(lar)da	ingčosïng(lar)da	izičosï(lar)da
从格	ičo(lar)dan	imčosïm(lar)dan	ingčosïng(lar)dan	izičosï(lar)dan
工具格	ičo(lar)la(nï)	imčosïm(lar)la(nï)	ingčosïng(lar)la(nï)	izičosï(lar)la(nï)
等同格	ičo(lar)jo	imčosïm(lar)jo	ingčosïng(lar)jo	izičosï(lar)jo

　　i 和 čo 组合的单数复合式反身代词本身表达的是复数意义，因此和其复数形式的意义基本相同，在许多情况下可以互换。但在细微之处可能有些差别，其复数形式并不表达复合代词所指对象的多个数量，而是表达以复合代词所指对象数量为代表的包括其他对象的多个数量，正如 Ali-ler 不是指多个阿里，而是指以阿里为代表的许多人。

3.5　相互代词

　　相互代词和反身代词一样，都是对先行词的回指，在动作行为方面其施事与受事为同一体，但不同于反身代词的是其先行词为复数。相互代词交叉回指复数先行词内自己以外的个体。撒拉语中典型的相互代词为 bir bir（互相），由于代替的是名词，其有人称、数和格的变化，如：

表 3-4　　　　　　　　　　　　bir bir 的格变化

	第一人称（包括式）	第一人称（排除式）	第二人称	第三人称
主格	bir bir	bir birim	bir biring	bir biri
宾格	bir birni	bir birimni	bir biringni	bir birini
领格	bir birniği	bir birimniği	bir biringniği	bir biriniği
与/向格	bir bire	bir birime	bir biringe	bir birine
位格	bir birde	bir birimde	bir biringde	bir birinde

	第一人称（包括式）	第一人称（排除式）	第二人称	第三人称
从格	bir birden	bir birimden	bir biringden	bir birinden
工具格	bir birle(ni)	bir birimle(ni)	bir biringle(ni)	bir birile(ni)
等同格	bir birjo	bir birimjo	bir biringjo	bir birijo

以上为 bir bir 的单数形式变化，由于相互代词是表达复数意义的，因此，其单数形式和复数形式所表达的意义基本相同。当先行词表示"二"的数量意义时，相互代词没有复数形式。复数标记-lAr 出现在其名词性领属人称词缀和格词缀之间。如：

išgi-si-m　　　　bir　bir-m　　baš　yili-š-ji.

二-3 属人称-1 属人称　一　一-1 属人称　头　理-共同态-过去时

我们两人互相理了发。

išgi-si-ng　　　　bir　bir-ni　öxre　qu-ma.

二-3 属人称-2 属人称　一　一-宾格　骂　留下-否定

你俩不要互相骂。

bir　ağïl-da-ğï　kiš-ler　bir　bir-in-e　　yinsen　vur-aš-ba(r).

一　村-位格-领属　人-复数　一　一-3 属人称-向格　礼　搭-共同态-进行体

同一村子的人们互相搭礼。

bir　bir-ing-niği　ad-ïng-nï　　gila-duğu.

一　一-2 属人称-领格　名字-2 属人称-宾格　记-折使

你们相互记住名字。

pise(r)　bir　bir-im-de　heli　vo-ğan-ï-nï　　bil-er.

我们　一　一-1 属人称-位格　钱　有-形动-3 属人称-宾格　知道-现在时

我们互相知道对方有钱。

ular　bir　bir-den　kuxïn　al-ba(r).

他们　一　一-从格　原谅　取-进行体

他们互相祈求原谅。

ular   bir   bir-le(ni)   gača   yenša-š-mïš.
他们   一   一-工具格   话   说-共同态-过去时
他们相互说话了。

pise(r)   bir   bir-jo   jangnan-aš-ma-ǧa.
我们   一   一-等同格   争论-共同态-否定-祈使
让我们不要像对方一样争论。

此外，第一人称包括式相互代词也可以被用于第二和第三人称上，如：

seler   bir   bir   oyna-š.
你们   一   一   玩-共同态
你们相互玩。

ular   bir   bir-ni   yadala-š-ba(r).
他们   一   一-宾格   模仿-共同态-进行体
他们在互相模仿（说话）。

以上第一句和第二句中，相互代词本来应该分别为 bir biring、bir birini，但可能由于主语先行词已经显示了人称，所以出于经济原则相互代词的人称词缀也就省略了。

3.6　领属代词

领属代词是用来作领属定语的代词。撒拉语的领属代词实际上就是代词的领格形式，其标记是-niǧi。撒拉语人称代词、疑问代词、不定代词、反身代词、相互代词、指示代词等都有领格形式（详见各代词介绍部分），都可以称之为领属代词。此外，词缀-daǧï/-deǧi 与各代词结合，也是领属代词的另一种重要形式。-niǧi 领属代词与-daǧï/-deǧi 领属代词除了作定语外，还可以有格的变化，在省略中心语的情况下单独作主语、宾语，也可以作状语、补足语等，如：

mi-niǧi   gaga-m   on   beš   yaša-ba(r).
我-领格   哥哥-1属人称   十   五   活-进行体
我哥哥十五岁了。

men-di-ği　heli　dos-jï.

我-位格-领属　钱　　完-过去时

我这儿的钱完了。

a-niği　dahli　ir-a.

他-领格　香　　是-现在时

他的香。

čo-da-ğï-nï　　　u　kele-ba(r).

大家-位格-领属-宾格　他　要-进行体

他要我们的。

sele(r)-niği-le　kömür　čöy-ji.

你们-领格-工具格　桥　　架-过去时

用你们的架了桥。

išgi-si　　bir　bir-niği　gača-sïn-dan　ačïxlan-mïš.

二-3 属人称　一　一-领格　话-3 属人称-从格　生气-过去时

他俩因对方的话而生气了。

u　mi-ni　si-niği-ni　kele　ede-ba(r).

他　我-宾格　你-领格-宾格　要　说-进行体

他让我要你的。

u　mi-ni　sen-de-ği-ni　al-duğu　ede-ba(r).

他　我-宾格　你-位格-领属-宾格　买-折使　说-进行体

他让我买你那儿的。

　　-niği 领属代词与-dağï/-deği 领属代词的区别在于前者侧重于属于关系，而后者侧重于存在关系，如 mi-niği heli-m dos-jï（我的钱完了）中 heli（钱）属于 miniği（我的）。二者之间还有领属一致关系，这由 miniği（我的）和 hile 后的-m（第一人称领属词缀）来体现。而 mendeği heli dos-jï（我的钱完了）中 heli（钱）不一定属于其存在的地方（此处为 men，即"我"）。这个钱可能是大家共有的，然后大家各自分配一点（做生意什么的），因此，这个句子意为分配给"我"的钱完了。mendeği（我的）后面的 heli 如果带名词第一人称领属词缀-m，则指"我"的钱存放在多处，现在"我手头上的钱完了"；如果 heli 不带名词第一人称领属词缀-m，则如前所分析，这钱不属于"我"，而仅仅指"钱"存在于"我"这儿，现在"我"这儿的钱完了。因此，可以说 miniği helim qali?（我的钱呢？），可指说话者把钱借给了听话人，现在说话人向听说人索要这笔钱。而*mendeği helim qali?是不成立的句子，因为不能向别人询问存在于自己身上的钱在哪儿。

3.7　指示代词

能代替名词充当主语、宾语的指示词被称之为指示代词。

3.7.1　bu 和 u

撒拉语最基本的指示代词为 bu（这）和 u（那），这两个指示代词和名词一样有数和格的变化，如：

表 3-5　　　　　　　　　　　bu 和 u 的格变化

格	bu 这		u 那	
	单数	复数	单数	复数
主格	bu	bular	u	alar/ular
宾格	munï	bula(r)nï	anï	ala(r)nï/ula(r)nï
领格	muniği	bula(r)niği	aniği	ala(r)niği/ula(r)niği
与/向格	munga	bulara/bulağa	anga	alara/ulara(alağa/ulağa)
位格	munda	bularda	anda	alarda/ularda
从格	mundan	bulardan	andan	alardan/ulardan
工具格	mula(r)(nï)	bula(r)la(nï)	ala(nï)	ala(r)la(nï)/ula(r)la(nï)
等同格	mujo	bularjo	ajo	ala(r)jo/ula(r)jo

bu 和 u 的单数形式变格时，其词根都发生一定的变化。bu 和 u 可作主语和宾语，也可作定语。作定语时，其本身不发生数和格的变化，其后的中心语发生数和格的变化，如：

bu　ana-čüx-ler　gi-miš

这　女孩-有定-复数　来-过去时

这些女孩来了。

u　dağ-lar-da　čöp　čïx　yox-a.

那　山-复数-位格　草　长　没有-现在时

那些山上不长草。

bu 和 u 既可以指空间距离方面的远近，也可以指时间距离方面的远近；既可以指看得见的对象，也可以指看不见的对象；既可指未知事物或人，也可以指已知事物或人。

3.7.2　diu[①]和 šu

3.7.2.1　diu

当在远指代词 u（那）前出现 diu 时，从空间距离方面指示看得见的、对听话人来说未知的事物或人。diu 可出现在 u 的所有变化形式前，如：

表 3-6　　　　　　　　　　　　diu u 的格变化

diu u　那	
单数	复数
diu u	diu ular
diu anï	diu ala(r)nï/ula(r)nï
diu aniği	diu ala(r)niği/ula(r)niği
diu anga	diu alara/ulara
diu anda	diu alarda/ularda
diu andan	diu alardan/ulardan
diu ala(nï)	diu ularla(nï)
diu ajo	diu ala(r)jo/ula(r)jo

diu u 有时有 diugü 的语音变体。diugü 可能是古老的指示代词*te（那个）与功能转换词缀-GI 的结合。在其他突厥语如科依巴尔方言、鞑靼语中就有 tigi 一词，意为"就是（在那里的）那个"。学者们认为其来源于指示代词 ti-（那个）和形容词性词缀-ki 的结合。（兰司铁，1981：80）

diu 有时也可用在 bu 及其变化形式前进行强调，如：

se(n)　diu　　mu-nï　　adïr[②].
你　　强调　这-宾格　拿走
你拿走这个。

---

　① 其本来可能为 dü，因为古代突厥语的部分单元音在撒拉语中往往变为双元音，如 töt（四）变成 diot，表强调的-čüx 在撒拉语中有-čiux 的变体。

　② 此处的 adïr 应该是 al-da var-（拿走）的紧缩形式。

因此，diu 本来可能是强调词，强调指示一个对听话人来说是未知事物或人，而不是指比 u 更远的对象。远的对象更需要确定其具体所指对象，所以远指前加 diu 的多，而在近指前加 diu 的较少。名词前也经常出现 diu 进行强调，如：

甲：　se(n)　diu　　ana-čüx-ni　　dana-r　　　o?
　　　你　　强调　女孩-有定-宾格　认识-现在时　吗
　　　你认识那女孩吗？

乙：　a-nï　　dana-mas.
　　　她-宾格　认识-否定
　　　不认识她。

上面对话中的问句用了 diu，但回答时则没有 diu，实际上也不能以 diu anï dana-mas 来回答。因为，diu 是甲为确定所指对象而用的一个强调词，乙回答时自然不需要强调（因为甲早就知道对象是哪一个）。而且，在进一步的对话中，甲乙双方再也不会使用 diu 来指称这个女孩了。

由于 diu 的功能主要是强调所指对象，因此，diu 不能出现在不定名词前，如可以说 diu ana-čüx-ni me(n) dana-r（我认识那个女孩），但不能说*diu ana-or-nï me(n) dana-r（*一个女孩我认识）。

3.7.2.2　šu

bu（这）和 u（那）及其各种变化形式前出现 šu 表示一种否定或轻视之意等，如：

šu　　bu　yačux　e-mes-a.
强调　这　漂亮　是-否定-现在时
这个不漂亮。

šu　　a-nï　me(n)　bir　gün-e　　et　gala-l-ğa(r).
强调　那-宾格　我　一　天-向格　干　干-能-将来时
那个我一天可以干完。

šu　　an-da　　heme-nem(e)-ör　yox-a.
强调　那-位格　什么-无定　　　没有-现在时
那儿什么也没有。

šu　　bu-la(r)-niǧi　et-gen-i　　　yara-ma-ǧa(r).

强调　这-复数-领格　　做-形动-3属人称　行-否定-将来时

他们做的不行。

šu　　a　keme　men　da　et-se　vol-ar.

强调　他　像　我　也　做-条件　可以-现在时

像他那样我也可以做。

šu　　ang-a　heli　bir　dasïr　yox-a.

强调　他-向格　钱　一　元　　没有-现在时

他连一元钱也没有。

šu　　ula(r)-la(nï)　men　oyna-ǧu-sï　gi-mur.

强调　他们-工具格　我　玩-形动-3属人称　来-否定

我没心跟他们玩。

šu　　mu-niǧi　heli-si　dos-jï.

强调　这-领格　钱-3属人称　完-过去时

他的钱完了。

šu 还可以出现在有定名词前，同样表达一种否定或轻视之意，如：

šu　　qo-čüx-ni　yibey-ǧa　sat-al-ma-ǧa(r).

强调　门-有定-宾格　一百-向格　卖-能-否定-将来时

那门卖不了一百元。

šu　　ana-čüx-ler　chezi-ǧa　örǧel-me-ǧe(r).

强调　女孩-有定-复数　车子-向格　赶上-否定-将来时

那些女孩们赶不上车子。

　　šu 所代替的是已知事物或人，它既可表达时间意义，也可表达空间意义，即它所强调代替的对象可以是之前谈到的事物或人，也可以是在空间距离上看得见的事物或人。

　　因此，diu 和 šu 实际上能不能算作严格意义上的指示代词还需要进一步的探讨，因为它们独立运用时不能像 bu 和 u 一样进行数和格的变化。diu 和 šu 本身没有宾格形式，说明它们不能作宾语，它们单独能作主语可能是因为省略了后面的指示代词 u。因此，真正的 diu 和 šu 不符合指示代词的定义，它们只能出现在已经有指示意义的 bu 和 u 前，或者出现在已经表示有定意义的名词之前。

　　šu 在撒拉语中的产生时间应该很早，因为在其他一些突厥语中都有类似的形式，如土耳其语的 šu（就是这个，就是那个）（捷尼舍夫，1959：49），土库曼语的 šu:（这）、šo:/šol（那）（Clark, 1998：190），尕尕乌孜语的 šu（那）（Özkan, 1996：140）。在其他一些突厥语中也有类似的 šu 形式。撒拉语的 šu 既可以出现在 bu（这）前，也可以出现在 u（那）前，同样，土耳其语和土库曼语中的 šu 既跟"这"有关系，也跟"那"有关系。尕尕乌孜语的 šu 从远近而言也介于 bu（这）和 o（那）之间。虽然表现的感情色彩并不完全相同，但和撒拉语的 šu 一样，乌兹别克语的 šu 也有表情色彩（李增祥，2011：267）。土耳其语的 šu 具有强调意义，撒拉语和乌兹别克语的 šu 带有一种感情色彩，因此，就其来源来说 šu 可能为一个独立的具有加强语气的助词。这种猜测在某种程度上从 11 世纪的哈卡尼耶突厥语得到了证实，该语言中 šu 或 ču/ču 为加强意义的叹词，一般出现在祈使句末尾，而且只出现在对话之中（Clauson, 1972：393）。有学者也认为古代回鹘文献语言中的指示代词 ušbu（这）是由 uš（语气词）＋bu（这）构成的，而指示代词 ošul（那）是 oš（语气词）＋ol（那）构成的（张铁山，2005：230）。撒拉语中目前还留存有表达不满、轻视、否定意义的叹词 eš，无论从语义还是从语音方面都有可能与指示代词中出现的 šu 或 uš 有关。其中最古老的形式可能为 *uš-（看）（兰司铁，1981：81）。

　　至于 diu，在乌古斯语组的土耳其语、土库曼语、阿塞拜疆语、尕尕乌孜语中我们没有发现类似的形式，但是塔塔尔语有 těgě/döö（那）、dügde（在那儿），吉尔吉斯语有 tigil（指谈话范围外的"那"）（Johanson etc. 1998：289, 348; Öztopču etc. 1996：151; Poppe, 1963：125），雅库特语有 iti（这，但比 bu 较远）（Krueger, 1962：108）。此外，在绍尔语和哈卡斯语中有 tǐgǐl，图瓦语中有 döö，在托发语中有 tee 等（李增祥，2011：366）。因此，撒拉语 diu 的来源应该是非常古老的。我们发现只有撒拉语和塔塔尔语等极个别语言同时拥有 šu 和 diu 两个形式。考虑到 diu 总是伴随着用手指、扭头等动作，而且在其他语言中有 dügde、tigil 等形式，因此，我们猜测其词根有可能来源于古代突厥语的 dägi（直到……为止），与此语义和语音方面都较近的还有 täg-（接触，到达，攻击）、tägis（接触，冲突）等（Tekin, 1968：378-379）。

3.7.3　其他指示代词

　　除了 bu 和 u 以外，撒拉语中还有与之相关的其他一些指示代词，如 belgi

（这样）、elǧi（那样），beli（这样）、eli（那样），besi（这样的）、esi（那样
的），besgi(ǧi)（这样的）、esgi(ǧi)（那样的），belesgi(ǧi)（这样的）、elesgi(ǧi)
（那样的），bele(ǧa)（往这边）、ele(ǧa)（往那边），belax（这边）、elax（那
边），belen（这边）、elen（那边），bey（瞧这，在这儿）、uey（瞧那，在那
儿）等。这些词的词根应该为 bel<bul（这）、el<ul（那），也就是说早期
撒拉语指示代词的基本形式可能为 bul 和 ul，后来词尾 l 脱落（词尾 l 脱
落在撒拉语中较常见）才形成了现在的 bu 和 u 以及在原有基础上形成的
指示词的各种形式。这些派生词可作状语、定语、主语、宾语、谓语、
独立语等，如：

u　　belǧi　yat-ba(r).
他　　这样　　睡觉-进行体
他这样睡觉。

u　　elǧi　　gača　dingne　yox-a.
他　　那样　　话　　听　　　没有-现在时
他那样地不听话。

oxïš-nï　beli　　piti　kele-r.
字-宾格　这样　　写　　需要-现在时
字得这样写。

men　besi　　bozi　gala-r.
我　　这样的　包子　喜欢-现在时
我喜欢这样的包子。

besgi　　dodar　bala　men　gör-ǧen　yox-a.
这样的　可爱　　孩子　我　　看见-形动　没有-现在时
如此可爱的孩子我没见过。

u　　elesgi　biqïrax　giy-ba(r).
他　　那样的　衣服　　穿-进行体
他穿那样的衣服。

su　　eleǧa　　šorla-ba(r).
水　　往那边　流-进行体

水往那边流。

torax-nï　belax　jaǧa.
土-宾格　　这边　　扔
把土扔到这边。

belen　biji　bixi　ir-a.
这边　　稍　　高　　是-现在时
这边稍高点。

Ali　　uey.
阿里　在那儿
阿里在那儿。

bey,　bu　Ali　ir-a.
瞧　　这　阿里　是-现在时
瞧，这是阿里。

其中 besi（这样的）、esi（那样的），besgi(ǧi)（这样的）、esgi(ǧi)（那样的），belesgi(ǧi)（这样的）、elesgi(ǧi)（那样的），belen（这边）、elen（那边）有数和格的变化。ele（往那边）和 bele（往这边）还可构成复合词 ele-bele（说话做事反复、摇摆的样子），如：

bu　iš　belǧi　basal-ǧï,　inji　sen　ele-bele　yenša-ma.
这　事　这样　平息-祈使　现在　你　反复　　说-否定
让这事这样平息吧，现在你不要再说了。

在土耳其、土库曼等语中，也存在着类似的派生词，如土耳其语有 böyle（这样）、öyle（那样），böylesi（这样的）、öylesi（那样的），beriki（这个）、öteki（那个）等（Lew, 1967: 72）；土库曼语有 beyle（这样）、eyle（那样），beyleki（别的）、eyleki（不同的），beyläk（这儿）、beyliegigine（往这儿）、bäri、（这边）等（Garrett etc. 1996: 5, 17, 115；Clark, 1998: 193）。

3.7.4　表示距离远近的语音象征手段

当 diu 成分在说话中被延长并伴有指示动作时，延长时间越长，表示所指距离越远。

3.8 肯定代词和否定代词

3.8.1 肯定代词

肯定代词是指所指对象的整体或其中每一个成员的代词。撒拉语肯定代词有 her（每）、heme（所有的）、piting（整个）、arïjügü（全部）、voğujor（所有的）、voğanor（全部、所有的）、man（全部）、yogo（全部）、nen'gi（全部）等。

3.8.1.1 her 和 heme

her 和 heme 都来自于波斯语，在撒拉语中分别意为"每一个"和"所有的、每一个"，在撒拉语中它们一般都不变位，都不带领属性词缀，而只能作定语。her 在撒拉语中出现的频率不高，只有极个别表示时间和频率的词能与之组合，如 her gün（每天）、her yïl（每年）、her gez（每次）等。而在其他亲属语言中，同样是作为借词的 her 的组合能力要强得多，如土耳其语中有 her talebe（每一个大学生）、her ders（每一课）、her gün（每一天）、her biri（他们中的每一个）等（捷尼舍夫，1959：54）。而撒拉语的 heme 的使用频率比起 her 要高很多，与之搭配的词主要为一些表示具体事物的名词，如 heme kiš（所有人、每个人）、heme dağ（所有山、每座山）、heme dal（所有树、每棵树）等。

3.8.1.2 piting

piting（整个）（主语为第一人称时有 pitim 的变体）为撒拉语固有词，在其他一些突厥语中有与之对应的 bütün。撒拉语中辅音 b 在其后送气辅音的影响下往往也变为送气音 p，而词尾前鼻辅音-n 也容易变为后鼻辅音-ng。这个词除了有 piting pong（全身）的组合形式外，看不到以其他形式存在的方式，但有动词 pit-（使……结束）的存在，如：

buğün mi-niği piting pong-ïm ağar-ar.
今天 我-领格 全 身-1属人称 疼-现在时
今天，我全身疼痛。

3.8.1.3 arïjügü、voğujor 和 voğanor

arïjügü（全部）、voğujor（所有的）、voğanor（全部、所有的）这三个词也都是撒拉语的固有词，但这三个词的独立地位还有待考虑。arïjügü（全部）是由 arï（干净、完）+ -jügü（名词化标记）构成，voğujor（所有的）

是由 vol-（存在、发生）+ -ğujï（名词化标记）+ -or 构成，而 voğanor 是由
vol-（存在，发生）+ -ğan（名词化标记）+ -ï（第三人称单数领属标记）+ -or
构成。这三个词都有数和格的变化。arïjüğü（全部）之前可以出现复数人称
代词或单复数指示代词，形成同位关系。而 voğujor（所有的）、voğanor（全
部、所有的）之前可以出现处所性词语，修饰其中的动词形式 vol-（存在、
发生）。如：

bu　arïjüğü　mi-niği　i-dïr.
这　全部　　我-领格　是-现在时
这全部是我的。

sele(r)-ni　arïjüğü-ng-ni　　gel　de-ba(r).
你们-宾格　全部-2属人称-宾格　来　说-进行体
让你们全部都来。

mun-da　voğujor　ana　kiš　ir-a.
这-位格　所有的　女孩　人　是-现在时
这儿所有的都是女孩。

an-da　voğujor-da　po　var-a.
那-位格　所有的-位格　枪　有-现在时
那儿所有的（人）都有枪。

men-de　voğanor-nï　kele　bar-jï.
我-位格　所有的-宾格　要　去-过去时
我这儿所有的都被要走了。

öy-de　voğanor-la(nï)　al-aš-duğu.
家-位格　所有的-工具格　拿-交互态-祈使
用家里所有的都换掉。

3.8.1.4　man、yogo、nen'gi 和 jigi

man（全部）为阿拉伯语借词，但考虑到撒拉语的历史，这个词可
能是通过波斯语为中介而进来的。因为，撒拉语中的大部分阿拉伯语借
词不是直接吸收过来的，而是通过波斯语转借过来的（韩建业，2004：
51）。这个词好像没有数的变化，但有格的变化，前面可以出现其他代

词，如：

bu　man　qumusqan　ir-a.
这　全部　蚂蚁　　　　是-现在时
这都是蚂蚁。

sele(r)　man-nï　var　de-ba(r).
你们　　全部-宾格　去　说-进行体
让你们都去。

ular-a　　　man-a　　hadi①　ver-ji.
他们-向格　全部-向格　哈的　给-过去时
给他们都给了哈的。

mun-da　voğanor　man-dan　ushiri　yïğ-jï.
这-位格　所有的　全部-从格　农业税　收-过去时
从这儿所有的（人）都收了农业税。

yogo（全部）为汉语借词（＜一挂？），有数和格的变化（但复数主格
形式较少用），前面可以出现其他代词，如：

bu　yogo　gördi　bozi　i-dïr.
这　全部　韭菜　包子　是-现在时
这都是韭菜包子。

ular　yogo　Tiut　gača　yenša-ba(r).
他们　全部　藏族　话　说-进行体
他们都说藏语。

nen'gi（全部），为藏语借词，有数和格的变化，后面也可出现名词的
领属标记，如：

bu-lar　nen'gi　iš　et-güji　ir-a.
这-复数　全部　活　干-形动　是-现在时
这些都是干活的人。

---

① hadi 为积善而施散的钱物。

bu   nen'gi-niǧi   gača-sǐ-nï   dingne-mur.
这   全部-领格   话-3 属人称-宾格   听-否定
这（个）不听所有（人）的话。

ette   nen'gi-si-ng   gel.
明天   全部-3 属人称-2 属人称   来
明天你们都来。

pise(r)   nen'gi-si-m   va(r)-ǧur.
我们   全部-3 属人称-1 属人称   去-将来时
我们全部要去。

jigi（几个）应来自汉语"几个"，在撒拉语中有名词的领属人称变化，如：

bu   jigi-si   čür-miš.
这   几个-3 属人称   腐烂-过去时
这几个腐烂了。

seler   jigi-si-ng-ni   čala-ba(r).
你们   几个-3 属人称-2 属人称-宾格   邀请-进行体
（有人）邀请你们几个。

u   pise(r)   jigi-si-m-den   heli   kele-r.
他   我们   几个-3 属人称-1 属人称-从格   钱   要-现在时
他向我们几个要钱。

3.8.2 否定代词

撒拉语否定代词有 heme-neme/hene-mene"什么都……（不、没）"、heš-piš"什么都……（不、没）"等，这两个词没有数和格的变化，在句中主要作主语或宾语，如：

me(n)   buǧün   heme-nem(e)-ör   iš-me-ji.
我   今天   什么都-无定   吃-否定-过去时
我今天什么也没吃。

daš-ĭn-da　　heš-piš　yox-a.

外-3属人称-位格　什么都　没有-现在时

外面什么也没有。

3.9　其他代词形式

3.9.1　强调代词

助词 ox 和词缀-čüx 出现在代词后可表达对代词不同程度的强调。助词 ox 有"大多、主要"之意，而-čüx 有"仅、只"之意，后者的语气比前者要强，如：

u　　qo-nĭ　　sïxla-jĭ.

他　　门-宾格　守-过去时

他守了门。

u　　ox　qo-nĭ　　sïxla-jĭ.

他　　强调　门-宾格　守-过去时

大多由他守了门。

u-čüx　　qo-nĭ　　sïxla-jĭ.

他-强调　门-宾格　守-过去时

就他（一人）守了门。

第一句人称代词 u（他）为零形式，此句表述"他守了门"这样一个事实，可暗含"他做了其他的事情"或"别人也守了门"这样的意思。第二句中 u 后面出现助词 ox 进行强调，表示"这门可能由许多人守，但绝大部分时间是由他守的"这样的意思。第三句中代词 u 后出现了词缀-čüx 进行强调，表示"就他一人守了门，别人没有守门"这样的意思。同样的例子还如：

Ali　　a-nĭ　　küli-ba(r).

阿里　他-宾格　嘲笑-进行体

阿里在嘲笑他。

Ali　　a-nǐ　　ox　　küli-ba(r).

阿里　他-宾格　强调　嘲笑-进行体

阿里多嘲笑他。

Ali　　a-nǐ-čüx　　küli-ba(r).

阿里　他-宾格-强调　嘲笑-进行体

阿里只嘲笑他。

除了助词 ox 和词缀-čüx 可对代词进行强调外，词缀-Or 也可出现在代词后，似乎有一种轻微的强调意思，同时还表达一种比较意义，如：

u-or　qo-nǐ　sïxla-mǐš,　inji　kem　sïxla-jǐ?

他-强调　门-宾格　守-过去时　此外　谁　守-过去时

就他守了门，此外谁守了门？

u-or　de-me-se　qo-nǐ　sïxla-ǧujǐ　yox-a.

他-强调　说-否定-条件　门-宾格　守-形动　没有-现在时

除了他，没人守门。

3.9.2　代词与名词性成分的同指

撒拉语的代词可与名词性成分组合成同位结构，由名词部分对代词内容进行进一步的解释与说明。其组合形式有：

3.9.2.1　代词 + 人名

由人称代词和其所代对象名字构成同位结构，如：

me(n)　Ali　besgi　kiš　e-mes-dǐr.

我　阿里　这样的　人　是-否定-现在时

我阿里不是这样的人。

u　Eyši　elǧi　et-er　ya　u.

她　阿依霞　那样　做-现在时　强调　她

阿依霞她会那样做的。

ular,　Ali,　Eyso,　Moso　čo-sï　var-jǐ.

他们　阿里　艾草　毛草　大家-3属人称　去-过去时

阿里、毛草、艾草他们几个去了。

3.9.2.2　代词+身份

由人称代词和其所代对象身份构成同位关系，如：

u　　axun[①]-or　qala　oğrï　et-gür　i?
他　阿訇-无定　哪儿　偷　做-将来时　呢
他（一个）阿訇怎么会偷（东西）呢？

pise(r)　Salïr　kiš-ler　dongïs　et　yi-mes.
我们　撒拉尔　人-复数　猪　肉　吃-否定
我们撒拉族不吃猪肉。

　　构成同位结构时，一般都是代词在前，名词性成分在后。同时，代词与名词在数方面保持一致。在代词+身份结构中，如果代词为复数，其后面的名词既可为单数形式，也可为复数形式。如果代词为单数，其后名词带有词缀-Or（＜bir "一"）表示数量。

3.9.2.3　代词 + 数词短语

由代词和表数量的名词性成分构成同位关系，如：

me(n)　bir　kiš　čöm-me　var-jï.
我　　一　人　游泳-副动　去-过去时
我一人去游泳了。

seler　on　kiš　ang-a　čida-mas.
你们　十　人　他-向格　胜-否定
你们十人胜不了他。

3.9.3　代词的组合

　　撒拉语的人称代词 se(n)（你）和 me(n)（我）可以紧密组合为 se(n)-me(n)（你我），表达一种比 pise(r)（咱们）更具体明确的一种包括式语义，即说话人和听话人两人，相当于双数代词 ixüle（我俩），而 pise(r)（咱们）总数可以不止两人。

---

① axun 指在清真寺里主持过宗教事务的人。

第四章　动词

　　动词是表示动作行为、心理活动或存在、发生、变化等的词。撒拉语的动词有态、式、体、时、传据、情态等范畴。撒拉语动词形式可分为两类：第一类为限定动词，这类动词出现在句子末尾作谓语，具有动词的所有范畴形式；第二类为非限定动词，如形动词、副动词、动名词等，除极个别情况外这类动词不出现在句子末尾，只具有动词的部分范畴形式。

4.1　态

　　态关注的是句子中动作与主体的关系。撒拉语动词有基本态、反身态、使动态、交互—共同态等。这些态范畴是通过在动词词干后附加不同的词缀来实现的。

4.1.1　基本态

　　基本态表示语法主语为动作的施事。撒拉语动词的基本态没有专门的词缀标记，即其形式为动词的零形态形式，如：

ú　aš　iš-ji.
他　饭　吃-过去时
他吃了饭。

Ali　yür-miš.
阿里　走-过去时
阿里走了。

　　上例第一句中，iš-（吃）这个动作是由句中的语法主语 u（他）发出来的；第二句中，yür-（走）这个动作是由语法主语 Ali 发出来的。

4.1.2　反身态

　　反身态表示主语为动作的施事，同时又为动作的受事。也就是说，表

达反身态意义的句子中，主体和客体为同一体。这种反身态意义由部分动
词词干后附加词缀标记-(I)l、-(A)l、-(I)n、-(A)n、-lAn 等，如：

u　　terji-ğa　　as-lan-ba(r).
他　窗户-向格　悬-反身态-进行体
　他悬吊在窗户上。

ana-čüx　　boğ-al-mïš.
女孩-有定　　勒-反身态-过去时
　那女孩自缢了。

el-im　　　yar-ïn-mïš.
手-1 属人称　劈-反身态-过去时
　我的手皲裂了。

asman　　ač-al-jï.
天　　　　开-反身态-过去时
　天晴了。

　　撒拉语中只有部分动词才有反身态形式，如：yaslan-（打扮）、silğen-
（摇晃）、balan-（打滚）、döyin-（滑动）、tangnan-（努力）、söyin-（高兴、
喜欢）、yïxal-（摔倒）、bolan-（裹）、süren-（缠）、salan-（垂）、gören-（出
现、显眼）、aslan-（悬挂）、ačal-（开）、yïxïlan-（摇摆）、yaxal-（黏贴）、
čiurel-（翻转）、čalan-（融合、自杀）、basal-（平息）、dağal-（散开）、uzïl-
（完、结束）、ilan-（旋转）、jadal-（断裂）、yazal-（散开）、teren-（摇动）、
bural-（拧动、返回）、garlan-（分开）、damal-（抬升、涨）、tixil-（站立）、
isgen-（散发味道）、dozal-（破碎、破产）、ulğïlan-（变强大）、padal-（破
裂）、söyil-（脱落）、bizlen-（收缩、吝啬）、datan-（牵挂）、tišlen-（破）、
yïğal-（聚集）、yašïn-（躲藏）、loxdalan-（蜷缩）、xïsan-（收缩、节约）、
boğal-（自缢）、sun-（折断、破碎）、yaran-（皲裂）、möxel-（倒）、döxel-
（洒落）、üvel-（碎裂）等。

　　我们把这些动词形式都称之为反身态，而没有把部分动词形式划归为
被动态，原因如下：

　　1. 以上动词形式中，任何一个词如果表达被动意义，那么，我们在句
子中根本找不到以任何形式存在的显性施事者，甚至隐性的施事者是谁我
们也无法得知，我们也无法补充施事者。而一般的被动态，我们要么可以

找到显性的施事，要么可以找到隐性的施事。因此，撒拉语的这类动词并非表达被动态。

2. 除极个别动词如 möxel-（倒）、döxel-（洒落）、üvel-（碎裂）等以外，其他动词的主语既可以是有生物，也可以是无生物。如果主语为有生物，那么这个主语既是动作的发出者，也是承受者，即为反身态；如果语法主语是无生物，那么语法主语是受事这一点是肯定的，但语法主语是否同时为施事就可能有不同的理解。其他相关研究认为作为无生物的语法主语只能是受事而不是施事，这样动词形式也就是被动态了。但我们认为，我们不能把相同的动词形式划归到不同的态中，如：

Ali　　gör-en-miš.

阿里　　看见-反身态-过去时

阿里出现了。

biqïrax-ïng　　gör-en-ba(r).

衣服-2 属人称　　看见-反身态-进行体

你的衣服显得（好看）。

u　　tere-n-ba(r).

他　　*动-反身态-进行体

他在动。

yer　　tere-n-ba(r).

地　　*动-反身态-进行体

地在动（即地震）。

也许正是这种现象可能反映了语言的深层认知基础。撒拉族先民曾信奉过原始萨满教，即使在完全接受伊斯兰教的今天仍有萨满教因素残存在撒拉族的文化当中（马伟，2004：76）。在这种原始宗教中，自然万物和人类一样都是有生命的，因此，在语言当中给无生物赋予生命也完全可以理解。如果这种假设正确，那么，我们把以上所有动词形式称之为反身态就没有问题了。在撒拉族带有原始萨满文化因素的民间故事中，就有大量的自然万物和人类一样具有生命，如：

Baši Gaga ang-a va(r)-mïš, var-sa dağ-or išgi yax-al-aš-mïš-da ot-ba(r). yol dat-ma-mïš. "dağ dağ, bir gün ara-sï garla-n-qu, bir gün garla-n-ma-ğu et yi," di-miš. "jing-den jing ir-ar a" di-miš-de ara-sï garla-n-mïš.

"头哥哥走到一个地方，那儿有两座山连在一起。（他）找不到路。他说：'山啊山，能否一天连在一起，一天分开呢？'（山）说：'说的也是'，然后就分开了。"（Ma Wei 等，2001：46）

除了"山"能说话外，有两句还显示"山"同人一样具有生命，如：

......　　dağ-or　　išgi　　yax-al-aš-mïš-da　　　　ot-ba(r).

　　　　山-无定　　二　　贴-反身态-交互态-过去时-副动　　坐-进行体

（有）两座山一起紧挨着。（即山连在一起）

(dağ　　išgi-si)　　　　ara-sï　　　　garla-n-mïš.

（山　　二-3属人称）　　间隙-3属人称　　分-反身态-过去时

两座山分开了。

　　第二句中的动词 garla-（分开）一般要求其主语必须为有生物，而在此句中 garla-结合词缀-n 形成反身态（如果我们的分析正确的话），其主语为"两座山"。这样，"两座山"如同人一样就具有生命了。

　　3. 在不改变动词形式的前提下，我们可以用插加反身代词 izi（他自己）来验证。如果动词的语法主语为施事，那么跟随其后的 izi 将保持原形，如果动词的语法主语为受事，那么跟随其后的 izi 将采用受事的宾格形式，而原语法主语可以使用零形式，如一般的句子：

göle(x)-čüx　qaš-mïš.

牛-有定　　　逃-过去时

那牛跑了。

＞　　göle(x)-čüx　　iz-i　　　　qaš-mïš.

　　牛-有定　　　　自己-3属人称　　逃-过去时

　　那牛自己跑了。

göle(x)-čüx-ni　qaš-tar-mïš.

牛-有定-宾格　　　逃-使动-过去时

让那牛跑了。

＞　　göle(x)-čüx　　iz-i-ni　　　　qaš-tar-mïš.

　　牛-有定　　　　自己-3属人称-宾格　　逃-使动-过去时

　　让那牛自己跑了。

我们用同样的方法把 izi 置于上面所讨论的动词句中，如：

Ali　　　iz-i　　　　　gör-en-miš.
阿里　　自己-3属人称　看见-反身态-过去时
阿里自己出现了。

biqïrax-ïng　　iz-i　　　　　gör-en-ba(r).
衣服-2属人称　自己-3属人称　看见-反身态-进行体
你的衣服显得（好看）。

u　　iz-i　　　　　tere-n-ba(r).
他　自己-3属人称　*动-反身态-进行体
他自己在动。

yer　iz-i　　　　　tere-n-ba(r).
地　自己-3属人称　*动-反身态-进行体
地自己在动（即地震）。

可见，无论是在有生物 Ali（阿里）或 u（他）还是无生物 biqïrax（衣服）或 yer（地）之后出现反身代词 izi（他/它自己）时，izi 的形式都为零形式，而没有采用宾格形式，因此，我们可以判定无生物 biqïrax（衣服）或 yer（地）在句子中不是表达被动意义的，而是表示主动意义的。

《突厥语大词典》第一卷中也有类似的例子，如：tam ärildi（墙裂缝了）（麻赫默德，2002：291）。对此，学者们（赵明鸣，2001：330）也分析如下：

tam　　är-il-di.
墙　　裂-反身态-过去时
墙裂了。

4.1.3　使动态

动词的使动态表示由语法主语致使别的客体完成某一动作或发生某一变化。撒拉语的使动态由动词词干加不同的词缀构成。

动词词干加-(A)r 构成的：

gir- 进 + -er＞giğer- 使进　　　čïx- 出 + -ar＞čïxar- 使出

yat- 躺 + -ar＞yatar- 使躺　　　bas- 压 + -ar＞basar- 使压

piš- 熟 + -er＞pišer- 使熟、煮　či- 掉落 + -r＞čir- 使掉落

iš- 喝 +-er＞išer- 使喝　　　　xot- 起来 +-ar＞xo:r- 使起来

有些以-(A)r 结尾的动词具有使动意义，但其原有词干在现代撒拉语中并不存在，如 iğer-（使转、纺）、yašïr-（隐藏）。有些词如 ot-（坐）和 otar-（坐）意思基本相同。

动词词干加-t 构成的：

yağla- 哭 +-t＞yağlat- 使哭　　　doza-飞扬 +-t＞dozat- 使飞扬

küli- 笑 +-t＞külit- 使笑　　　qayna-（饭、水）开 +-t＞qaynat- 做（饭）、烧（水）

oyna- 玩 +-t＞oynat- 使玩　　　sana- 算 +-t＞sanat- 使算

yama- 缝 +-t＞yamat- 使缝　　　čala- 叫 +-t＞čalat- 使叫

piti- 写 +-t＞pitit- 使写　　　güye- 等待 +-t＞güyet- 使等待

zoğla- 拔 +-t＞zoğlat- 使拔　　　čene- 咀嚼 +-t＞čenet- 使咀嚼

qola- 赶 +-t＞qolat- 使赶　　　gala- 笑 +-t＞galat- 使笑

有些以-t 结尾的动词具有使动意义，但构成方式与以上这些词不同，如 qanat-（碰伤）< qan（血）+ et-（做），düzet-（弄直）< düz（直）+ et-（做）。有些动词有反身态和使动态形式，但似乎没有动词原形，如 örgen-（学习）、örğet-（教），issen-（热）、isset-（使热），išqan-（松开）、išqat-（使挣脱），yašïn-（躲藏）、yašïr-（使藏），uyan-（醒）、uyat-（唤醒），gören-（出现）、göset-/göğes-（使出现）等。

动词词干加-DAr 构成的：

gel- 来 +-ter＞gelter- 使来　　　em- 吮吸 +-ter＞emter- 使吮吸

qaš- 逃跑 +-tar＞qaštar- 使逃跑　　qal- 留下 +-tar＞qaltar- 使留下

kis- 割 +-ter＞kister- 使割　　　qoy- 放 +-tar＞qoytar- 使放

ex- 种 +-ter＞exter- 使种　　　yi- 吃 +-ter＞yiter- 使吃

čene- 咀嚼 +-ter＞čeneter- 使咀嚼　küt- 背 +-ter＞kütter- 使背

piti 写 +-ter＞pititer- 使写　　　si- 尿 +-ter＞siter- 使尿

göm- 埋 +-ter＞gömter- 使埋　　　bil- 知道 +-ter＞bilter- 使知道

一般情况下-tAr 和-dAr 可以互换。动词的反身态形式后可以附加使动态标记，如：

sun- 断 +-dar＞sundar- 使断　　　teren- 动 +-ter＞terenter- 使动

gören- 出现 +-ter＞görenter- 使出现　gülin- 摔倒 +-ter＞gülinter- 使摔倒

örgen- 学习 +-ter＞örgenter- 使学习　yašïn- 躲藏 +-tar＞yašïntar- 使躲藏

issen- 热 + -ter＞issenter- 使热　　　ilan- 转 + -tar＞ilantar- 使转

uzïl- 结束 + -tar＞uzïltar- 使结束　　basan- 平息 + -tar＞basantar- 使平息

boğal- 自缢 + -tar＞boğaltar- 使自缢　　dozal- 破碎 + -tar＞dozaltar- 使破碎

yazal- 散开 + -tar＞yazaltar- 使散开　　tixil- 站 + -ter＞tixilter- 使站立

动词使动态是增加论元（主语或宾语）的重要方式，如：

et　　piš-miš.

肉　　熟-过去时

肉熟了。

u　　et　　piš-er-miš.

他　　肉　　熟-使动-过去时

他煮肉了。

u　　Ali-ni　　sang-a　　et　　piš-er-ter-miš.

他　　阿里-宾格　　你-向格　　肉　　熟-使动-使动-过去时

他让阿里给你煮肉了。

öy　　tere-n-miš.

房子　　*动-反身态-过去时

房子震动了。

u　　öy-ni　　tere-t-miš.

他　　房子-宾格　　*动-使动-过去时

他使房子动了。（他重修了房子）

u　　öy-ni　　Ali-ni　　tere-t-ter-miš.

他　　房子-宾格　　阿里-宾格　　*动-使动-使动-过去时

他让阿里使房子动了。（他让阿里重修了房子）

it-čüx　　ül-miš.

狗-有定　　死-过去时

那狗死了。

it-čüx-ni　　Ali　　ül-der-miš.

狗-有定-宾格　　阿里　　死-使动-过去时

那狗被阿里弄死了。

it-čüx-ni　u　Ali-ni　　ül-der-ter-miš.

狗-有定-宾格　他　阿里-宾格　死-使动-使动-过去时

那狗他让阿里弄死了。

u　yağla-ba(r).

他　哭-进行体

他在哭。

Ali　a-nï　yağla-t-ba(r).

阿里　他-宾格　哭-使动-进行体

阿里在弄哭他。

u　aš　qayna-t-mïš.

他　饭　开-使动-过去时

他做了饭。

Ali　a-nï　aš　qayna-t-tar-mïš.

阿里　他-宾格　饭　开-使动-使动-过去时

阿里让他做了饭。

u　em　iš-ba(r).

他　药　吃-进行体

他在吃药。

Ali　a-nï　em　iš-er-ba(r).

阿里　他-宾格　药　吃-使动-进行体

阿里让他在吃药。

Ali　ang-a　em　iš-er-ba(r).

阿里　他-与格　药　吃-使动-进行体

阿里在给他吃药。

Ali　a-nï　ağraxjï-ğa　em　iš-er-tar-ba(r).

阿里　他-宾格　病人-与格　药　吃-使动-使动-进行体

阿里在让他给病人吃药。

通过以上例子我们发现：词缀-(A)r 表示主体对客体的动作处置，即动作在很大程度上是由主体发出来的。附加了词缀-(A)r 的动词形式已经有词汇化的倾向；-t 表示主体迫使客体发出某种动作或发生某种变化，如果客体为有生物，那么表示动作是由客体自己发出来的，如果客体为无生物，那么表示客体被迫发生某种变化；词缀-DAr 表示主体使客体做某事或处于某种状态之中，动作或变化是主体让客体自己实现的。

由以上例子可以看出，词缀-DAr 可以和-(A)r 和-t 组合表达使动意义，如 piš-er-ter-（使煮）、iš-er-ter-（使喝）、yağla-t-tar-（使哭）、iš-er-ter-（使吃）、qayna-t-tar- （使做饭）等。由于语流音变及缺乏历史文献的对比，我们还不清楚词缀-(A)r、-t 和-DAr 各自的分布规律性及细微的功能差别。

动词使动态可以和交互—共同态、反身态等组合，如：

u　　bala-la(r)-nï　　yükür-eš-ter-ba(r).

他　　孩子-复数-宾格　　跑-共同态-使动态-进行体

他让孩子们比赛跑步。

u　　biqïrax-ï-nï　　kiš-ge　　gör-en-ter-ba(r).

她　　衣服-3 属人称-宾格　　人-向格　　看见-反身态-使动态-进行体

她在向人们炫耀她的衣服。

动词 göges-（出示）可能是 gör-（看见）和使动态词缀 –ğes 的结合。

4.1.4　交互—共同态

动词的交互—共同态表示动作是由两个或两个以上的主体相互或共同进行的，由动词词干附加-(A)š 或-(I)š 构成，如：

ular　　iš-ni　　sor-aš-ba(r).

他们　　事情-宾格　　问-交互态-进行体

他们在商谈事情。

bala-lar　　yağla-š-ba(r).

孩子-复数　　哭-共同态-进行体

孩子们在哭。

撒拉语动词的交互—共同态还可以表示语法主体帮助他人而进行的动作，如：

me(n)　　ang-a　　su　　yuy-ïš-jï.

我　　　他-向格　　水　　浇-交互态-过去时

我帮他浇水了。

ular　　mang-a　　dam　　döy-iš-ji.

他　　我-向格　　墙　　打-交互态-过去时

他们帮我打墙了。

有时，撒拉语动词的交互—共同态形式与名词短语的工具格形式共同出现。这时的动作由语法主体为一方和由工具格-lA(nI)引进的另一方共同完成。语法主体和工具格引进的另一方既可以是单数形式，也可以是复数形式。如：

me(n)　　geji　　a-la(nï)　　oyna-š-jï.

我　　　昨天　　他-工具格　　玩-共同态-过去时

我昨天和他玩了。

pise(r)　　geji　　ula(r)-la(nï)　　vur-aš-jï.

我们　　昨天　　他们-工具格　　打-交互态-过去时

我们昨天和他们打仗了。

此外，交互—共同态还可以表示动作发生在局部领域，然后逐渐及于其他所有部分，如：

emex　　man-a　　yet-iš-miš.

馍馍　　全部-向格　　够-交互态-过去时

所有人都分到了馍馍。

xarï　　kiš-ler　　yada-š-miš.

老　　人-复数　　累-交互态-过去时

老人们都累了。

ağraxjï　　qur-aš-jï.

病人　　瘦-交互态-过去时

病人瘦了。

4.1.5　撒拉语中是否存在被动态？

被动态表示语法主语不是动作的施事，而是受事。被动态可由主动态转化而来，如：

The cat ate the fish. 猫吃了鱼。

＞The fish was eaten (by the cat). 鱼被（猫）吃了。（刘丹青，2008：428）

上例主动态和被动态在撒拉语中的表述为：

müšüx　　balux-nï　　yi-miš.

猫　　　　鱼-宾格　　吃-过去时

猫把鱼吃了。

＞　　balux-nï　　(müšüx)　　yi-miš.

　　鱼-宾格　　（猫）　　　吃-过去时

　　鱼（被）猫吃了。

可见，撒拉语在表示被动意义时，只将受事提前，而施事出现与否是可选的。当然，这里的宾格标记-nï 显示 balux（鱼）是受事。如果没有宾格标记，被动形式的句子不成立，如：

müšüx　　balux　　yi-miš.

猫　　　　鱼　　　吃-过去时

猫吃了鱼。

＞　　*balux　　(müšüx)　　yi-miš.

　　鱼　　　（猫）　　　吃-过去时

　　鱼（被）猫吃了。

相关研究认为撒拉语所谓的被动态是由动词加-(I)n、-(A)l、-(X)l 构成的（捷尼舍夫，1981：566；林莲云，1985：56；程适良，1997：214；韩建业，2004：118）。如果是这样，那么上例的撒拉语被动态应为：

balux　　(müšüx)　　yiy-el-miš.

鱼　　　（猫）　　　吃-能-过去时

鱼（被）猫吃了。

上句中如果 müšüx（猫）出现，那么这个句子是不能成立的；如果 müšüx（猫）不出现，那么这句话并不表示被动态，而表示一种情态，而且意味着这句话的主语被省略了。假设主语是 müšüx（猫），那么它只能出现在 balux（鱼）前面，而不能出现在后面。

捷尼舍夫（1976）认为撒拉语被动态表示的行为是逻辑客体充当语法主体，而逻辑主体则充当语法客体（受词干影响，会具有中立意义）：moden

čičex ačilmiš. "夹竹桃花盛开了" [1]；bugün nang alïlji? "今天买什么了？"；
bione keyšangda yasalji. "表在城里修好了"。捷氏所举第一个例子中，动词
ačil-（开）如果从态的角度讲只能是反身态，因为这句话不表达被动意义，
捷氏所说的逻辑主体根本没出现，也无法出现。第二句不表示被动，而表
示情态。第三句有被动意义，但其被动意义是由名词 bio-ne 中的宾格标记-ne
体现的，而不是动词的形态-l 体现的。捷氏认为，bugün nang alïlji 和 bugün
nang alji 可以互换。他没有给出这两句话的意义解释。实际上，这两句的意
思虽然较接近，但侧重点还是有点不同，不能随意互换。如英语 What were
you able to buy？意为"你买到了什么？"，而 What did you buy？意为"你
买了什么？"，二者意思不同。bugün nang alïlji 意为"今天买到了什么"，
而 bugün nang alji 意为"今天买了什么"。

　　林莲云（1985：57）的两个被动态例子是：

qo　ač-il-ji. 门开了。　　　　　　anga gor-ïl-miš. 他被看见了。

门　开　　　　　　　　　　　　他　看见

　　同样，第一个句子和捷氏的 moden čičex ačilmiš. "夹竹桃花盛开了"
被理解为反身态更准确些。第二个例子可能是不成立的句子，因为根据笔
者的母语感觉和对其他撒拉族人的问询都没有类似的语言现象。类似的句
子只能是：anga gör-en-miš（他看见××了）和 u gör-el-miš（他看到××了）。
　　程适良和韩建业也都把动词的反身态形式当作了被动态。因此，撒拉
语实际上没有严格意义上的用动词形态表达的被动态形式，相关研究中提
到的所谓的被动态也只是反身态形式。撒拉语表达被动意义只需将受事置
于施事前，或将施事省略而将受事保留就行了。这种施事主语被删除，而
受事宾语（包括其宾格标记）被保留的被动态就是非人称被动态。撒拉语
的非人称被动态形式除了没有主语外，其他形式方面跟主动句完全相同。
和主动句一样，非人称被动句还可保留双宾语，如：

qoy-nï　Ali-ğa　　vi-miš.

羊-宾格　阿里-与格　给-过去时

羊给了阿里。

　　对此，Li & Thompson 也指出（刘丹青，2008：429）："话题优先的语
言被动态不发达，因为用被动态表示的意义在话题优先语言中通常用受事

---

　　[1] 原文撒拉语拼写符号较为复杂，为统一及排版印刷起见，现替换为本书符号形式。此外，moden
čičex 意为"牡丹花"，而不是"夹竹桃"之意，不知是作者之误，还是译者之误。

话题来表示，受事只居话题之位而不必抢占施事的主语之位，主语仍由施事充当，动词不需要变成被动态。"捷尼舍夫（1976）注意到了这一问题，但却将动词的情态范畴与态范畴混在一起了。

在被动态形式方面，撒拉语显然不同于其他亲属语言，如土耳其语：

Kristof Kolomb Amerika-yï Kešf-et-ti. 克里斯托弗·哥伦布发现了美洲。

Kristof Kolomb 美洲　　　　发现

Amerika (Kristof Kolomb 　taraf-ïn-dan)　Kešf-ed-il-di.

美洲　　　 (Kristof Kolomb　由)　　　　　发现

［美洲（由克里斯托弗·哥伦布）发现了］（Kornfit, 1997: 323）

以上第一句是用主动态形式表达被动意义，但第二句用-il 形式标记动词的被动态。我国境内的突厥语如维吾尔语、哈萨克语、柯尔克孜语、乌孜别克语、塔塔尔语、西部裕固语和图瓦语中，也都有类似以上土耳其语例子第二种形式的被动态，即受事主语以主格形式、动词以-n/-l 等形态来表达被动态（程适良，1997: 217-218）。撒拉语没有这种形式的被动态，是撒拉语历史上就没有形成这种形态现象，还是本来就有但后来给丢失了，需要进一步研究。

4.2　式

式是由动词的形态表达的说话人对语句事实内容的态度，也被称之为语气。撒拉语动词的式范畴包括陈述式、条件式、祈使式。其中有些式有时、体、传据、情态等范畴。

4.2.1　陈述式

陈述式表达在说话人看来是真实、确定的事实。陈述式动词的标记为零形式，这是相对于动词条件式的标记-sA 和祈使式的标记——动词词干或其他形式而言的。陈述式有时、体、传据、情态等范畴，这些范畴之间的关系非常复杂，常常有相互交叉之处。

4.2.1.1　时

"时"是以动词形态标记动作发生时间的范畴。时有绝对时和相对时之分，前者为与当前时刻有关的时间，后者为相对于另外某一特定时点的时间。撒拉语的时范畴有过去时、现在时和将来时三种。

4.2.1.1.1　过去时

4.2.1.1.1.1　-jI 和-mIš

过去时表示某个动作在过去特定的时间中发生。撒拉语过去时最常见的形式是通过在动词词干后附加-jI 或-mIš 来表示，如：

Ali　　　oxïš　　piti-ji.

阿里　　　字　　　写-过去时

阿里写字了。

Ali　　　öy-in-e　　　　va(r)-mïš.

阿里　　　家-3 属人称-向格　　去-过去时

阿里回家了。

-jI 和-mIš 既可以表达一次性的动作，也可以表达多次动作，如上例第一句既可以理解为过去时间中一次性的动作，也可以理解为过去一段时间中的多次动作（此处如果由-miš 替换-ji 也可以这样理解）。

-jI 和-mIš 除了表示动作发生在过去之外，还兼表说话者的信息来源（即传据范畴）。如以下两个句子都表示"阿里写了字"：

Ali oxïš piti-ji.

Ali oxïš piti-miš.

但这两个句子意义的细微差别在于信息来源的不同，即传据范畴的不同。前者表示说话人曾亲眼看见阿里写了字，并且参与了阿里写字的活动中（如可能安排了阿里写字的活动等）。后者表示说话人并未亲眼看见，而是根据事实判断出阿里写了字。前者的信息来源我们可以称之为"直接经验"，后者的信息来源可称之为"间接经验"。

表示间接经验的"Ali uğïš piti-miš"一句，可以隐含以下两种意思：说话人未亲眼看见阿里写字，但根据阿里写的字判断出他写了字了；或者，说话人看见阿里写字，但未目睹所有写字的过程（即没看见写字结束的过程），后看到阿里写的字，就断定阿里写了字了。如果说话人没看见阿里写字的开始阶段，但看到结束过程，就使用表示直接经验的-ji 后缀，而不用-miš。

有学者（林莲云，1985: 63）在归纳撒拉语的以上语法范畴时使用"确定语气"和"非确定语气"的概念。认为前者表达说话人自己的行为（对非自身的行为说话者清楚、了解）、目睹，或主观决定的行为状态；后者表达说话人非自身的和主观上不能加以确定的行为或状态，表达出乎本人意料和意愿的行为、状态，转述的语气也用这种形式。

使用-jI 的句子确实表达确定的语气，但问题是使用-mIš 的句子同样也表达确定的语气。后者根本没有"听说、好像，看起来"等表示难以确定的含义。在使用-mIš 时，说话者以确定的语气判断动作的发生（也许该动作并未发生，但说话者主观上确定已发生了）。以上两例实际的区别在于：前者表达说话人清楚地看见阿里写字的全过程，或至少清楚地看见写字结束的过程，且部分参与了其写字活动；后者表示说话人未看见阿里写字的全过程，或至少未看见写字结束的过程，但后来看到阿里写的字，就判断阿里写了字了。因此，笔者以为使用"直接经验"和"间接经验"能更准确地反映撒拉语的实际。如果考虑进行体（见下文），则更会显得使用"直接经验"和"间接经验"的合理性。

除了亲眼看见的动作行为外，-jI 还可表示亲耳听到、亲身体验的动作行为等，如：

bangkï   uxa-jǐ.
邦克   念-过去时
宣礼了。（听到了清真寺里呼唤礼拜的声音）

asman   sux-lan-jǐ.
天   冷-反身态-过去时
天冷了。（通过身体感受天气变冷了）

撒拉语在表达直接经验时使用-jI 标记，表达间接经验时使用-mIš 标记。直接经验、间接经验和人称并无直接的关系。说话人若陈述自己的动作行为，则一般情况下他会非常清楚动作行为的发生与否，因此，一般使用-jI 形式，如：

me(n)   neme   iš-ji.
我   饭   吃-过去时
我吃了饭。

me(n)   geji   öy-im-e   va(r)-ma-jǐ.
我   昨天   家-1 属人称-向格   去-否定-过去时
我昨天没回家。

但有时，说话人在陈述自己的动作行为时（动作发生时说话人自己并未意识到动作的发生，动作结束后才发现动作发生了），即事后得知动作行

为的发生时也用 **-mIš** 形式。如一个人坐在车里回家。当车子行驶时，他可能闭着眼睛，等他睁开时，发现已到了家，这时他可能会说：

o,　öy-e　　yet-miš.
噢　家-向格　　到-过去时
噢，到家了。

他睁开眼睛时绝不会说 "o, öye yet-ji"。但当他做出到家的判断后，如果这时有人给他打电话询问是否到家，他只会说 "yet-ji"（到了），不会说 "yet-miš"（到了）。

对于以第二、三人称作主语的句子，如果说话人以直接经历的方式（看见、听见等）得知其动作发生了（且在某种程度上参与了这种动作的完成或与此有关联），则会用 -ji 形式，如：

sen　mang-a　heli　ver-ji.
你　我-与格　钱　给-过去时
你给了我钱。

u　öy-in-e　　　var-jĭ.
他　家-3属人称-向格　去-过去时
他回家了。

对于第一句，如果说话人刚开始并不清楚是否给了钱，但当查了一下账本发现已经给了（即事后才得知信息），就说 "sen manga heli ve(r)-miš"。对于第二句，如果说话人并未以直接经验得知 "他" 走了，而是以间接经验（如之前看见他在房间，但后来发现他不在）得知 "他" 走了，就说 "u öyine va(r)-mĭš"。

在讲述民间故事、传说等时，过去时一般采用 -mIš 形式，如：

inji Monigu sïxla-mĭš. Monigu sïxla-sa, yon gi(l)-miš, gi(l)-miš-de qayna-t-mĭš. Monigu banding'-a-čüx bel-en-miš-de ot qa(l)-mĭš. čo-sï gel-jeni, "bada bada mian chuley, bada bada you chuley," di-mĭš. burmax-ï ara-sïn-dan un čïx gi(l)-miš, yağ čïx gi(l)-miš. neme qayna-t-mĭš. Monigu xorğa-mĭš-da čo-sï-nĭ čut-al-ma-mĭš.

于是，莫尼古（留下来）看守了。莫尼古看守时，（三个姑娘）又来了，做了饭。莫尼古变成了凳子。（她们）几个来了以后，说："啪哒，啪哒，面出来；啪哒，啪哒，油出来。"从她们的手指间出来了面，出来了油。做了饭。莫尼古吓得没能捉住她们。（马伟，2010）

但在转述别人讲的事实时，如果说话人相信所听内容，过去时就用-mIš 形式。如果说话人不想在转述时掺杂个人相信与否的态度，就依据所听原话的情况在句中加独立的转述词 diba(r)、dir 等，如：

a-nï var-jï di-ba(r).

他-宾格 去-过去时 说-进行体

据说他去了。

a-nï var-jï di-r.

他-宾格 去-过去时 说-现在时

据说他去了。

这两句中的-jï 都是原讲述人所用的直接经验标记，前后两句的区别在于全句核心谓语 di-（说）所采用的形态不同。

a-nï va(r)-mïš di-ba(r).

他-宾格 去-过去时 说-进行体

据说他去了。

a-nï va(r)-mïš di-r.

他-宾格 去-过去时 说-现在时

据说他去了。

这两句中的-mïš 都是原讲述人所用的间接经验标记，前后两句的区别在于全句核心谓语 di-（说）所采用的形态不同。撒拉语的-jI 应来自于-dI，因为，在现代撒拉语的是非问句中还有此形式，如：

u gel-di mo?

他 来-过去时 吗

他来了吗？

-jI 的否定形式是-mAjI，-mIš 形式是古代突厥语在撒拉语中的保留，但其使用情况并不完全相同，其否定形式为-mAmIš。

4.2.1.1.1.2 -GAn 形式

-GAn 也是动词过去时的一种标记，但其似乎表示一种较远的、曾经发生的动作，表示信息来源是直接经验。单独的-ğAn 形式在现代撒拉语中已几乎不存在。笔者于 1999 年在青海省循化县孟达地区调查时，曾发现当地老人在讲撒拉族先民东迁传说时使用这一类型的过去时标记。其句子如下：

piser　　Samarqandi-den　　ge(l)-ğen.
我们　　撒马尔罕-从格　　　来-过去时
我们来自撒马尔罕。

除此之外，现代撒拉语的-GAn 有时以成对的形式出现，表示出乎意料或不太满意的动作行为的发生，如：

me(n)　an-da　ding-gen,　u　ang-a　ge(l)-ğen,　elği　učira-š-ar.
我　　那-位格　停-过去时　他　那-向格　来-过去时　　那样　遇-交互态-现在时
我停在那儿，他来那里，那样相遇了。（表示两人的相遇很巧）

如同这个句子，现代撒拉语中肯定句里的-GAn 形式是以非限定形式出现的，即一般不能作核心谓语。-GAn 的否定形式为-mAğAn，一般表示加强语气的、反驳别人怀疑和指责的意义，如：

seler　　mi-ni　　su-nï　　iš-miš　　di-r,　　　me(n)　　iš-me-ğen.
你们　　我-宾格　水-宾格　喝-过去时　说-现在时　我　　　　喝-否定-过去时
你们说我喝了水，我没喝。（表示不认同对方的怀疑或指责，具有反驳的意思）

这句话的言外之意是"你们为什么说我喝了水"，这是对话中省略的部分。

4.2.1.1.2　现在时

4.2.1.1.2.1　一般现在时

现在时表示说话者自己感知的现在发生的动作行为，撒拉语现在时的标记为-(A)r，如：

beš-inji-niği　　šaji　　gün-in-e　　qara　dağ-dağï
五-第-领格　　　夏至　　日-3属人称-向格　青　山-位格
shandan　　jičex-ler　ačal-ar.
山丹　　　花-复数　　开-现在时
五月的夏至日，青山上的山丹花会开的。

bu　išgi　gün　mun-da　yağmur　hama　yağ-ar.
这　二　天　这-位格　雨　　　很　　下-现在时
这两天，这儿雨下得很多。

arux-qa　su　gil-er.
渠-向格　水　来-现在时

渠里来水。

o-m　　　　biri　　yağla-r.

儿子-1 属人称　有时　哭-现在时

我儿子有时哭。

一般现在时的否定形式为动词词干附加-mur 构成。
4.2.1.1.2.2　感官动词的现在时形式
感官动词的现在时形式还可以表达第一人称此时此刻的感受，如：

me(n)　　öy-im-ni　　　sağan-ar.

我　　　家-1 属人称-宾格　想念-现在时

我想家。

mi-niği　baš-ĭm　　ağar-ar.

我-领格　头-1 属人称　疼-现在时

我头疼。

pise(r)　sele(r)-ni　　gör-er.

我们　　你们-宾格　见-现在时

我们能看见你们。

me(n)　si-niği　ün-ing-ni　　　išde-r.

我　　你-领格　声音-2 属人称-宾格　听见-现在时

我能听见你的声音。

这时的否定形式也是-mur 形式，如：

me(n)　　öy-im-ni　　　sağan-mur.

我　　　家-1 属人称-宾格　想念-否定

我不想家。

mi-niği　baš-ĭm　　ağar-mur.

我-领格　头-1 属人称　疼-否定

我的头不疼。

由于这些句子表达的是第一人称此时此刻的感觉，所以，当这些句子中出现时间词 čuxur(现在)等时，原句意思保持不变。

第二人称和第三人称的感官动作的现在时形式不能表达此时此刻的感受，也没有-mur 的否定形式。要想表达第二、三人称的此时此刻的感官活动，则需要用进行体形式（见后面进行体部分内容）。

4.2.1.1.2.3　表达过去动作的现在时形式

现在时表达的动作行为可以是现在发生的，也可以是说话时刻之前发生的、由说话者自己直接经历（看见、听见等）的别人的动作行为，如：

geji me(n) öy-im-e var-jĭ, var-sa ini-m gi(l)-miš. ini-m mang-a armut bir ver-er. bir yi-se dahli e-mes-a. nene bir ver-er. dahli e-mes-a. inji var o di-ji. yox-dïr di-r. yončux-ïn-da išde-ji, ham yox-a. elixgene① išgi-si-m puzi-ǧa al-ma var-jĭ.

昨天我回了家，到家时我弟弟来了。弟弟给了我一个梨。一吃，不香。又给了一个。不香。（我）说："还有吗？"（他）说没有。（我）翻了他的口袋，也没有。于是，我俩去商店买。

以上语句中有三处使用了-(A)r，表示"我弟弟"的动作行为。但不同于过去时标记-jI 和-mIš，-(A)r 在此表示说话者亲眼看见其弟弟进行的全部动作，并且这些动作还明显隐含着要引出进一步的事实说明，即这些动作是说话人所感知到的一个整体事件的组成部分。虽然-(A)r 形式可以成为句子的谓语核心，从而可以表达一个完整的意义，但从逻辑意义而言，还需要进一步的意义补充。如第一个-(A)r 形式句子引出了"bir yise dahli emesa"，第二个-(A)r 形式句子引出了"dahli emesa"，第三个-(A)r 形式句子引出了"yončuxïnda išdeji, ham yoxa"。这三个-(A)r 都不能被-jI 或-mIš 替换。-(A)r 还可以表示说话者直接经历的别人的过去动作的进行状态，如：

geji me(n) yol aǧ(ï)z-ïn-a yet bar-sa, ini-m ham ang-a gil-er. inji išgi-si-m bir-leǧa gišang-a var-jĭ. 昨天我赶到路口时，我弟弟也正往那儿来。于是我俩一起去了县城。

如果说话者讲述自己过去的反常动作行为（自己往往对此感觉吃惊、不解等），或者讲述自己的梦中经历时，也使用-(A)r 标记，这实际上是把自己置于第三者的角度来观察问题的，如：

u	gün-e	me(n)	ey-im	a-nï	gör-jeni
那	天-向格	我	自己-1 属人称	他-宾格	见-副动
ang-a	salim	bir	ver-er.		
他-向格	赛俩木	一	给-现在时		

① elixgene 一词可能由 elǧe et-gene (那样做之后) 紧缩而成。

那天，我看见他后，给了他个"赛俩木"。[①]（自己对自己的行为有点不解）

geji　　me(n)　tiš-im-de　　asman-a　üš　bar-ar.
昨天　　我　　　梦-1属人称-位格　天-向格　飞　去-现在时
昨夜，我梦见自己向天上飞去。（讲述的是梦中经历）

以上两句一般都需要进一步的意义补充。以上表达不同语法功能的现在时的否定形式都为动词词干附加-mur 构成。

4.2.1.1.2.4　表达泛时的现在时形式

现在时能够以现在时间为基点向过去和将来延伸，即横跨过去、现在和将来，因此，现在时也被称之为泛时。这时现在时表达的是常规性、真理性的命题，如：

gün　　dağ　baš-ïn-dan　　čïx　gel-er.
太阳　　山　顶-3属人称-从格　出　来-现在时
太阳从山顶出来。

me(n)　zhuma-ğa　Altiul-e　var-ar.
我　　　主麻-向格　　街子-向格　去-现在时
我去街子做主麻[②]。

u　Xadï　yenša-r.
他　汉语　说-现在时
他说汉语。

kiš-čüx　sörme　iš-er.
人-有定　酒　　喝-现在时
那个人喝酒。

表达常规性、真理性意义的现在时否定形式由动词词干附加-mAs 构成，如：

me(n)　zhuma-ğa　Altiul-e　va(r)-mas.
我　　　主麻-向格　　街子-向格　去-否定

我不去街子做主麻。

u　　Xadï　　yenša-mas.
他　　汉语　　说-否定
他不说汉语。

如果想表示某个特定时期的经常性的、习惯性的、有规律的动作行为，则可以用现在时形式-(A)r结合时间词来表达，如：

oholda　　me(n)　　zhuma-ğa　Altiul-e　　var-ar.
以前　　　我　　　主麻-向格　街子-向格　去-现在时
以前，我去街子做主麻。

čuxur　　Salïr　　bala-lar　　šuešio-ğa　var-ar.
现在　　撒拉尔　孩子-复数　学校-向格　去-现在时
现在，撒拉族孩子们去学校。

和表示将来意义的时间词结合时，或者在特定的语言环境下单独运用时，现在时形式可以表达将来时意义（见将来时部分）。

以上几种现在时形式表达说话者自己感知的事情或真理性的命题，从传据范畴来说都可划入直接经验的范围。因此，这些现在时没有间接经验的范畴，即没有传据范畴的二元对立。

4.2.1.1.2.5　-ba(r) 和 -bïr

动词的-ba(r)和-bïr 形式可以表示说话时刻正在进行的动作，也可以表示现在经常性的动作。如：

men　　neme　　iš-bïr.
我　　　饭　　　吃-进行体[①]
我在吃饭。

---

①从时的角度讲，动词-ba(r)和-bïr形式为一种特殊的现在时。如果说话时没有时间词（或有表示"现在"意义的时间词）时，表示说话时正在进行的动作或状态，或者表示包说话时在内的一段时期内经常发生的动作或状态（说话时动作或状态未必正在发生）。如果说话时有表示过去或将来的时间词时，则可表示过去或将来正在进行的动作或状态，或者可表示过去或将来一段时间内经常发生的动作或状态。同时，从体的角度讲，-ba(r)和-bïr 可表示事件在时间中的进行过程或延续状态，它们不关注动作的起点和终点。因此，我们认为，-ba(r)和-bïr 集现在时和进行体、延续体的功能于一身。为了和其他与动词的现在时形式有所区别，也为了分析形式上的简便，本书进行语法分析时，对-ba(r)和-bïr 只标记其体范畴，不再标记其现在时功能。

u　　neme　　iš-ba(r).
他　　饭　　　吃-进行体
他在吃饭。

　　在许多相关撒拉语动词的研究中，只提到-ba(r)，没提到-bïr。提到-bïr
的部分学者把-bïr 和-ba(r)混同起来。有学者认为，-bïr 表示进行体的确定
语气，-ba(r)表示进行体的非确定语气。其实，-ba(r)也表示确定的语气。-bïr
和-ba(r)的区别不在于语气的确定与否，而在于说话者和所表达的动作之间
的联系程度。如果，动作是由说话者自己有意识地发出的，或者意识到自
己动作自始至终的发生过程，就用-bïr 形式。这里的"自己"可以是说话者
自己，可以是包括说话者自己在内的一部分人，也可以是他人（但说话者
自己在某种程度上参与了他人的动作行为）。因此，这种动作行为可以说是
说话者的直接经验（直接或间接地经历了动作行为），如：

me(n)　　　otar-bïr.
我　　　　　坐-进行体
我在休息。（"休息"这一动作是由说话者发出的）

pise(r)　　Xadï　　gača　　örğen-bïr.
我们　　　汉　　语　　　学习-进行体
我们在学习汉语。（说话者自身在"学习"过程中）

aba　　　　neme　　　　　iš-bïr.
爸爸　　　饭　　　　　　　吃-进行体
爸爸在吃饭。（说话者在一定程度上与"爸爸"的吃饭行为有关）

mun-da　　yağmur　　　yağ-bïr.
这-位格　　雨　　　　　下-进行体
这儿在下雨。（可能说话者存在的地方承受着下雨的动作状态）

　　-ba(r)形式的句子一般表达别人正在进行的动作，如果是表示说话人自
己的动作行为，一般是较远的过去或将来的动作行为，把自己按他人对待
来客观地描述事件，强调此刻的说话者和事件中的自己之间的无关性。这
种动作可称之为说话者的间接经验。如：

Ali　　　uxla-ba(r).
阿里　　　睡觉-进行体

阿里在睡觉。（"睡觉"这一动作的实施与说话者无关）

aba	neme	iš-ba(r).
爸爸	饭	吃-进行体

爸爸在吃饭。（"吃饭"这一动作的实施与说话者无关）

geji	me(n)	tiš-im-de	dağ-da	rïtïx	vur-ba(r)
昨天	我	梦-1属人称-位格	山-位格	猎	打-进行体

昨天我在梦里打猎。（梦中行为，不是说话人有意识发出的）

-ba(r)和-bïr 也可表达一段时期中经常发生的动作或存在的状态，如：

pise(r)	mören	su	iš-bïr.
我们	黄河	水	喝-进行体

我们喝黄河水。（表示经常性的动作，说话时刻未必在喝）

u	Sïliang-da	oxï-ba(r).
他	西宁-位格	读-进行体

他在西宁读书。（表示一段时间中的动作状态，说话时"他"未必在西宁）

-ba(r)、-bïr 和表示过去与将来的时间词相结合时，可表示过去或将来正在进行的动作或状态，如：

geji	bu	vax-da	me(n)	uxla-bïr.
昨天	这	时-位格	我	睡-进行体

昨天这时我在睡觉。

ette	öyle-de	i	doy	iš-ba(r).
明天	中午-位格	自己	宴席	吃-进行体

明天中午我（们）在吃宴席。

ette	öyle-de	i	doy	iš-bïr.
明天	中午-位格	自己	宴席	吃-进行体

明天中午我（们）在吃宴席。

　　第二句和第三句都用现在时形式表达将来意义，二者的区别在于传据范畴的不同。前者表示吃宴席是由别人而不是由"我（们）"安排的，或者即使是"我（们）"安排的，在此也有意淡化这种联系，把自己按他人看待来客观地描述事件；而后者表示 "我（们）"至少在一定程度上参与安排了"吃宴席"这个活动，强调"我（们）"参与活动的主观性。

-ba(r)和-bïr 的否定形式分别为动词原形与 yoxa 和 yoxdïr 结合来表示，如：

u   uxla   yox-a.

他   睡   没有-现在时

他没在睡觉。

me(n)   uxla   yox-dïr.

我   睡   没有-现在时

我没在睡觉。

4.2.1.1.3　将来时

将来时表示动作行为要在将来发生。撒拉语将来时有两种表达方式：

4.2.1.1.3.1　用现在时 -(A)r 表示将来意义[①]

由于撒拉语现在时可以表达常规性的、真理性的命题，因此，现在时形式自然可以表示将来意义，如：

u   ette   gel-er.

他   明天   来-现在时

他明天来。

aba-m   beš   gün-de   va(r)-ar.

爸爸-1属人称   五   天-位格   去-现在时

我爸五天后走。

ular   bir   ay-da   yan-ar.

他们   一   月-位格   返回-现在时

他们一个月后将回来。

这种表达将来意义的现在时形式的否定形式由动词词干附加-mAs 构成。

[①] 为统一起见，在进行语法分析时，将表达将来时意义的现在时形式-(A)r 仍然标记为现在时。

4.2.1.1.3.2　-GUr 和-GA(r)

-GUr 形式表示说话者自己（包括自己在内的一个群体）决心要做某事，或者表示别人要做某事（但说话者参与了其计划活动，表达了说话者的主观意愿），如：

me(n)　　ette　　öy-im-e　　　va(r)-ğur.
我　　　明天　　家-1 属人称-向格　　去-将来时
我明天要回家。

pise(r)　　et　　yi-ğür.
我们　　肉　　吃-将来时
我们要吃肉。

u　　ette　　　gi-ğür.
他　　明天　　　来-将来时
他明天来。（说话者参与安排了"他"要来的计划活动）

mu-ni　　mi-niği　　ana-m　　　al-ğur.
这-宾格　　我-领格　　姑娘-1 属人称　　买-将来时
这个（东西）我姑娘要买。（说话者安排了其姑娘要买的计划活动）

chezi　　　yür-ğür.
车子　　　走-将来时
车子要走了。（说话者参与了决定车子要走的计划活动）

-GA(r)形式表示他人或事物要进行某种动作（说话者未曾安排或参与其中，说话者根据判断得知要发生某种动作行为），如：

u　　öy-e　　　va(r)-ğa(r).
他　　家-向格　　去-将来时
他要回家。

yağmur　　yağ-qa(r).
雨　　　下-将来时
要下雨了。

chezi　　　yür-ğe(r).
车子　　　走-将来时

车子要走了。

当说话者根据客观现象判断自己的动作行为，或自己身上要发生某种
事情时，也用-GA(r)来表示，如：

i-čo　　　 iš-ni　　 et　　 dos-qa(r).
自己-大家　 活-宾格　 做　　 完-将来时
我们将做完活了。（根据工作进度，说话人判断他们自己能完成工作）

ağrax-ïm-a　　　 ire-se　　　 me(n)　　 ül-ğe(r).
病-1属人称-向格　 依据-条件　　 我　　　 死-将来时
根据我的病情，我将要死了。

-GUr 的否定式为动词后直接加否定后缀-mAs, -GA(r)的否定式为
-mAGA(r)。-GUr 和-GA(r)是将来时传据范畴的二元对立，前者可称为直接
经验，后者可称为间接经验。

4.2.1.2　体

体是用一定的语法形式表示事件在时间进程中的发展和变化的一种语
法范畴。撒拉语的体有进行体、开始体、趋向体、完成体、经验体、惯常
体、即近体、延续体、持续体、为他体、尝试体、放行体等。撒拉语动词
的体范畴有的用形态标记来表示，有的用意义虚化的助动词来表示。这些
助动词有时（包括传据范畴）的变化，但较少有态的变化。助动词往往是
体的语法意义的承担者，而体的词汇意义由前面的动词承担。承担词汇意
义的动词形式多为副动词，但撒拉语中副动词词缀也时常被省略。

4.2.1.2.1　进行体

进行体表示一定时间内正在进行的动作行为、状态。撒拉语最常用的
进行体标记为-bïr 和-ba(r)，具体用法见前面现在时部分内容。

4.2.1.2.2　开始体

开始体表示事件的起点。撒拉语用助动词 gel-（来）和 bar-（去）来表
示开始体，如：

geji-den　　 asman　　 suxlan　　 gel-ji.
昨天-从格　　 天　　　 变冷　　　 来-过去时
从昨天开始天变冷了。

a-niği　ağrax-ï　yaxšïlan　gel-ji.
他-领格　病-3属人称　变好　来-过去时
他的病好起来了。

heli-m　azlan　bar-jï.
钱-1属人称　减少　去-过去时
我的钱开始变少了。

čiralux　sen　bar-jï.
油灯　熄　去-过去时
油灯开始熄灭了。

4.2.1.2.3　趋向体

趋向体表示动作行为朝说话人而来或离说话人而去。撒拉语的趋向体由助动词 gel-（来）、bar-（去）来表示，如：

torax-nï　dat　gel-ji.
土-宾格　拉　来-过去时
把土拉过来了。

u　mi-niği　zorax-ïm-nï　čix　bar-jï.
他　我-领格　帽子-1属人称-宾格　抢　去-过去时
他把我帽子抢走了。

4.2.1.2.4　完成体

完成体表示基点时间之前已经完成的动作行为，并且其影响一直延续到基点时间，即其动作具有现时相关性。撒拉语的完成体可以用动词过去时形式表示，也可以用 vol-（成为、好）助动词形式来表示，如：

me(n)　iš-ji,　inji　iš-me　va(r)-mas.
我　吃-过去时　现在　吃-副动　去-否定
我吃过了，不去吃了。

me(n)　iš　vol-jï,　var-a.
我　吃　完-过去时　走-祈使
我吃完了，走。

u　piti　vo(l)-ma-mïš,　bohor　güye.
他　写　完-否定-过去时　一会　等
他没写完，等一会。

u　iš　vo(l)-ǧa(r),　seler　teren.
他　吃　完-将来时　你们　动（身）
他快吃好了，你们动身。

撒拉语完成体也可以用助动词 dos-（完）来表示，但其侧重于对动作对象的处置完成结果，如：

gölex　čöp-i-ni　yi　dos-mïš.
牛　草-3属人称-宾格　吃　完-过去时
牛把草吃完了。

撒拉语的完成体还可以用助动词 qal-（留下、结束）来表示，但这时的完成体还附加有一种意外或突然的意义，如：

u　iz-i　va(r)　qa(l)-mïš.
他　自己-3属人称　去　留下-过去时
他自己（却）走了。

me(n)　yür　qal-jï.
我　走　留下-过去时
我走了。（表示有点突然或决然的意义）

助动词 čïx-（出、上）也可以表达完成体意义，表示某事项已完成，如：

ini-m　salma　für　čïx-mïš.
弟弟-1属人称　抛石绳　编　出-过去时
我弟弟编好了抛石绳。

dam-nï　döy　čïx-jï.
墙-宾格　打　出-过去时
墙打出来了。

4.2.1.2.5　经验体

经验体表示到基点时间为止动作行为至少发生过一次。撒拉语的经验体用动词词干加-GAn，再加 var 或 vara 来表示。第一种形式为直接经验，即表达说话者自己经历的动作行为（当时意识到动作的发生），或表达他人经历的动作行为（曾亲眼看见、听见、感受等），如：

me(n)　Sïliang-a　išgi　gez　va(r)-ğan　var.
我　　西宁-向格　二　　次　　去-形动　　有
我去过两次西宁。

u　at　min-gen　var.
他　马　骑-形动　　有
他骑过马。

第二种形式为间接经验，主要表示说话者根据事后判断得知他人曾经历过某种动作行为，如：

u　at　min-gen　var-a.
他　马　骑-形动　　有-现在时
他骑过马。

需要指出的是，第二种形式并不是非确定语气的表达，它和第一种一样都是确定语气的表达。二者的区别在于信息来源的不同。

当说话者讲述自己比较遥远的过去或梦中等经历时，也可用 vara 来表达经验体，如：

u　vax-da　me(n)　at　min-gen　var-a.
那　时-位格　我　　马　骑-形动　　有-现在时
那时，我已经骑过马。

si-ni　gör-ğen-de　me(n)　Axar-a　va(r)-ğan　var-a.
你-宾格　见-形动-位格　我　白庄-向格　去-形动　　有-现在时
见到你时，我已经去过白庄。

-GAn var 和-GAn vara 的否定式为-GAn yoxdïr 和-GAn yoxa。

4.2.1.2.6　惯常体

惯常体表示一定时间内反复发生或经常存在的行为状况。撒拉语的惯常体用现在时形式-(A)r 和-ba(r)/-bïr 来表示（详见现在时部分）。

4.2.1.2.7　即近体

即近体表示动作行为几乎要发生，但实际上还没发生。撒拉语的即近体用助动词 dos-（完）表示，如：

geji　　u　　ağrï-ja　　ül　　dos-mïš.
昨天　　他　病-副动　　死　　完-过去时
昨天，他因病差点死了。

me(n)　　gör-me　　gülin　　dos-jï.
我　　　看见-否定　摔倒　　完-过去时
我由于没看清几乎摔倒了。

4.2.1.2.8　延续体

延续体表示动作行为发生后的延续存在状态。撒拉语延续体可以由现在时形式-ba(r)/-bïr 以及助动词 ot-/otur-（坐）来表示，如：

dam-da　　šügün-ör　　as-ba(r).
墙-位格　　毛巾-无定　　挂-现在时
墙上挂着一条毛巾。

qo-da　　soğan　　ix-bïr.
门-位格　　葱　　　种-现在时
门口种着葱。

u　　yat　　ot/otur-ba(r).
他　　躺　　坐-现在时
他一直在躺着。

4.2.1.2.9　持续体

持续体表示动作行为的持续发生。撒拉语的持续体由助动词 ot-/otur-（坐）来表示，如：

u　bir　gün　iš　et　ot/otur-jĭ.
他　一　天　活　干　坐-过去时
他一整天干活了。

4.2.1.2.10　为他体

为他体表示动作是为他人而进行的。撒拉语为他体由助动词 ber-（给）
来表示，如：

Ali　nine-čüx-ge　su　yu　ber-ji.
阿里　奶奶-有定-与格　水　浇　给-过去时
阿里给那个老大娘（帮着）（给地里）浇了水。

u　mang-a　sin　piti　ber-ji.
他　我-与格　信　写　给-过去时
他（帮忙）给我写了信。

4.2.1.2.11　尝试体

尝试体强调动作行为的尝试性。撒拉语的尝试体由助动词 vax-（看）
来表示，如：

u　armut-nï　yi　vax-jĭ.
他　梨-宾格　吃　看-过去时
他试着吃了梨。

4.2.1.2.12　放行体

放行体表示进行某一动作而释放某物，由助动词 yiur-（放开、送）来
表示，如：

gaga-m　mi-ni　öxre　yiur-er.
哥哥-1属人称　我-宾格　骂　送-现在时
我哥哥把我骂回来了。

se(n)　yumax-nï　il-in-e　tüt　yiur.
你　篮球-宾格　前面-3属人称-向格　踢　送
你把篮球踢到前面去。

有学者将撒拉语中的动词 yiur-（放开、送）和 yür-（走）混为一体，

认为动词 yür-（走）是助动词（林莲云，1985:81）。虽然它们的发音很近，但实际上它们是不同的词。前者在哈萨克语、柯尔克孜语中为 jiber-、jibär-，土库曼语中为 iber-（Öztopču 等，1996:130），在察哈台语中为 yibär-（Eckmann, 1966:324）。在撒拉语中，当双唇音出现在两个元音之间时往往会消失，但使邻近不圆唇元音圆唇化，因此，在 yiur-中出现了带有圆唇音的复合元音。后者在柯尔克孜语、塔塔尔语、土耳其语、土库曼语中分别为 jür-、yör-、yürü-和 ÿöre-（Öztopču 等，1996:162），与撒拉语的 yür-非常接近。

撒拉语的部分体之间有时也可以相互组合，如：

u　　ül　　dos　　bar-jï.
他　　死　　完　　去-过去时
他差点死去了。

这里，即近体形式 dos-和开始体形式 bar-组合在一起，从不同方面对动词 ül-进行补充说明。由助动词充当的体形式，除了能出现在限定小句的谓语位置上外，即有各种时的变化，还可以出现在非限定动词的位置上，即没有各种时的变化，如：

neme　iš　　vo(l)-ğan　kiš-ler　man　oyna　otur-jï.
饭　　吃　　完-形动　人-复数　都　玩　　坐-过去时
吃完饭的人都（一直）在玩。

上句中完成体形式 vo(l)-出现在非限定动词位置上，而持续体形式 otur-则出现在谓语位置上。

4.2.2　条件式

条件式表示动作行为发生的条件，可包括假设、事实、让步、时间、对比等方面的意义。撒拉语的条件式由动词词干附加-sA 构成，如：

se(n)　var-sa,　me(n)　da　va(r)-ğur.
你　　去-条件　我　　也　去-将来时
如果你去，我也要去。

se(n)　Salïr　vol-sa,　neğe　Salïr　yenša　yox-dïr　i?
你　　撒拉尔　是-条件　为何　撒拉尔　说　　没有-现在时　呢

既然你是撒拉族，那么你为何不说撒拉语呢？

yaǧmur　yaǧ-sa　da　bala-lar　daš-ïn-da　　oyna-ba(r).
雨　　　下-条件　也　孩子-复数　外面-3属人称-位格　玩-进行体
即使下雨，孩子们也在外面玩。

Agu Qarajï　uyan　gel-se,　jing　an-dan　mall(a)-or　išgi　gi-miš.
阿姑·尕拉吉　醒　来-条件　正　那-从格　满拉-无定　二　来-过去时
阿姑·尕拉吉醒来时，正好从那边来了两位满拉。

kiš-ler　örǧen-se,　u　uxla-ba(r).
人-复数　学习-条件　他　睡-进行体
别人在学习，他却在睡觉。

条件式标记-sA 还可以表达愿望，如：

me(n)　a-nï　bir　gör-se.
我　他-宾格　一　看见-条件
我（希望）见一下他。

u　bir　ge(l)-se.
他　一　来-条件
（我希望）他来一下。

这种用条件式表达愿望的句子可能是省略后半句"yaxšï vo(l)-ǧa(r)"（会好）的结果。当条件式标记-sA 与 chang(ni)（可能）结合时，可以表示推测，如：

Ali　gel-se　chang(ni).
阿里　来-条件　可能
阿里可能要来/阿里可能来了。

u　sataxjï　i-se　chang(ni).
他　商人　是-条件　可能
他可能是商人。

chang(ni)（可能）一词的来源还不清楚，有可能是由 tang（不知道）音变而来。条件式没有时及传据范畴的变化，所以上例中的 Ali gelse chang(ni) 可能指"阿里可能要来"，也可能指"阿里可能来了"。具体语义的区别要在语境中区分。条件式可以与由助动词充当的体形式结合，表达动作行为的不同进程。

条件式的否定形式为-mAsA。

4.2.3　祈使式

祈使式以动词的形态变化表示指示、请求、建议、命令、愿望等。撒拉语祈使式的表达形式有以下几种：

4.2.3.1　在动词词干后附加 -GI

在动词词干后附加-GI 可表示指示、建议等，用于第三和第一人称。用于第三人称，可表示让听话者指示他人做某事；用于第一人称，可表示说话者主动提出做某事，如：

u　　öy-e　　va(r)-ğï.
他　　家-向格　　去-祈使
让他回家。

bala-lar　　qo-da　　iš-gi.
孩子-复数　　门-位格　　吃-祈使
让孩子们在门口吃。

men　seler-e　　urux　söz(i)　išgi　ağïs　yenša-ğï.
我　你们-向格　亲戚　话　　二　句　说-祈使
让我给你们说两句祝婚词。

pise(r)　bağ-nï　　al-ğï-da,　　köyin-ni　vur-ğï.
我们　麦捆-宾格　拿-祈使-副动　麦垛-宾格　筑-祈使
让我们收麦捆，筑麦垛。

除以上用于第一、三人称的建议、指示意义外，-GI 还可用于各人称，表示愿望，如：

me(n)　hazhi-ğa　bir　va(r)-ğï.
我　　朝觐-向格　一　去-祈使
愿我能去朝觐。

se(n) bir gala-ğï.

你 一 高兴-祈使

愿你能高兴。

u heli bir jingna-ğï.

他 钱 一 挣-祈使

愿他能挣钱。

在其他相关研究中，认为撒拉语还有一种词缀-qağï(-qoğï)，表示愿望等。实际上不管在-qağï(-qoğï)前面出现什么音，其中的辅音 q 都不发生语音变化，因此，我们认为所谓的-qoğï 是由助动词 qal-（留下、结束）和表示愿望的-GI组合而成的，即实际形式应为 qa-ğï。qa-ğï 还有 qo-ğï 的自由变体。qa-ğï 就是 qal-与祈使标记-GI 结合后的体现。而-GI 被认为是来自-GAy（捷尼舍夫，1981:570），后者具有将来时的意义（赵明鸣，2001:304）。因而，撒拉语的将来时形式-GA(r)也可能与此有关。如：

mu-nï me(n) yi qa-ğï.

这-宾格 我 吃 留下-祈使

让我吃掉这个。

u öy-in-e va(r) qa-ğï.

他 家-3属人称-向格 去 留下-祈使

让他回家。

-GI 的否定形式都为-mAGI。撒拉语的愿望式还可用-GU附加名词领属人称后结合助动词 gel-（来）表示，如：

me(n) yi-ğü-m gil-er.

我 吃-形动-1属人称 来-现在时

我想吃。

se(n) yi-ğü-ng gil-er mu?

你 吃-形动-2属人称 来-现在时 吗

你想吃吗？

u yi-ğü-si gi(l)-ba(r).

他 吃-形动-3属人称 来-进行体

他想吃。

但这种愿望式表达中的-GU 后附加的领属人称形式在撒拉语中有时较混乱。除-GUm 只能用于第一人称外，-GUsI 和-GUng 可用于所有人称，如：

se(n)　yi-ğü-si　　gil-er　　mu?
你　　吃-形动-3属人称　来-现在时　吗
你想吃吗？

me(n)　yi-ğü-ng　　gil-er.
我　　吃-形动-2属人称　来-现在时
我想吃。

me(n)　yi-ğü-si　　gil-er.
我　　吃-形动-3属人称　来-现在时
我想吃。

u　yi-ğü-ng　　gi(l)-ba(r).
他　吃-形动-2属人称　来-进行体
他想吃。

这种愿望式的否定形式由助动词 gel-的否定来表达，如其现在时否定形式为-gimur，进行体否定形式为 gil yoxa。

4.2.3.2　在动词词干后加-Al、-(ğ)A

在动词词干后附加-Al、-(ğ)A，可表示说话人建议或号召和听话人共同做某事，如：

inji　yat-al.
现在　睡-祈使
让我们现在睡觉。

bohor　　ding-e.
一会儿　休息-祈使
让我们休息一会儿。

pise(r)　oxïš　piti-ğe.
我们　　字　写-祈使

让我们写字。

dağ-qa　čïx-a.
山-向格　　上-祈使
让我们上山。

dağ-qa　čïx　qul-a.
山-向格　上　*留下-祈使
让我们上山。

最后一句中的 qula，有学者认为是后缀-qula。但根据我们的观察，不管-qula 前面出现的音是元音还是辅音，是发音位置靠前的还是靠后的，-qula 中的 q 音根本不参与语音和谐过程。因此，我们认为-qula 实际上可能是 qul-a 形式，-a 可能是祈使式标记，但撒拉语中没有 qul 一词。从语法功能和语音形式考虑，这个词有可能是表示完成体的助动词 qal-（留下、结束）或 qoy-（放）的变化。从词中的元音形式而言，它可能是 qoy-，但我们无法解释词末的辅音 l。所以，我们认为，qul 可能是 qal-的变化，元音 a 有可能变成了 u。

祈使式-Al、-(ğ)A 的否定形式为-mA(ğ)A。在孟达土语里，和街子土语的这种祈使式相对应的是-ğali/-Ali（林莲云，1985:60）。撒拉语的这种祈使式形式让我们想到了哈萨克语中具有同样功能的-(a)lïq/-(e)lik 与-alï/-eli 形式（耿世民，1989:137）。

4.2.3.3　动词词干或其后加 -duğu

命令听话人即第二人称做某事时，往往用动词词干来表示，如：

öy-ing-e　　var!
家-2属人称-向格　去
回家！

yer-ni　bir　sür!
地-宾格　一　扫
扫一下地！

当动词词干附加-duğu 时，也可以表达命令意义。有学者把-duğu 与词缀-dik 相提并论（捷尼舍夫，1976），在察哈台语中也有-dek 用于第二人称表示祈使意义的现象（Bodrogligeti, 2001:181）。也有学者认为-duğu 来自蒙古语（米娜瓦尔，2010）。但我们认为还有一种可能，就是-duğu 有可能来自表示动作实现的副动词词缀-dA 和表示动作完成的助动词 qal-（留下、结束）的组合。-dA 的用法如：

　　se(n)　iš-de　　gel.
　　你　　吃-副动　　来
　　你吃了来。

　　这句话在实际口语交谈中，也经常有 se(n) išdiği 这种紧缩形式，即-de gel 紧缩为-diği。而且，从功能上来说，和-duğu 相近的、用于第一、三人称的-qağï，也是表示动作完成的助动词 qal-和表愿成分-GI 的组合。所以，-dA 和 qal-结合后可能由于语音和谐形成了 dağa，并进一步形成了-duğu。
　　用动词词干表示祈使意义的否定形式为-mA，而-duğu 的否定意义可以由 quma（<qal-ma "留下-否定"）来表达。

4.2.4　情态

　　情态主要表达说话人对所述内容的主观态度。情态可以由式的形式表达，但从系统性的角度考虑，我们将在此略作说明。撒拉语的情态有些由动词的形态来表示，有些由助动词等其他形式表达。

4.2.4.1　能力情态

　　能力情态表示主语所具备的能力。撒拉语的能力情态可以由-(A)l 来表示，如：

　　me(n)　var-al-ğa(r).
　　我　　去-能-将来时
　　我能去。

　　se(n)　var-al-ğï.
　　你　　去-能-祈使
　　愿你能去。

　　u　var-al-sa　yaxšï　vo(l)-ğa(r).
　　他　去-能-条件　好　变成-将来时
　　如果他能去就好。

　　根据式的不同，-(A)l 的否定形式有-(A)lmA-、-(A)lmAs-、-(A)lmur、-(A)l

yoxdïr、-(A)l yoxa 等，如：

me(n)　　gel-el-me-ji.
我　　　　来-能-否定-过去时
我没能来。

u　　oxïš　piti-l-mes.
他　字　　写-能-否定
他写不了字。

pise(r)　uxla-l-mur.
我们　　　睡-能-否定
我们睡不了。

u　　yat-al　yox-dïr.
他　躺-能　　没有-现在时
他不能躺。

u　　yat-al　yox-a.
他　躺-能　　没有-现在时
他躺不了。

能力意义还可以由动词条件式、副动词等附加助动词形式来表达，如：

u　piti-se　vol-ar.
他　写-条件　可以-现在时
他可以写。

u　piti(-e)　bil-er.
他　写-副动　知道-现在时
他会写。

　　当副动词和 bil-（知道）结合表达能力意义时，副动词词缀在实际语流中有时被省略。有学者认为撒拉语表示能力的情态没有类似乌古斯语的副动词与 bil-（知道）相结合的形式，而只有类似克普恰克语式的动词的-(A)l形式（捷尼舍夫，1976）。实际上这两种形式在撒拉语中都存在，-(A)l 形式表示一种本来就有的能力，而副动词与 bil-的组合形式更倾向于表示一种后天学到的能力。

4.2.4.2　可能情态

可能情态表示事件发生的可能性。可能情态可由动词过去时-mIš、现在时-(A)r、将来时-GA(r)，动词条件式结合 chang(ni)（可能），形动词结合 keme 等形式来表达。如：

u 　　 va(r)-mïš.
他 　　 去-过去时
他去了。

me(n) 　　 si-ni 　　 döy-er.
我 　　　　 你-宾格 　　 打-现在时
我（可能）要打你。

u 　　 va(r)-ğa(r).
他 　　 去-将来时
他要走了。

u 　　 var-sa 　　 chang(ni).
他 　　 去-条件 　　 可能
他可能去了/他可能要去。

u 　　 qaš-ma-sa 　　 chang(ni).
他 　　 逃-否定-条件 　　 可能
他可能没跑/他可能不跑。

u 　　 va(r)-ğan 　　 keme 　　 (ir)-a.
他 　　 去-形动 　　 像 　　 （是）-现在时
他好像走了。

kiš 　　 yox-ma-ğan 　　 keme 　　 (ir)-a.
人 　　 没有-否定-形动 　　 像 　　 是-现在时
好像没人。

过去时-mIš 和将来时-GA(r)形式虽然从主观角度而言表达的是肯定语气，但从传据范畴而言（见传据范畴部分内容），说话人未直接参与对方的行动，因此动作行为的发生是否客观真实，就不得而知了。现在时-(A)r 表达的是经常发生的动作，但如本书例子，有时现在时形式表达的将来意义也只表达一种可能性。学者们也指出有些语言中过去时和现在时并不总是意味着写实标记(realis marking)，将来时也常用非写实标记(irrealis marking)（Palmer, 2007:168）。

4.2.4.3　义务情态

义务情态表示应当承担的义务。撒拉语中的义务情态可以由形动词-GU形式结合动词 kele-（需要）表达，也可以由形动-GUsI 结合系动词 er-来表达，如：

me(n)　em　iš-gü　kele-r.
我　　药　吃-形动　需要-现在时
我需要吃药。

u　va(r)-ğu　kele-ba(r).
他　去-形动　需要-进行体
他得走。

inji　iš-ni　et-gü　kele-ji.
现在　事情-宾格　做-形动　需要-过去时
现在，事情得做了。

se(n)　ang-a　gača　yenša-ğu-sï　ir-a.
你　他-向格　话　说-形动-3 属人称　是-现在时
你应该向他说话。

u　qal-ğu-sï　(i-)dïr.
他　留-形动-3 属人称　（是-)现在时
他得留下。

由-GU 结合 kele-表达义务情态时，在实际口语交流中，词缀-GU 往往被省略，如 me(n) em iš keler（我需要吃药）。kele-的否定形式由其时体的不同而不同（参见时体部分内容），er-的否定形式为 emesa 和 emesdïr。

4.2.4.4　许可情态

许可情态表示允许某人做某事。撒拉语的许可情态可用动词条件式-sA结合助动词 vol-（可以）、yara-（行）等表示，也可以用动词条件式-sA 结合动词的重复形式来表示，如：

u   yi-se   vo(l)-ğa(r).

他   吃-条件   可以-将来时

他可以吃了。

seler   belği   oyna-sa   yara-mas.

你们   这样   玩-条件   行-否定

你们这样玩不行。

se(n)   gel-se   gel.

你   来-条件   来

你想来就来。

u   var-sa   va(r)-ğï.

他   去-条件   去-祈使

他想去就让他去吧。

后两句实际上是祈使式中命令、指示意义较弱的一种表达形式。其否定形式为-mA，如 se(n) ge-me（你别来），u va(r)-ma-ğï（别让他去）。

4.2.5 传据

之前我们在论述陈述式时，对过去时、将来时、进行体、经验体的传据范畴已作了说明。现在我们再结合系动词 er-（是）及存在动词 var-（有）对传据范畴进行简要总结。

4.2.5.1 系动词 er-

系动词 er-[①]（是）结合名词性或形容词性词语来表示判断，如：

me(n)   Salïr   (i-)dïr.

我   撒拉尔   （是-）现在时

我是撒拉族。

u   Tiut   ir-a.

他   藏族   是-现在时

他是藏族。

---

① 由于语流音变的影响，系动词 er-有 i-、ir-等语音变体。

bu　mi-niği　(i-)dïr.
这　我-领格　　（是-）现在时
这是我的。

bu　yačux　ir-a.
这　漂亮　　是-现在时
这个漂亮。

其中，使用(i)dïr 的句子表示说话者在说话之前已有多次直接经验，清楚地知道要判断的事情。使用 ira 的句子表示说话前不久才知道要判断的事情。下面两对句子各自的惟一区别也就在于(i)dïr 和 ira 上：

u Salïr (i)dïr. 他是撒拉族。（表示说话者早就清楚地知道这件事）
u Salïr ira. 他是撒拉族。（表示说话者不久前才得知这一事情）

bu dahli (i)dïr. 这个香。（表示说话者早就清楚地知道这件事）
bu dahli ira. 这个香。（表示说话者不久前才得知这一事情）

除以上形式外，撒拉语还用 eğen 来表达对过去事情的肯定，如：

u　Salïr　e-ğen-i-ni　　me(n)　bil-me-ji.
他　撒拉尔　是-形动-3 属人称-宾格　我　　知道-否定-过去时
我以前不知道他是撒拉族。

甲：me(n)　ang-a　heli　učile　be(r)-me-ji.
　　我　　他-与格　钱　借　　给-否定-过去时
　　我没给他借钱。

乙：e-ğen-čüx.　u　heli　vo-sa　sörme　iš-ba(r.)
　　是-形动-强调　他　钱　有-条件　酒　　喝-进行体
　　对极了。他有钱就喝酒。

如果说话者自己不久前才知道自己的事情，或者讲述比较遥远的过去或梦中事情时，也用 ira 来表示判断，如：

me(n)　an-dan　yaš　ulï　(i)-dïr.
我　　他-从格　岁数　大　（是-）现在时
我比他岁数大。（早就清楚地知道）

me(n)　　an-dan　　yaš　　ulï　　ir-a.
我　　　　他-从格　　岁数　　大　　是-现在时
我比他岁数大。（不久前才得知这一情况）

uxda[①]　　me(n)　　danbasï　　ir-a.
那时　　　我　　　头领　　　是-现在时
那时，我是头领。（在遥远的过去或为梦中事情）

　　(i)dïr 和 ira 的否定式为 emesdïr 和 emesa。eğen 的否定式为 emeğen。
　　系动词 er-在鄂尔浑突厥语中有 ärür、ärti、ärsär、ärkän、ärmiš、ärinč
等形式（科特维奇，2004:249），这些形式在不同的突厥语言里留存的情况
不尽相同。现代撒拉语中保留有(i)dïr、ira、eğen、ise、iğüsi 等形式（ise、
iğüse 为 er-的条件式和形动词形式），以及它们的否定形式 emesdïr、emesa、
emeğen、emese、emeğüsi 等。(i)dïr 中的附加成分-dïr 被学者们（陈宗振，
2004）认为其来自于古代突厥语的动词 tur-（站、立），具有现在—未来时、
非确指的意义。在现代撒拉语中还有与此相关的表示"结（果）、形成、积
食、说不出话"等意义的词 dur-。ira 中的附加成分-a 可能是现在时附加成
分-(A)r 脱落了 r 的结果。与察哈台语中 er-的现在时形式 erür（Bodrogligeti，
2001:247）很相似。erür 的变体 ärür 在鄂尔浑碑铭语言中为肯定泛时形式，
在回鹘语文献语言中，无时、体或语气的肯定式非动词谓语句经常使用
（Eardal，2004:322）。
　　4.2.5.2　存在动词 var-
　　撒拉语中常用动词 var-（有）和 vara（有）表示事物的存在，如：

me(n)-de　　heli　　var.
我-位格　　　钱　　有
我有钱。

yan-ïn-da　　　ešex　　ülex-ör　　var-a.
旁边-3属人称-位格　驴　　尸体-无定　有-现在时
旁边有一具驴尸体。

　　使用 var-的句子还表示说话者在说话之前早就清楚地知道存在的事情，
vara 表示说话者不久前才知道存在的事情。
　　和判断句类似，如果说话者自己不久前才知道自己是否拥有某物，或

---

① uxda（那时）应该是 u vax-da（那 时候-位格）的紧缩形式。

者讲述比较遥远的过去或梦中经历时，存在句也用 vara 来表示存在，如：

me(n)-de　　heli　　var.

我-位格　　　钱　　　有

我有钱。（说话者早就清楚地知道这一事情）

me(n)-de　　　heli　　　var-a.

我-位格　　　　钱　　　有-现在时

我有钱。（刚发现自己有钱，或讲述比较遥远的过去、梦中经历）

var-和 vara 的否定式为 yoxdïr 和 yoxa.

4.2.5.3　小结

撒拉语动词的传据范畴是较为复杂的一种语言现象。根据语言事实，我们发现以自我为中心的视角在撒拉语的动词传据范畴分类中具有重要的作用。由此，我们可以把撒拉语动词的传据范畴划分为两种类型："自我为中心"（直接经验）和"他者为中心"（间接经验）的动词传据范畴标记，如：

	自我为中心	他者为中心
过去时	-jI, -GAn	-mIš, -(A)r
将来时	-GUr	-GA(r)
进行体	-bïr	-ba(r)
经验体	-GAn var	-GAn vara
系动词 er-	(i)dïr	ira
存在动词 var-	var	vara

"自我"也可使用以"他者为中心"的词缀，这时的"自我"往往是事后发现自己进行了某种动作。或者这种动作行为发生在遥远的过去，与正在讲述动作行为的"自我"相比，过去的"自我"也就变成了相对的"他者"了。因此，过去的"自我"也就使用了以"他者为中心"的动词传据范畴词缀。

同样，"他者"也可使用以"自我为中心"的词缀，但这时"他者"实施的动作行为往往与"自我"相关，"他者"的动作行为在某种程度上也就变成了相对的"自我"动作行为。

4.3　非限定动词

4.3.1　形动词

形动词是具有形容词功能的动词。和限定动词不同，形动词一般不能独立充当句子的谓语核心，但可以有态的变化，也可以有-mA 的否定形式。形动词的形容词功能就是可以充当定语修饰中心语。撒拉语的形动词主要有-GAn、-GU、-GUjI、-GUsI 等形式。

4.3.1.1　-GAn

-GAn 形动词可以表示动作的过去和完成，如：

yet-gen　　kiš-ler　　iš-ba(r).
到达-形动　　人-复数　　吃-进行体
到的人在吃饭。

u　　piš-mi-ğen　　armut-nï　　tada-mïš.
他　　熟-否定-形动　　梨-宾格　　摘-过去时
他摘了没熟的梨。

-GAn 也可以表示现在发生的动作，如：

se(n)　　čuxur　　vax-qan　　kitap-ïng-dan　　bir　　učile-de　　ver.
你　　现在　　看-形动　　经书-2 属人称-从格　　一　　借-副动　　给
（请）借一本你现在看的经书。

ačïx-qan　　bala-lar　　ili　　gir-ği.
饿-形动　　孩子-复数　　先　　进-祈使
让挨饿的孩子们先进。

4.3.1.2　-GU

-GU 形动词可以表示将来发生的动作，如：

piser　　iš-gü　　yiur　　išde-bïr.
我们　　吃-形动　　地方　　找-进行体
我们在找吃饭的地方。

mang-a　va(r)-ğu　göngni　var-a.

我-向格　去-形动　心意　有-现在时

我有去的心意。（我想去）

4.3.1.3　-GUjI

-GUjI 形动词可以表示过去、现在或将来发生的动作，如：

se(n)　čo-sï-ng　　iš-in-de　　böri　gör-ğüji　kiš　var　o?

你　集体-3属人称-2属人称　里-3属人称-位格　狼　见-形动　人　有　吗

你们当中有见过狼的人吗？

bu　čuxur　mang-a　dam　döy-iš-güji　Ali　i-dïr.

这　现在　我-与格　墙　打-交互态-形动　阿里　是-现在时

这是现在给我帮忙打墙的阿里。

ette　öy-e　yan-ma-ğujï　kiš　var　o?

明天　家-向格　回-否定-形动　人　有　吗

明天有不回家的人吗？

4.3.1.4　-GUsI

-GUsI 形动词可以表示将来要发生的动作，如：

bu　al-ğu-sï　biqïrax　i-dïr.

这　买-形动-3属人称　衣服　是-现在时

这是要买的衣服。

ette　sang-a　et-gü-si　iš　var　mo?

明天　你-向格　做-形动-3属人称　事　有　吗

明天你有要做的事吗？

4.3.1.5　形动词的名词化

如果形动词后面不出现被修饰语，那么形动词往往具有名词的特点。如-GAn 形动词可以直接有位格、从格、领格、等同格形式，当-GAn 后有名词领属人称附加成分时，其后还可以出现从格、宾格或复数标记，或者它还可以作定语修饰其他词语等，如：

u   ge(l)-ğen-de   me(n)   yat-bïr.

他   来-形动-位格   我   躺-进行体

他来的时候，我在躺着。

u   ge(l)-ğen-den   me(n)   yat-bïr.

他   来-形动-从格   我   躺-进行体

自从他来以后，我就开始躺着。

u   ge(l)-ğen-niği   me(n)   yat-bïr.

他   来-形动-领格   我   躺-进行体

因为他来了，所以我在躺着。

u   ge(l)-ğen-jo   otar-ar.

他   来-形动-等同格   坐-现在时

他经常来。

u   ge(l)-ğen   keme   ir-a.

他   来-形动   好像   是-现在时

他好像来了。

u   ge(l)-ğen-i   yaxšï   vol-jï.

他   来-形动-3 属人称   好   成为-过去时

他来好了。（即他的到来是一件好事情）

u   yasa-ğan-ï-dan   bir   al-jï.

他   做-形动-3 属人称-从格   一   买-过去时

买了一个他做的（东西）。

u   ge(l)-ğen-i-ni   me(n)   bil-me-ji.

他   来-形动-3 属人称-宾格   我   知道-否定-过去时

我不知道他来的（这件事）。

u   yasa-ğan-ï-lar   yaxšï   ir-a.

他   做-形动-3 属人称-复数   好   是-现在时

他做的好。

u	yasa-ğan-ï	saxat-ï	yaxšï	ir-a.
他	做-形动-3属人称	物品-3属人称	好	是-现在时

他做的物品好。

4.3.1.6　关于形动词的一些问题

如果形动词-GUjI、-GUsI 后不出现被修饰语，它们分别表示动作的发出者、动作的对象等，比-GAn 形动词更具名词性，具有名词的格、数、领属等形态变化。-GU 形动词后如果不出现被修饰语，也可以具有位格、名词领属人称等形式的变化。实际上，这种形动词就是我们后面要说的动名词。

目前几乎所有关于撒拉语的研究著作都提出动词的不同时体形式和 diğen（说的）构成不同的形动词，也就是说这种形动词形式是一种不同于 -GAn 形动词的独立形式。我们认为这种观点值得商榷。diğen 就是 di-（说）的-ğen 形动词形式，具有"所说的、所谓的"意义。如果它前面出现其他动词的各种时体形式，那么它们都是 di-（说）的直接引语内容，它们和 di-（说）构成了较为复杂的动词短语，这个动词短语和-ğen 结合后就成为形动词，即仍然是-GAn 形动词，而不是一种或多种新的形动词形式。按照这种理解，动词短语和 di-ğüji（说的人）组合后也可以是一种新的形动词形式，但我们认为这仍然只是-GUjI 形式的形动词。这些学者对 diğen 在句子中的意义理解也是错误的。如《撒拉语简志》中的一个例子（林莲云，1985:74）：

ge(l)-bïr	diğen	qonax	mi(niği)	loshi	i-dïr.
来	说的	客人	我的	老师	是-现在时

正来的客人是我的老师。

这句撒拉语的真正意义不是"正来的客人是我的老师"，而是"（某人）说的正来的客人是我的老师"，或"所谓的正来的客人是我的老师"。如果要表达"正来的客人是我的老师"这个意思，正确的撒拉语应该是：ge(l)-ğen qonax mi(-niği) loshi i-dïr。

在古代突厥语中或其他突厥语中还有一种-(A)r 的形动词，或由其否定形式构成的形动词，如哈萨克语的 ağ-ar suw（流水）、uč-ar qus（飞鸟）、öl-mes qïn（不朽的诗人）、umït-pas oqïyqa（难忘的事件）等（耿世民，1989:144）。撒拉语中-(A)r 的形动词形式非常少，笔者只观察到极个别的固定词语，如 üč-er quš（飞鸟）、qayna-r su（烫的水），但没有*üč-er seji（飞着的麻雀）

这样的其他自由组合，qayna-r 还可以修饰其他 aš（饭）、emex（馍馍）等较少的名词。因此，在早期时候，撒拉语中的-(A)r 形动词可能较活跃，但后来其功能才慢慢衰退。

在古代突厥语中，既有-GAn 形动词，还有-mIš 形动词，如 gör-gän（所见的）、oqï-ğan（读过的）、biti-gän（写过的），tut-mïs（统治的）、igid-miš（养育的）等（耿世民等，2010:159.155）。一些现代突厥语如土耳其语也有这两种形式的形动词（其中-GAn 中的 G 音往往脱落），但撒拉语目前只有-GAn 形式的形动词，没有-mIš 形式的形动词。

4.3.2 动名词

动名词是具有名词功能的动词。撒拉语动名词有以下两种：

4.3.2.1 -GU、-GUjI、-GUsI

-GU、-GUjI、-GUsI 等如果后面没有被修饰语，那么它们就具有动名词的功能[①]，如：

me(n)　yağla-ğu-m　gil-er.
我　　哭-形动-1属人称　来-现在时
我想哭。

anda　oyna-ğujï　man　ana-bala　ir-a.
那儿　玩-形动　都　女-孩　是-现在时
那儿玩的都是女孩。

mang-a　yenša-ğu-sï　yox-dïr.
我-向格　说-形动-3属人称　没有-现在时
我没有要说的。

4.3.2.2 -(A)š

-(A)š 动名词是在动词词干后附加-(A)š 构成的动名词，有数、部分格和领属人称的变化，如：

a-niği　yat-aš-ï　yaxšï　e-mes-a.
他-领格　睡-动名-3属人称　好　是-否定-现在时
他的睡法不好。

[①] 在对句子结构的语法分析中，将形动词形式的动名词我们仍书写为形动词。

bu　piti-š　i-dïr.

这　写-动名　是-现在时

这种写法是对的。

4.3.3　副动词

副动词是用来修饰动词的词，是具有副词功能的动词。撒拉语的副动词有：

4.3.3.1　(-A)副动词

(-A)[1]副动词表示按一定的时间先后依次进行一些动作，可表示状态、方式、方法、原因等，如：

me(n)　öy-im-e　　gil-e, pong-ïm　yuy-ï,　ardï　si　var-jï.

我　　家-1属人称-向格　来-副动　身体-1属人称　洗-副动　后来　才　去-过去时

我来到家，洗完澡，然后才去了。

yaǧmur　yaǧ-a,　sel　čïx-ï,　azat-la(r)-nï　man　für-der-ji.

雨　　下-副动　洪水　涨-副动　田地-复数-宾格　都　吹-使动-过去时

下雨涨洪水后，田地都被冲毁了。

撒拉语目前没有其他许多突厥语所拥有的-(A)p 副动词，从功能而言-(A)副动词与其他语言的-(A)p 副动词几乎一样。因此，我们认为撒拉语的-(A)副动词是古突厥语的-(A)p 副动词脱落了 p 形成的结果。珍贵的撒拉语早期文献也证明了这一点：

qaysï　kiši　behil　bol-up,　ǧabidal　bol-sa　da　dozax-qa　bar-ar.

哪一个　人　吝啬　成为-副动　阿比达力　成为-条件　也　地狱-向格　去-现在时

吝啬的人，即便是混饭吃的阿比达力，也会坠入火狱。

seler　öli-ler-i-ni　　köm-ir-i,　üšir-ip　ǧibaret　al-mur-i.

你们　死者-复数-3属人称-宾格　埋-现在时-语气　看-副动　经验　取-否定-语气[2]

你们晓得埋葬亡人，却不领悟其中的教训。（韩建业，2008）

---

[1] (-A)形式副动词标记在撒拉语中时常被省略。由于语流音变, (-A)除了-a/-e 形式外，还有-ï/-i 的语音变化。

[2] 在原文中没有具体的语法结构分析，此处分析都为笔者所加，如果有任何错误，都归本人，与原文作者无关。

　　这本文献由循化乃曼人 Loğman Zayif Molla 于光绪九年（1883 年）所著，其中语言反映了 130 年前的撒拉语情况。很明显，在当时的撒拉语中还存在-(A)p 副动词。

4.3.3.2　连续副动词

　　连续副动词是由副动词重叠构成的，表示主要动作的状态、方式、方法等，其副动词形式为动词词干后附加-(A)，如：

u　　 piti-piti　　 uxla-r.
他　　 写-写　　　 睡-现在时
他写着写着睡着了。

ama-m　　　　 bil-i-bil-i　　　　 var-ar.
妈妈-1 属人称　　知道-副动-知道-副动　去-现在时
我妈（明明）知道（情况也）去了。

ana-čüx　　 yağla-yağla　　 yür-ba(r).
姑娘-有定　　 哭-哭　　　　 走-进行体
那姑娘边走边哭。

u　　 iš-e-iš-e　　　 gülin　 bar-jĭ.
他　　 吃-副动-吃-副动　倒　　 去-过去时
他吃着吃着倒下去了。

4.3.3.3　立刻副动词

　　立刻副动词表示副动词所表达的动作结束后，立刻引起另一动作或状态的发生，其形式为-GAnA，如：

oholda　 qĭš　　 gir-ğene　 mören-de　 muz　 dong-ar.
以前　　 冬天　 进-副动　　黄河-位格　冰　　 结-现在时
以前，一到冬天黄河就会结冰。

geji　　 me(n)　 yat-qana　 uxla-jĭ.
昨天　　 我　　 躺-副动　　睡-过去时
昨天，我一躺下就睡着了。

　　-GAnA 可能是形动词形式-GAn 附加了表示时间的向格标记-A 而形成的，这也符合立刻副动词从本质上讲其实是对主要动词从时间方面进行修饰的特点。立刻副动词也可算作下面所谈界限副动词的一种特殊形式。

4.3.3.4　界限副动词

界限副动词表示在主要动作之后或之前发生的动作行为或状态。撒拉语的界限副动词可在动词词干后附加-jA(nI)构成,表示在主要动作进行前发生的动作或状态,如:

u　　tixil-je(ni)　　otar-ba(r).
他　　站-副动　　　　坐-进行体
他在站着。

me(n)　sux　su　iš-je(ni)　ağar-jï.
我　　冷　水　喝-副动　　病-过去时
我喝凉水生病了。

me(n)　qo-nï　tüt-je(ni)　aš-jï.
我　　门-宾格　踢-副动　　开-过去时
我踢开了门。

从语义而言,-jA(nI)副动词可以表示主要动作的状态、方式、方法等。

界限副动词还可以由-GUnčüx 来表达,表示副动词所表达的行为状态发生前主要动词的行为状态就已发生,如:

me(n)　yür-ğünčüx　aš　bir　zanzi　iš-ji.
我　　走-副动　　　饭　一　碗　　吃-过去时
我走之前已吃了一碗饭。

u　öy-in-e　　yet-günčüx　aba-sï　　kuxïn　vo(l)-mïš.
他　家-3属人称-向格　到-副动　　父亲-3属人称　去世　成为-过去时
他到家之前他父亲已经去世了。

副动词形式-GUnčüx 可能是由形动词形式-GAn 结合等同格标记-ča 和强调助词 ök 而形成的。

-GAndAn 形式副动词可表示副动词所表达的动作结束后就开始主要动词所表达的动作行为,其形式为形动词和从格标记的结合,如:

o-čüx　　ama-sï　　gel-ğenden　yağla-jï.
男孩-有定　妈妈-3属人称　来-副动　　哭-过去时

那男孩自他妈妈来以后就一直在哭。

geji　em　iš-genden　baš-ïm　ağri-ğan-ï　yumullan-jï.
昨天　药　吃-副动　　头-1人属称　疼-形动-3属人称　变轻-过去时
从昨天吃药后，我的头疼病减轻了。

-mIšdA 也可以表示副动词所表达的动作行为结束后，才开始主要动词所表达的动作行为，或者二者的动作同时进行，表示主要动作的状态、方式、方法、原因等。其中-mIš-表示间接经验的传据范畴，即说话人对事实的判断或对事实的后知状态。-mIšdA 副动词可表示这个动作是在过去完成的，或者可表示进行中，但后知的动作，如：

u　neme　iš-mišde　gi-miš.
他　饭　吃-副动　　来-过去时
他吃完饭来了。

e　bu-lar　mun-da　sovan-nï　kiš　dat-mïšda　ixen　ix-ba(r)　ve.
哎　这-复数　这-位格　犁-宾格　人　拉-副动　　庄稼　种-进行体　看
哎，看，他们这儿由人拉着犁在种庄稼。

a-nï　　heli　oğra-mïšda　čut-mïš.
他-宾格　钱　偷-副动　　抓-过去时
他由于偷钱被抓住了。

在祈使句中，-dA 形式副动词也可表示完成副动词所表达的动作后再完成主要动词的动作，或者表示主要动作的方式、方法等，如：

se(n)　iš-de　gel.
你　吃-副动　来
你吃完来。

küš　čïx-ar-da　et.
力量　出-使动-副动　做
使劲干。

4.3.3.5　并列副动词
并列副动词表示当副动词的动作状态进行时，主要动词的动作状态也同时进行，其形式为形动词-GAn 与位格-dA 的结合，如：

se(n)　ge(l)-ğende　me(n)　neme　iš-bïr.
你　来-副动　我　饭　吃-进行体
你来的时候，我在吃饭。

yi　vo(l)-ğanda　piser　mören-de　čöm-er.
夏天　成为-副动　我们　黄河-位格　游泳-现在时
到夏天的时候，我们在黄河里游泳。

4.3.3.6　原因副动词
原因副动词表示主要动作或状态发生的原因，由形动词附加领格标记
-niği 构成，如：

ang-a　ağrax　vo-ğanniği　iš　et-el　yox-a.
他-与格　病　有-副动　活　做-能力　没有-现在时
他因为有病无法工作。

kiš-ler　küli-š-genniği　me(n)　išdi-mur.
人-复数　笑-共同态-副动　我　听见-否定
由于人们在说笑，我听不见。

4.3.3.7　乘机副动词
乘机副动词表示在进行副动词所表达的动作行为时，附带进行主要动词所表达的动作行为，其形式为-GAšli，如：

u　iš-gešli　shu　vax-ba(r).
他　吃-副动　书　看-进行体
他边吃饭，边看书。

me(n)　su　yu-ma　va(r)-ğašli　bağ-qa　bir　var-jï.
我　水　浇-副动　去-副动　园子-向格　一　去-过去时
我去浇水时，（顺便）去了一趟园子。

ular　ot-qašli　samsux　söy-ba(r).
他们　坐-副动　蒜　剥-进行体
他们（乘）休息时，（顺便）在剥蒜。

乘机副动词形式-GAšli 很有可能是 qoš 和形容词标记-li 组合而成的。qoš 作为动词有"配对、附加、取（名）"等意义，作为名词、形容词、量词等有"双"的意义，都与乘机副动词的"附带、顺便"意义有关联，而且从语音上看 qoš 也完全有可能经过长期的语法化以后，词首辅音 q 参与和前面动词的语音和谐过程，从而变成了 G。

4.3.3.8　目的副动词

目的副动词表示主要动作进行的目的，其形式之一与立刻副动词相同，都为-GAnA，而且其来源也应该是-GAn 形动词与向格标记-A 的组合。但是二者的强调重音似乎不同，立刻副动词的强调重音在附加成分-GAnA，而且前一个元音 A 的音长变长，而目的副动词的强调重音在动词词干首音节上。如：

mu-nï   oyna-ğana   al-jï.
这-宾格   玩-副动   买-过去时
这是为玩而买的。

ular   vur-aš-qana   gi-miš.
他们   打仗-共同态-副动   来-过去时
他们为打仗而来。

撒拉语还有一种目的副动词形式-mA，如：

u   balux   vur-ma   var-jï.
他   鱼   打-副动   去-过去时
他去打鱼了。

me(n)   su   damna-ma   gel-ji.
我   水   担-副动   来-过去时
我为担水而来。

-mA 形式副动词和其他现代突厥语相比显得与众不同（程适良，1999:359）。这种形动词可能来自古代突厥语的-mAk 动名词的向格形式，表示主要动作的目的。由于撒拉语中存在的语音简化趋势，-mAk 及其之后的向格形式可能脱落而形成了-mA 形式。在回鹘文世俗文书中就有-mAk 动名词的向格形式表示目的的例子，如 tarïğ tarïmaqqa "为了种大麦"[①]（阿不里

---

① tarï 在现代撒拉语中意为"糜子"。

克木，2001:136）。

　　由表愿成分-GUr 与动词 de-（说、打算）组合而成的-GUrde 也可以表示主要动作所进行的目的，如：

u　　gi-ğürde　biqïrax-ï-nï　　giy-ba(r).
他　　来-副动　　衣服-3 属人称-宾格　　穿-进行体
他为来（这儿）而在穿衣服。

me(n)　satax-qa　va(r)-ğürde　heli　yïğ-bïr.
我　　生意-向格　去-副动　　　钱　　存-进行体
我为去做生意而在存钱。

4.3.3.9　愿望副动词

　　愿望副动词表示说话人希望在副动词所表达的动作行为完成后开始主要动词所表达的动作行为，其形式可为-GUdA(nA)，如：

me(n)　orax-nï　or-ğuda(na)　gi-ği.
我　　收割-宾格　收割-副动　　来-祈使
我割完庄稼后来。

se(n)　öy-ing-e　　yet-güde(ne)　gača　gel.
你　　家-2 属人称-向格　到达-副动　　　话　　来
你到家后通知我。

　　-GUdA(nA)在语流中也时常省略-dA(nA)而变为-GU 形式。撒拉语愿望式副动词的另一形式为-GIdA（表愿成分与位格的组合），如：

me(n)　va(r)-ğïda　se(n)　var.
我　　去-副动　　　你　　去
我去后你去。

u　　xot-qïda　me(n)　ang-a　yenša-ğï.
他　　起-副动　　我　　他-向格　说-祈使
他起床后我告诉他。

4.3.3.10　否定副动词

否定副动词-mA 以否定性的动作状态修饰主要动作，如：

gaga-m　　　iš-ni　　et　　dos-ma　　gi-miš.
哥哥-1属人称　活-宾格　做　完-否定　来-过去时
我哥哥没做完活（就）来了。

u　　roza　　aš-qu　　xan　　vo(l)-ma　　roza-sï-nï　　aš-mïš.
他　斋　开-形动　时间　成为-否定　斋-3属人称-宾格　开-过去时
他没到开斋时间（就）开了斋。

4.3.3.11　尽力副动词

尽力副动词表示达到副动词所表达动作的最大程度，以此修饰主要动作。尽力副动词的动词词干与主要动词的词干在很多情况下都相同，尽力副动词的形式为-GAnjo，如：

se(n)　　yür-ğenjo　　yür.
你　　走-副动　　走
你尽可能地走。

me(n)　　armut-nï　　tada-l-ğanjo　　tada-jï.
我　　梨-宾格　　摘-能力-副动　　摘-过去时
我尽可能地把梨摘了。

se(n)　　ey-ing　　yiy-el-ğenjo　　yi,　　xorğa　　qu-ma.
你　　自己-2属人称　吃-能-副动　　吃　害怕　留下-否定
你自己尽可能地吃，不要害怕。

me(n)　　emex-ni　　kala-m-a　　　sïx-qanjo　　akel-ji.
我　　馍馍-宾格　篮子-1属人称-向格　容纳-副动　拿来-过去时
我尽可能地把馍馍往篮子里塞满后拿过来了。

-GAnjo 是形动词-GAn 结合等同格标记-jo 构成的。

4.4　动词的构成

除由一个语素构成的单纯词外，撒拉语的动词还有派生词、复合词等合成词。

4.4.1　派生词

派生词是通过附加词缀构成的词，撒拉语的动词派生附加成分有：

4.4.1.1　-A/-X

-A 或-X 附加在名词、形容词后构成动词，如：

ot	草	+ -a	>	ota-	锄草
el	手	+ -e	>	ele-	筛
*oyun	游戏	+ -a	>	oyna-	玩
yaš	岁数	+ -a	>	yaša(yenša)-	活
boš	松、空	+ -a	>	boša-	有空
*san	数、数目	+ -a	>	sana-	点数、计算
daš	外面	+ -a	>	daša-	溢、搬
*pit	笔	+ -i	>	piti-	写
doš	声音	+ -a	>	doša-	响

4.4.1.2　-lA(-nA)

-lA(-nA)附加在名词、形容词后构成动词，如：

der	汗	+ -le	>	derle-	出汗
baš	头	+ -la	>	bašla-	带领
el	手	+ -le	>	yehle-	牵
bağ	捆	+ -la	>	bağla-	系、绑
so	锁	+ -la	>	sola-	上锁
düğ	结	+ -le	>	düğle-	打结
tiš	牙齿	+ -le	>	čille-	咬
yïr	情歌	+ -la	>	yïrla-	唱情歌
yüx	驮子	+ -le	>	yüxle-	驮
*is	烟	+ -le	>	isle-	熏
yirïng	脓	+ -la	>	yirïngla-	化脓
dor	网	+ -la	>	dorla-	结网
*jam	站	+ -na	>	jamna-	转运
buzï	牛犊	+ -la	>	buzïla-	产牛犊
qodax	驴、骡、马驹	+ -la	>	qodaxla-	产驴、骡、马驹
qozï	羊羔	+ -la	>	qozïla-	产羊羔

| qoy | 浑浊 | + -la | > | qoyla- | 弄浑浊 |

4.4.1.3　-lAn

-lAn 等附加在形容词后构成动词，表示事物的性质状态发生变化，如：

az	少	+ -lan	>	azlan-	变少
atux	多	+ -lan	>	atuxlan-	变多
xïtï	硬	+ -lan	>	xïtïlan-	变硬
mišax	软	+ -lan	>	mišaxlan-	变软
köp	多	+ -len	>	köplen-	变多
düz	直	+ -len	>	düzlen-	变直
qoy	浊	+ -lan	>	qoylan-	变浊
durï	清	+ -lan	>	durïlan-	变清
bar	富	+ -lan	>	barlan-	变富
yox	穷	+ -lan	>	yoxlan-	变穷
jadax	大	+ -lan	>	jadaxlan-	变大
kiji	小	+ -len	>	kijilen-	变小

4.4.1.4　-la/-ra/-(GA)nA

-la/-ra/-(GA)nA 等附加在摹拟词后构成动词，如：

šor	流水声	+ -la	>	šorla-	洒、淌
pox	破裂声	+ -ra	>	poxra-	（稠物）沸腾
horang	刮大风声	+ -na	>	horangna-	刮（大风）
vang	刮大风声等	+ -qana	>	vangqana-	出名
lem	闪光状	+ -gene	>	lemgene	发亮
čas	清脆声音	+ -qana	>	časqana-	发出清脆的声音
mo	牛叫声	+ -ra	>	mongra-	（牛）叫
*qo	厚重声音	+ -qora	>	qoqora-	飞快行走、流淌
*qa	厚重声音	+ -qana	>	qaqana-	特别般配、合适

4.4.1.5　-Ar

-Ar 附加在形容词后构成动词，如：

| ax | 白 | + -ar | > | axar- | 发白 |
| göx | 青、蓝 | + -er | > | göxer- | 发青、发蓝 |

sarğïl-（变黄）、qïzïr-（变红）、yašïlan-（变绿）、qaral-（变黑）也都是
由形容词构成的动词。

4.4.2　复合词

复合动词主要为动宾型结构，后一独立语素表示动作行为，而前一独
立语素表示该动作行为所支配、关涉的对象，如：

doy	et-	办婚事	ağïs	aš-	开斋、说话
宴会	做		口	开	
göngni	al-	取悦	nit	qïl-	决心
心意	取		心意	做	
kine	al-	娶媳妇	ayax	vur-	用脚绊倒
媳妇	拿、买		脚	打	

第五章　形容词

5.1　形容词的分类及构成

形容词表示人或事物的性质、特征、关系或动作、行为、变化的状态等。撒拉语的形容词可分为性质形容词和关系形容词两种。形容词还可以和名词组合成功能相当于形容词的复合词。

5.1.1　性质形容词

性质形容词表示人或事物的性质、形状、特征等。这种形容词在语义上存在程度差别，可以受程度副词的修饰。性质形容词有：

qara	黑	yaxïn	近
qïzïl	红	yirax	远
ax	白	ağïr	重
göx	蓝	yumul	轻
yašïl	绿	atux	多
sarï	黄	az	少
ala	花的	köp	多
yaxšï	好	jadax	大
yemen	坏	kiji	小
arï	干净	bixi	高
lanzax	脏	ašax	低
yačux	漂亮	qïyï	歪
yang'ï	新	düz	直
esgi	旧	ačux	鲜明
bar	富	dumnax	灰暗
yox	穷	yarux	亮
sux	冷	qarangqu	暗

issi	热	ašgir	清楚
yili	温	uzun	长
tam	淡	xïsqa	短
ajï	苦、辣、咸	kön	宽
küzex	脆	dar	窄
xušang	酸	qoy	浑浊
xalang	厚	durï	清澈
yoxba	薄	qorï	瞎的
tireng	深	sağïr	聋的
šalang	浅	axsax	瘸的
sïx	密	xarï	老
serex	稀	nizex	嫩
mišax	软	lešgi	细
xïtï	硬	yoğan	粗

5.1.2　关系形容词

关系形容词表示事物之间的关系，由名词派生而来。关系形容词有以下几种类型：

5.1.2.1　名词的零形式

撒拉语中一些名词不附加任何成分就可以修饰后面的其他名词，如：

ağaš qo	木门	xaxït xarï	纸箱
dimer sovan	铁犁	gön xay	皮鞋
ana bala	女孩	qayïš urxan	皮条绳
o kiš	男孩	altun sïrğa	金耳环
dağ xus	山核桃	pičax qormaš	炒豆
muz dağ	冰山	qoy tire	羊皮
qar dağ	雪山	aran tus	圈粪
mören su	河水	daš yirex	石头心
göz box	眼屎	öy seji	家雀儿
palčïx kiš	泥人	Salïr bala	撒拉族孩子

5.1.2.2　名词附加 -GI 形式

表示时间的名词结合-GI 领属附加成分可构成关系形容词（个别带有第

三人称领属附加成分的为-sIn-GI），如：

buǧün-gi	今天的	dün-gi	昨天的
bi:li-ǧi	今年的	puldïr-ǧi/ǧï	去年的
etti-sin-gi	明天的	basaǧün-gi	后天的
ili-ǧi	刚才的	ardï-ǧï	以后的
er-ǧi	早的	geji-ǧi	昨天的
yaxïn-qï	近期的	oza-ǧï	刚才的

5.1.2.3　名词附加 -dAǧI 形式

名词附加-dAǧI 后可构成表示时间或地点的关系形容词，如：

buǧün-daǧï	今天的	dün-deǧi	昨天的
bi:li-daǧï	今年的	puldïr-daǧï	去年的
er-deǧi	早晨的	öyle-deǧi	中午的
yer-deǧi	地上的	dam-daǧï	墙上的
baǧ-daǧï	园子里的	ay-daǧï	月亮上的
daǧ-daǧï	山上的	öy-deǧi	家里的
yol-daǧï	路上的	asman-daǧï	天上的

以上例子中的-daǧï 都可以被替换成-deǧi，-dAǧI 是位格附加成分-dA 和领属附加成分-GI 组合构成的。此处-daǧï 和-deǧi 附加在名词后时不遵守元音和谐规律。

5.1.2.4　名词/形容词附加 -li 形式

名词附加-li 成分后表示具有某种事物或与某种事物有关的性质，形容词附加-li 成分后表示具有某种特性，如：

jonggi-li	庄稼的	Aǧaš-li	有树的（村名）
su-li	有水的	küš-li	浓的、肥的（带劲的）
yaǧ-li	带油的	daǧ-li	山区的
datax-li	有味道的	čürex-li	腐烂的
qan-li	带血的	čïx-li	有湿气的
torax-li	有土的	yarux-li	有光亮的
sütüx-li	有尿的	et-li	有肉的
mišaxli	软软的	bixi-li	高高的
xïtïli	硬硬的	ašax-li	低低的

5.1.3 复合词

形容词还可以和名词组合成功能相当于形容词的复合词，如：

urxan	uzun	办事拖拉	yirex	kiji	胆小
绳子	长		心	小	

ağzǐ	boš	守不住秘密的	gača	jadax	说话傲慢、吹牛
口	松		话	大	

el	kön	（待人）大方	yüz	xalang	脸皮厚
手	宽		脸	厚	

5.1.4 谐音词

形容词也可以像名词一样，用重叠方式构成谐音词，如 qara-mara（黑一类）、ax-max（白一类）、yačux-mačux（漂亮类）、bixi-mixi（高一类）、ašax-mašax（低一类）、sux-mux（冷一类）。形容词重叠后功能主要相当于名词，如：

se(n) ax giy-se yačux ir-a. qara-mara giy qu-ma.
你 白 穿-条件 漂亮 是-现在时 黑一类 穿 留下-否定
你穿白的好看。不要穿黑一类的。

u biqïrax al-sa yačux-mačux de-me-se yarmax-nï gölle yox-a.
她 衣服 买-条件 漂亮类 说-否定-条件 价钱-宾格 管 否定-现在时
她买衣服除了好看外，不在乎价钱。

u sux-mux-dan xorğa yox-a.
他 冷一类-从格 怕 否定-现在时
他不怕冷。

在个别情况下，谐音的形容词也可以作定语，依然保持着形容词的功能，如：

em-ni ašax-mašax yiur-de qoy qu-ma.
药-宾格 低一类 地方-位格 放 留下-否定

不要把药放在低一类的地方。

ang-a　　heli　　atux　　ir-a.　　bixi-mixi　yarmax-dan　xorğa　yox-a.
他-向格　　钱　　多　　是-现在时　高一类　　价钱-从格　怕　　否定-现在时

他钱多，不担心价钱高。

5.2　形容词的级范畴

撒拉语的性质形容词按照语义程度的差异可分为以下几种不同的级：

5.2.1　原级

形容词原级用形容词原形表示，用以表达人或事物的性质特征，本身没有比较意义。如：jadax（大）、kiji（小）、ağïr（重）、yumul（轻）、qara（黑）、ax（白）、mundang（容易）、en'gex（困难）等。

5.2.2　比较级

撒拉语性质形容词的比较级有弱化和强化两种形式：

5.2.2.1　弱化比较级

5.2.2.1.1　-rax 形式

-rax 形式的比较级在目前的撒拉语中使用频率很低，老年人偶尔使用的有：az-rax（较少）、xïtï-rax（较硬）、xïsqa-rax（较短）、uzun-rax（较长）、lešgi-rax（较细）、yoğan-rax（较粗）、bixi-rax（较高）、ašax-rax（较低）、xalang-rax（较厚）、yoxba-rax（较薄）、jadax-rax（较大）、kiji-rax（较小）、yaxšï-rax（较好）等。

5.2.2.1.2　-(A)mtux 形式

-(A)mtux 形式的比较级在目前的撒拉语中使用频率也很低，这些词是一些表示颜色的词，如：ax-amtux（稍白）、qara-mtux（稍黑）、sarï-mtux（稍黄）、göx-emtux（稍蓝）、qïzïl-ïmtux（稍红）yašïl-ïmtux（稍绿）等。在现代土库曼语、阿塞拜疆语等语言中我们也能见到类似-(A)mtux 的形容词语义弱化形式。

5.2.2.1.3　biji、göder 等与形容词的组合

biji（一些）、göder（一点）与形容词组合可表示比原级形容词减弱的语义，如：biji qara（有点黑）、biji sux（稍冷）、göder az（有点少）、göder bixi（稍高）等。这种表达方法在目前的撒拉语中使用频率很高。

5.2.2.1.4　biji、göder 等与-(A)mtux 的组合

biji（一些）、göder（一点）可与-(A)mtux 组合共同表达比较级的意义，如：biji ax-amtux（稍白）、biji qaramtux（稍黑）、göder sarïmtux（稍黄）、biji göx-emtux（稍蓝）、göder qïzïl-ïmtux（稍红）、biji yašïl-ïmtux（稍绿）等。

5.2.2.1.5　-čüx 形式

撒拉语性质形容词及部分描写性状的关系形容词后附加-čüx 形式后，可表示语义比原级有所减弱的比较意义，虽然被比较的对象在说话时不出现，但在特定的语言环境中存在有被比较的对象。如：qara-čüx（黑黑的）、axa-čüx（白白的）、miša(x)-čüx（软软的）、xïtï-čüx（硬硬的）、dox-čüx（鼓鼓的）、aša(x)-čüx（低低的）、yağli-čüx（油油的）、suli-čüx（多水的）、toraxli-čüx（多土的）、küšli-čüx（浓浓的）等。

-čüx 形式是等同格-ča 和助词 ök 组合而成的。在古代突厥语中有几种表小示爱的词缀，如-(X)č、-(I)čAk 和-KIñA 等（Erdal, 2004:145）。在现代土耳其语中有类似古代突厥语-(I)čAk 的表小示爱形式-CXk、-CAk-和CACIk（捷尼舍夫，1959:36-37）。而现代维吾尔语、柯尔克孜语、图瓦语、西部裕固语、乌孜别克语等有类似-KIñA 的各种表小示爱形式（程适良，1997:161）。撒拉语中的-čüx 与古代突厥语及土耳其语的表小示爱标记在形式上很接近，但在撒拉语中没有表小示爱之意。

5.2.2.2　强化比较级

5.2.2.2.1　名词从格形式与形容词的组合

在人或事物之间进行比较时，当被比较对象以从格形式出现，形容词以原级形式出现时，可以表示比较级的意义，如：

me(n)	an-dan	yaš	kiji	i-dïr.
我	他-从格	岁数	小	是-现在时

我比他岁数小。

dimer	daš-dan	xïtï	ir-a.
铁	石头-从格	硬	是-现在时

铁比石头硬。

5.2.2.2.2　名词向格形式、vaxqan 和形容词的组合

在人或事物之间进行比较时，当被比较对象的向格形式与 vaxqan（比）结合，然后形容词以原级形式出现时，也可以表示比较级的意义，如：

me(n)　ang-a　vax-qan　yaš　kiji　i-dïr.
我　　他-向格　看-形动　岁数　小　是-现在时
我比他岁数小。

dimer　daš-a　　vax-qan　xïtï　ir-a.
铁　　石头-向格　看-形动　硬　是-现在时
铁比石头硬。

5.2.2.2.3　分析法

这种方法是表示最高程度等意义的词出现在形容词前面进行限定的一种方法，如：

riǧi yačux	特别漂亮	jixang qara	特别黑
hama sux	非常冷	muxlang en'gex	非常难
xudu lanzax	特别脏	zhïnzhïndi tireng	特别深

以上表示程度的词大多是借词，对形容词进行限定以后表示达到特别高的语义程度。

5.2.2.2.4　形容词的重叠形式

这种方法借助从格标记-dAn 直接重叠形容词来表示语义的加强，如：

yačux-dan yačux	更漂亮	qara-dan qara	更黑
sux-dan sux	更冷	en'gex-den en'gex	更难
lanzax-dan lanzax	更脏	tireng-den tireng	更深

5.2.3　最高级

最高级表示性质形容词语义的最高程度。撒拉语形容词的最高级表示法有：

5.2.3.1　形态法

这种方法是在形容词后附加-jüǧü 来表示，如：

yačux-jüǧü	最漂亮的	qara-jüǧü	最黑的
sux-jüǧü	最冷的	en'gex-jüǧü	最苦的
lanzax-jüǧü	最脏的	tireng-jüǧü	最深的

-jüǧü 可能是等同格-ča 和小品词 ök 的组合，然后再附加以名词第 3 人

称领属标记-(s)I 而形成的。

5.2.3.2 分析法

受汉语影响，目前的撒拉语中也经常使用来自汉语的程度副词 zuy（最）来修饰形容词表示最高级。如 zuy jadax（最大）、zuy kiji（最小）、zuy yaxšï（最好）、zuy sux（最冷）等。

5.2.4 过量级

受汉语影响，撒拉语使用汉语副词 te（太）来修饰形容词表达过量之意，如：te jadax（太大）、te kiji（太小）、te yaxšï（太好）、te lanzax（太脏）、te qoy（太浑）、te durï（太清）等。

5.3 形容词的名物化

除极个别的形容词如-li 形式的关系形容词外，绝大部分形容词可以转化为名词，表示人或事物本身。我们把这种现象称之为形容词的名物化。名物化的形容词和名词一样，可以有数、格和领属人称的变化等。如：

qara-lar　　yačux　e-mes-a,　　　ax-lar　　yačux　　ir-a.
黑-复数　　漂亮　是-否定-现在时　　白-复数　漂亮　　是-现在时
黑的不漂亮，白的漂亮。

u　　qara-nï　　ax　ir-a　　　de-ba(r).
他　黑-宾格　　白　是-现在时　说-进行体
他把黑的当成是白的。

yox　kiš　yox-da　otar-mas,　bar　kiš　bar-da　otar-mas.
穷　人　穷-位格　坐-否定　　富　人　富-位格　坐-否定
穷人不会永远穷，富人不会永远富。

o-čüx　　kiji-den　Xadï　　yenše-ba(r).
男孩-强调　小-从格　汉语　　说-进行体
那男孩从小说汉语。

jadax-ï　　jadax　ir-a　　či,　halis　　ir-a;
大-3 属人称　大　是-现在时　转折　瘦　　是-现在时

kiji-si　　　kiji　ir-a　　　či,　simes　　　ir-a.

小-3 属人称　　小　是-现在时　转折　肥　　　是-现在时

大的虽然大，但（很）瘦；小的虽然小，但（很）肥。

第六章　数词和量词

6.1　数词

撒拉语的数词有基数词、序数词、集合数词、约数词和分数词等。

6.1.1　基数词

撒拉语的常用基数词有：

bir	一	išgi	二
üš	三	döt	四
beš	五	altï	六
yide	七	sekis	八
doqus	九	on	十
on bir	十一	on išgi	十二
on üš	十三	on döt	十四
on beš	十五	on altï	十六
on yide	十七	on sekis	十八
on doqus	十九	yiğirme	二十
yiğirme bir	二十一	otus	三十
otus bir	三十一	otus išgi	三十二
qirïx	四十	qirïx bir	四十一
elli	五十	elli bir	五十一
altïmïš	六十	altïmïš bir	六十一
yidemiš	七十	yidemiš bir	七十一
sexsen	八十	sexsen bir	八十一
doxsan	九十	doxsan bir	九十一
yüz	百	bir yüz	一百
ming	千	bir ming	一千

zanzi	万	bir zanzi	一万
on zanzi	十万	yüz zanzi	百万
ming zanzi	千万	on ming zanzi	亿

"六十"、"七十"、"八十"、"九十"和"一百"在撒拉语中还可分别表示为 elli on（五十 十），elli yiğirme（五十 二十），elli otus（五十 三十），elli qirïx（五十 四十），išgi elli（二 五十）。撒拉语的数词或数量短语修饰名词时，可以出现在前面，但更多的是出现在该名词后面，如：

mi-niği öy-im-de   on kiš var.
我-领格 家-1属人称-位格 十 人 有
我家有十口人。

men-de heli beš dasïr var.
我-位格 钱 五 元 有
我有五元钱。

u mang-a armut bir ver-ji.
他 我-与格 梨 一 给-过去时
他给了我一个梨。

a-niği kine bala döt doğ-mïš.
他-领格 妻子 孩子 四 生-过去时
他的妻子生了四个孩子。

6.1.2 序数词

撒拉语中传统的序数词由基数词附加-(I)njI 构成，如：

bir（一）—— bir-inji（第一）

išgi（二）—— exi-nji（第二）

üš（三）—— üč-inji（第三）

döt（四）—— döt-inji（第四）

beš（五）—— beš-inji（第五）

altï（六）—— altï-njï（第六）

yide（七）—— yide-nji（第七）

sekis（八）——— sexs-inji（第八）

doqus（九）——— doxs-ïnjï（第九）

on（十）——— on-ïnjï（第十）

这些序数词主要用在月份名称及农田灌溉次数上，如：

ette　　beš-inji　ay　cïx-qa(r).

明天　　五-第　　月　　出-将来时

明天五月份就结束了。

su　　　　qïrğï-n-da　　döt(-inji)　su　　beš(-inji)　su-da　si

水　　　　边-3 属人称-位格　四(-第)　　水　　五(-第)　　水-位格　才

boğdï-nï　or-ar.

小麦-宾格　收割-现在时

黄河沿岸一带，（浇了）第四次或第五次水以后才割小麦。

在现代许多突厥语中都有类似的序数词词缀-(I)njI，有学者认为该词缀可能来自吐火罗语（Erdal, 2004:222）。除了月份及农田灌溉次数外，传统撒拉语较少使用序数词。如果要表达前后顺序，一般用表示时间的方位词来表达，如：

yükür-eš-jeni　baš-jüğü　u　　čïx-mïš,　an-dan　Ali　　čïx-mïš,

跑-共同态-副动　头-最高级　他　上-过去时　他-从格　阿里　上-过去时

an-dan　Moso　čïx-mïš,　ardï-jüğü　ini-m　　　qal-mïš.

他-从格　毛草　上-过去时　后-最高级　弟弟-1 属人称　留-过去时

跑步比赛，他第一，然后是阿里，然后是毛草，落在最后的是我弟弟。

6.1.3　集合数词

撒拉语的集合数词可以由基数词加-čo 构成，如：

išgi-čo　　我俩

üš-čo　　　我们仨

döt-čo　　　我们四个

beš-čo　　　我们五个

-čo 来自于藏语，原意为"你"（详见人称代词部分内容）。集合数词还可由基数词和人称领属附加成分等构成，如：

išgi（二）——išgi-si-m（我们俩）
išgi（二）——išgi-si-ng（你们俩）
išgi（二）——išgi-si（他们俩）
üš（三）——üš-ti-si-m（我们仨）
üš（三）——üš-ti-si-ng（你们仨）
üš（三）——üš-ti-si（他们仨）

撒拉语中还存在着一个较为独特的集合数词 ixüle（我俩）。关于这些词的来源的更多讨论，参见代词章节中"代词与数词组合"部分内容。

6.1.4　约数词

撒拉语的约数词可由相邻的数词连用构成，如：

bir išgi kiš　　　　一两个人
beš altï oman　　　五六斤

在数量短语后加 kemesör 也可构成约数概念，如：

me(n)　mung-a　gel-jeni　altï　ay　keme-si-ör　vol-jï.
我　　这-向格　来-副动　六　月　像-3属人称-无定　成为-过去时
我来到这儿大概六个月了。

on　kiš　keme-si-ör　gel-er.
十　人　像-3属人称-无定　来-现在时
大概来十个人。

基数词后结合复数附加成分及位格附加成分，也可表示约数意义，如：

a-niǧi　yaš-ï　　elli-ler-de　　var-a.
他-领格　年龄-3属人称　五十-复数-位格　有-现在时
他的年龄在五十左右。

me(n)　nene　yiǧirme　gün-ler-de　va(r)-ǧur.
我　　又　　二十　　天-复数-位格　去-将来时

我再过二十天左右去。

6.1.5 分数词

在撒拉语中分数词可用以下方法表示：
基数词的从格形式作分母，原形作分子，如：

beš-den	išgi		üš-den	bir
五-从格	二		三-从格	一
五分之二			三分之一	

基数词与 išinden 作分母，基数词原形作分子，如：

on   iš-in-den   išgi
十   里-3属人称-从格   二
十分之二

döt   iš-in-den   bir
四   里-3属人称-从格   一
四分之一

6.1.6 数词的使用

6.1.6.1 数学运算
进行加法运算时，被加数为向格形式，加数为基数词原形，然后出现谓语动词和得数，最后的系动词形式(i)dïr/ira（是）经常被省略。如：

bir-e   išgi   qoy-sa   üš   (i-dïr).
一-向格   二   放-条件   三   （是-现在时）
一加二等于三。

on-a   beš   qar-sa   on   beš   (ir-a).
十-向格   五   加-条件   十   五   （是-现在时）
十加五等于十五。

进行减法运算时，被减数为从格形式，减数为基数词原形，然后出现谓语动词和得数，最后为系动词形式(i)dïr/ira（是），或者为动词 qal-

（留下）。如：

beš-den　išgi　al-sa　üš　(i-dïr).
五-从格　二　拿-条件　三　（是-现在时）
五减二等于三。

on-dan　beš　al-sa　beš　(ir-a).
十-从格　五　拿-条件　五　（是-现在时）
十减五等于五。

on-dan　beš　al-sa　beš　qal-ba(r).
十-从格　五　拿-条件　五　留下-进行体
十减五等于五。

进行乘法运算时，被乘数以基数词重复后附加领格标记-niǧi 表示，乘数为基数词原形，然后出现谓语动词和得数。如：

beš　beš-niǧi　on　vol-sa　elli　(i-dïr).
五　五-领格　十　存在-条件　五十　（是-现在时）
五乘十等于五十。

išgi　išgi-niǧi　üš　vol-sa　altï　(ir-a).
二　二-领格　三　存在-条件　六　（是-现在时）
二乘三等于六。

进行除法运算时，被除数为宾格形式，除数为基数词的向格形式或原形，然后出现谓语动词和得数，最后的系动词(i)dïr/ira（是）经常被省略。如：

on-nï　išgi-ǧa　garla-sa　beš　(ir-a).
十-宾格　二-向格　分-条件　五　（是-现在时）
十除以二等于五。

on-nï　išgi　et-se　bir-i　beš　(ir-a).
十-宾格　二　做-条件　一-3属人称　五　（是-现在时）
十除以二等于五。

6.1.6.2　数词范畴的消失

由于汉语的影响，撒拉语的数词范畴正趋于消失。在实际的语言交流中，撒拉语原有的数词使用受到了极大的限制。50 以上的十位数名称几乎没有几个人知道了。中老年人多用 50 加上相应的十位数名称表示 60、70、80、90，如：

on	十	elli on	六十
yiğirme	二十	elli yiğirme	七十
otus	三十	elli otus	八十
qirïx	四十	elli qirïx	九十
elli	五十	išgi elli (bir yüz)	一百

至于年轻人和小孩，绝大部分都用汉语数词来表示这些数字，甚至于 50 之前的数字他们也经常用汉语来表示。

在序数词当中，除了在表达月份和浇水次数时还有部分人使用撒拉语外，在其他方面都已不使用撒拉语了，而全部转用汉语了。其他的数词，如分数词等也都基本上使用汉语了。对此，捷尼舍夫（1981:563）早就指出："可以说，撒拉语的数词现在只是一种残存的范畴。在这里，汉语的词几乎把整个这一类词都代替了。"

6.2　量词

量词是表示事物或动作单位的词。撒拉语的量词主要有以下几种：

6.2.1　物量词

物量词表示事物的单位，如：

düb	棵	bağlïx	把
kan	件	gang	间
kölem	堆	qoš	双
tige	块	čombax	串
totïr	片	loğlax	堆
yimax	群、轴	to	套
dilim	牙	diander	点
jamba	页	sin	层

banzi	排	zhuntou/šioshi	小时
zhang	张	fïn	分
bïn	本	ke	刻
günli	公里	mio	秒
ağašli/li	里	dun	吨
zhang	丈	günjin	公斤
günchi/mi	公尺/米	oman/ jin	斤
chi	尺	sïdïr/liang	两
sün	寸	dağïr	石
qulïš	庹	küre	斗
qalïš	拃	ke	克
ahlam	步	čen	钱
dasïr	元	ganzi	根
mo	角	mu	亩
fïn	分	fïn	分
küy	块/元	li	厘

　　由于撒拉语量词不丰富，因此，在和汉语的接触过程中，撒拉语吸收了许多汉语量词。除了以上专用的量词外，部分名词在某些情况下也可被借用为量词，如：

zanzi	碗	bir zanzi su	一碗水
ojï	手	bir ojï un	一手面
xarï	箱子	pingö bir xarï	一箱苹果
öy	家	bir öy kiš	一屋人
ağzï	口	bir ağzï qan	一口血
ağïs	句	gača bir ağïs	一句话
zorax	帽子	bir zorax irex	一帽子杏子
sučïx	水桶	bir sučïx su	一水桶的水
yončux	口袋	bir yončux qormaš	一口袋炒麦
xap	麻袋	bir xap ašlax	一麻袋粮食
dal	树	bir dal armut	一树的梨
pong	身	bir pong der	一身汗
ağïl	村	bir ağïl kiš	一村人
zorax	帽子	bir zorax irex	一帽子的杏子

| azat | 地 | bir azat jonggi | 一块地的庄稼 |
| aran | 圈 | bir aran qoy | 一圈羊 |

6.2.2　动量词

动量词表示动作行为的单位，如 gez（次、回、遍）、oǧus（次）等。此外，部分名词也可作动量词，如：

yer-ni　me(n)　bir　gez　axtar-jǐ.
地-宾格　我　一　遍　犁-过去时
地我犁了一遍。

bu　gača-nǐ　u　mang-a　bir　oǧus　yenša-bǐr.
这　话-宾格　他　我-向格　一　次　说-进行体
这话他对我说过一次。

me(n)　a-nǐ　bir　aǧzǐ-ǧa　iš-ji.
我　那-宾格　一　口-向格　喝-过去时
我一口喝下了那个（东西）。

u　mang-a　bir　ayax　qoy-jǐ.
他　我-向格　一　脚　放-过去时
他给我绊了一脚。

第七章　不变化词

不同于名词、形容词、数（量）词、动词及部分代词等，撒拉语副词、后置词、连词、助词、叹词、摹拟词等既没有数、格、领属等范畴，也没有时体等动词范畴。这些词没有形态方面的变化，因此被称之为不变化词。

7.1　副词

副词是用来限定动词和形容词的词类，在句子中只能充当状语，一般没有形态变化。在一些语法著作中，把具有状语功能的形容词，时间名词，名词的位格、向格、从格、等同格形式等，部分代词，数词，各种副动词形式等划为副词。这种处理的结果是将副词与状语等同起来了，而且也混淆了副词与形容词、部分名词、数词和代词等的相互区别。因此，我们把只能充当状语的词划为副词。当然，neğe（为什么）、ničüx（怎样）等代词也只能做状语，将这些代词划归副词也合乎情理，但由于这些词我们已在代词部分中已作说明（实际上从词源角度讲这些词也是以名词为基础发展起来的），本书中副词内容不再包括这些代词，也不包括具有状语功能的其他词类。

撒拉语的副词相对来说数量较少，按意义来说，可分为以下几种：

7.1.1　时间和频率副词

inji	现在、于是	si	才
jang	刚	dego	马上
yačala	反复	nene	又
exengeje	再次	ardï	首先
čündïrčün	一再地	jiu	就
dağï	还，也	kozang	已经
hasgen	很快的	kika	立刻
yon	还是	ham	也

7.1.2　程度和范围副词

ri(ği)	很	xudu	特别
muxlang	特别	jïxang	非常
te	太	yoho	更
dağï	还	zuy	最
bi(r)le	一同		

表示程度的词大多为借词。

7.1.3　动作状态副词

nin'gen	赶快	lorčïx(qa)	忽然
nen'ge	故意	yatang	无故
data	快速		

部分副词还可以重叠，如 lorčïx(qa)-morčïx(qa)（忽然）、yatang-matang（无故）、data-mata（快速）：

mu-nï　ason　bur,　ločïx-morčïx　bur-sa　sun-dar-ğa(r).
这-宾格　慢慢　拧　忽然　　　拧-条件　断-使动-将来时
拧这个慢一点，拧得太快会弄断的。

u　data-mata　yan　bar-mïš.
他　立刻　　　回　去-过去时
他立刻回去了。

u　el-i　　　qazax,　　yatang-matang　bala-nï　döy-ba(r).
他　手-3属人称　爱打人的　无故　　　　　孩子-宾格　打-进行体
他爱打人，总是无故打孩子。

7.2　后置词

出现在名词短性成分后面，共同表示谓语的时间、空间、目的、方式、范围、比较等意义的词被称为后置词。后置词和格的作用基本相同，只是它的抽象化程度没有格那么高。有些后置词还有一定的词汇意义。根据支配格的不同，撒拉语后置词可分为：

7.2.1　支配向格的后置词

支配向格的后置词有 vol(ï)（为了）、vax(ï)（朝着，对着）、ire（按照、依据）、göre（根据、依据）、yetgör（直到）等，如：

ular　　heli-ǧa　　vol(ï)　　öxre-š-ba(r).
他们　　钱-向格　　为了　　　骂-共同态-进行体
他们为了钱在吵架。

me(n)　bugün　sang-a　vol(ï)　gel-ji.
我　　今天　　你-向格　为了　　来-过去时
我今天为你而来。

u　daš-ïn　　qo-sï-nï　　　yol-a　　vax(ï)　　aš-ba(r).
他　外-3属人称　门-3属人称-宾格　路-向格　朝着　　开-进行体
他朝着路开了大门。

bu　gača-nï　　mang-a　vax(ï)　yenša　qu-ma.
这　话-宾格　　我-向格　朝着　　说　　　留下-否定
这话不要对我说。

aba-sïn-a　　　　　　ire　　　o-sï-nï　　　　　ne-si-gi
爸爸-3属人称-向格　　按照　　儿子-3属人称-宾格　什么-3属人称-领属
vo(l)-ǧan-ï-nï　　　　bil-ǧe(r).
成为-形动-3属人称-宾格　知道-将来时
根据父亲就能知道儿子是什么样的。

u　kiš-ge　ire　　gača　yenša-ba(r).
他　人-向格　依据　话　　说-进行体
他因人说（不同的）话。

ang-a　göre　u　ezhilang　ir-a.
那-向格　依据　他　厉害　　　是-现在时
由此可见他（很）厉害。

ang-a　göre　se(n)　mi-ni　neče　tiš　qaja-bïr　mu　qaja-ba(r).
那-向格　依据　你　我-宾格　多少　牙齿　咬-进行体　语气　咬-进行体
由此可见，你对我是多么的恨之入骨。

diu　arux　yan-a　yetgör　yükür.
强调　渠　边-向格　直到　跑
一直跑到那渠边。

čuxur　Salïr　bala-lar　Salïr　gača-la(nï)　elli-ğa
现在　撒拉尔　孩子-复数　撒拉尔　话-工具格　五十-向格
yetgör　sana　bil-ğüji　atux　yox-a.
直到　数　知道-形动　多　没有-现在时
现在的撒拉族孩子们能用撒拉语数到五十的不太多。

7.2.2　支配从格的后置词

支配从格的后置词有 ili（之前）、ardï（之后）、bele（往这）、ele（往那）、dašï（以外）、bašqï（别的）、song'ï（之后）、išde/öre（以上）、tiune/eyše（以下），如：

u　doğ-qan-dan　ili　bir　ay-da　da　iš　et-ba(r).
她　生-形动-从格　前　一　月-位格　还　活　干-进行体
她生（孩子）前一个月还在干活。

xarï　kiš-den　ili　neme-ni　iš-gü-si　e-mes-dïr.
老　人-从格　前　饭-宾格　吃-形动-3 属人称　是-否定-现在时
不应该先于老人吃饭。

an-dan　ardï　me(n)　a-nï　gör-ğen　yox-dïr.
那-从格　后　我　他-宾格　见-形动　没有-现在时
从那以后我没见过他。

u　sen-den　ardï　gel-ji.
他　你-从格　后　来-过去时
他是你后面来的。

puldĭr-dan　bele　me(n)　öy-im-e　　　bir　gez　va(r)-ma-jĭ.
去年-从格　往这　我　　家-1属人称-向格　一　次　去-否定-过去时
从去年以来，我一次都没回家。

Yaxya-axun-niği　zhinazi-ğa　Čeğe-den　bele　kiš-ler　man　gi-miš.
牙合牙-阿訇-领格　葬礼-向格　查加-从格　往这　人-复数　都　来-过去时
牙合牙阿訇的葬礼上，从查加以北的人都来了。（葬礼在石头坡村举行）

Qošdam-dan　ele　Tiut　ağĭl　i-dĭr.
果什滩-从格　往那　藏族　村子　是-现在时
从果什滩那边起是藏族村子。

yol-dan　ele　a-niği　bağ-ĭ　　i-dĭr.
路-从格　往那　他-领格　园子-3属人称　是-现在时
从路那边起是他的园子。

mun-dan　dašĭ　man　boz　ir-a.
这-从格　以外　都　布　是-现在时
除此之外都是布。

men-den　dašĭ　man　qadĭn　kiš　gel-ji.
我-从格　以外　都　女　人　来-过去时
除我以外来的都是妇女。

et-den　bašqĭ　nang　var-ar　i?
肉-从格　以外　什么　有-现在时　呢
除了肉，（还）有什么呢？

oyna-ğu-sĭ-dan　bašqĭ　　a-niği　göngni-n-de
玩-形动-3属人称-从格　以外　　他-领格　头脑-3属人称-位格
heme-neme-ör　yox-a.
所有-无定　　　没有-现在时
除了玩，他的脑子中什么也没有。

ama-sĭ　　va(r)-ğan-dan　song'ĭ　bu　yağla　galan-mur.
妈妈-3属人称　去-形动-从格　　以后　这　哭　干-否定
自他妈妈走后，这（孩子）哭个不停。

öyle-den　　song'ï　piser　yürden　döy-ji.
中午-从格　　以后　　我们　　场　　打-过去时
下午我们打了场。（即给麦子脱粒了）

Salïr　　　kiš　　ara-sïn-da　　　　axun-dan　išde　ot-qujï　yox-dïr.
撒拉尔　　人　　中间-3属人称-位格　阿訇-从格　上　　坐-形动　没有-现在时
在撒拉族中没人比阿訇地位更高。

men-den　orxa　vi-ğüji　yox-a.
我-从格　　上　　给-形动　没有-现在时
没有给的比我多的（人）。

mun-dan　tiune　pičax　i-dïr.
这-从格　　以下　豌豆　是-现在时
从这以下是豌豆。

Dïngzïng-dan　eyše　Dašinax　i-dïr.
丁江-从格　　　以下　石头坡　是-现在时
丁江（村）下面是石头坡（村）。

7.2.3　支配主格的后置词

支配主格的后置词有 keme[①]（像）、sarï（每当……时候），如：

xap　ağzï-nï　daš　keme　bağla.
袋子　口-宾格　石头　像　　系
把袋子口系得紧紧的。

o-čüx　　kem-ör　ül-ğen　keme　yağla-ba(r).
男孩-有定　谁-无定　死-形动　像　　哭-进行体
那男孩哭得好像谁死了。（实际上没人死）

yağmur　yağ-qan　sarï　bu　ečex-den　damjï　dam-ar.
雨　　　下-形动　每当　这　房顶-从格　（雨）滴　滴-现在时
每当下雨，这房顶（就）漏雨。

---

① keme 可以有 ke 的语音变体。

u	qonax-qa	va(r)-ğan	sarï	bala-lar-ïn-a
她	客-向格	去-形动	每当	孩子-复数-3属人称-向格

yi-ğü-si	yïğ	gi-ba(r).
吃-形动-3属人称	收集	来-进行体

她每当去做客，（就）给孩子们带回来吃的。

7.2.4 支配工具格的后置词

支配工具格-lA(nI)的后置词有 lamli（包括），如：

a-la(nï)	lamli	beš	kiš	var.
他-工具格	包括	五	人	有

包括他有五（个）人。

turma	ma	gördi-le(ni)	lamli	otus	dasïr	sat-jï.
萝卜	和	韭菜-工具格	包括	三十	元	卖-过去时

包括萝卜和韭菜，卖了三十元。

7.2.5 后置词的来源

后置词的作用主要是用来连接名词短语和动词的，其来源在不同的语言中并不一致。撒拉语后置词有的来自动词，如 vol(ï)（为了）、vax(ï)（朝着，对着）、ire（按照、依据）、göre（根据、依据）等分别为动词 vol-（成为）、vax-（看）、ire-（跟随、模仿）、gör-（看见）等的副动词形式。yetgör（直到）也为动词 yet-（到达）的形动词形式 yetgü 与不定标记-ör 的结合。sarï（每当……时候），可能和古代突厥语的动名词 sayu:（计算、每）有关，其词根为 sa-（计算、数数）。在现代哈萨克语中有后置词 sayïn（每……），当该词与时间名词或过去时形动词结合时表示"每"（耿世民，1989:177）。这与撒拉语非常相像。lamli（包括）可能与动词 lamla-（揽）有关。以上这些后置词和原来的动词相比，在意义上虽有联系，具有一定的词汇意义，但二者的意义并不完全相同，其意义已有所虚化，而且，这些后置词本身没有形态变化。因此，这些后置词可以算作较为典型的后置词。

有的后置词来自名词，如支配主格的后置词 keme（像）应来自于古代突厥语的 ki:b（样子），在其他现代乌古斯语中这个词也获得了"像"的意义，并且结合第三人称领属标记-i 被当作后置词运用（Clauson, 1972:686）。ki:b（样子）一词在现代撒拉语中已经丢失，同样的意义采用汉语借词 yangzi

（样子）。虽然，keme 可以有部分格的变化，如 keme-de、keme-den，可以带第三人称领属标记如 keme-si，但 keme 的名词特点是残缺的，其主要功能仍为连接名词和动词，即体现了后置词的特点。因此，keme（像）也可以算作一个较为典型的后置词。

　　支配从格的后置词 ili（之前）、ardï（之后）、bele（往这）、ele（往那）、dašï（以外）、bašqï（别的）、song'ï（之后）、išde/öre（以上）、tiune/eyše（以下）等，是以名词性词语为基础形成的，它们都可以单独使用，名词性很强，而且都有格或数等形态变化，如：

qo   ili-ni   tus-jï.
门   前-宾格   堵-过去时
门口被堵住了。

a-niği   baš-ï   ardï   toqumax   xot-ba(r).
他-领格   头-3属人称   后   包   起-进行体
他的头后部起包了。

se(n)   bele   gel.
你   往这   来
你到这边来。

ele   öy-de   kem   var   i?
那边   家-位格 谁   有   呢
那边的家里有谁呢？

dašï   kiš-ler   gir   ge(l)-ğen   yara-mas.
外   人-复数   进   来-形动   行-否定
外人不能进来。

bašqï   me(n)   yi-mes.
别的   我   吃-否定
别的我不吃。

ayax-ïm   song'ï   ağar-ar.
脚-1属人称 后   疼-现在时
我脚后跟疼。

išde čel düz e-mes-a.
上   田埂 直   是-否定-现在时
上田埂不直。

u   öre ağïl-a var-jĭ.
他   上   村-向格   去-过去时
他去上庄了。

u   buğün orxa tiune biji yenša-jĭ.
他   今天   上   下   一些   说-过去时
他今天乱七八糟地说了一些（事情）。

diu eyše ağïl ir-a.
强调 下   村   是-现在时
那是下庄。

因此，这些后置词只能算作"准后置词"或"临时后置词"，不能算作
严格意义上的后置词。

7.3 连词

连词是连接词与词、短语与短语、句子与句子的词。撒拉语的连词数
量较少，按其意义和功能可分为以下几种：

7.3.1 并列连词

撒拉语中表示并列关系的连词有连接词或短语的 ma（和）、di（和），如：

aba-m   ma ama-m   gi-miš.
爸爸-1属人称   和   妈妈-1属人称   来-过去时
我爸和我妈来了。

u dağ-qa söxlen ma došan vur-ma va(r)-mïš.
他   山-向格   野鸡   和   兔子   打-副动   去-过去时
他到山里打野鸡和兔子去了。

mi-niği öy-im-e   er kiš beš di qadïn kiš on ge(l)-ğe(r).
我-领格   家-1属人称-向格   男   人   五   和   女   人   十   来-将来时

我家将来五（个）男人和十（个）女人。

ang-a　gölex　beš　di　qoy　on　var-a.
他-向格　牛　　五　和　羊　十　有-现在时
他有五只羊和十头牛。

ma（和）的功能相当于汉语的连词"和"，使用范围也相当广泛。di（和）的使用范围较小，好像只连接数量词。

7.3.2　选择连词

表示选择关系的连词为选择连词。撒拉语的选择连词有连接句子的eğe……eğe……（要么……要么……）、ene……ene……（或者……或者……）、mu（或）等，如：

eğe　　var-a,　eğe　　dağal-a.
要么　去-祈使　要么　解散-祈使
（我们）要么去，要么解散。

eğe　　se(n)　var,　eğe　　me(n)　va(r)-ğï.
要么　你　　去　要么　我　　　去-祈使
要么你去，要么我去。

ene　turma　ex,　ene　samsux　ex.
或者　萝卜　种　或者　蒜　　　种
（你们）或者种萝卜，或者种蒜。

et-ni　čür-et　　nang　　et-gür　i?　ene　yi-duğu
肉-宾格　腐烂-使动　什么　　干-将来时　呢　或者　吃-祈使
ene　kiš-ge　ver-duğu.
或者　人-向格　给-祈使
为何让肉腐烂掉呢？或者吃了，或者给别人。

sen　mu　u,　bir　kiš　var.
你　或　他　一　人　去
你和他当中去一人。

anda　o-or　　　mu　　an(a)-or　var-a.
那儿　男孩-不定　或　　女孩-不定　有-现在时
那儿有个男孩或女孩。

eğe 和 ene 也可以单独使用，意为"那么"，表示已经选择好的一种
情况，如：

eğe　　se(n)　var
那么　你　　去
那么你去。

turma　ex-me-se,　ene　　samsux　ex.
萝卜　种-否定-假设　那么　蒜　　　种
如果不种萝卜，那么种蒜。

7.3.3　转折连词

表示转折关系的连词为转折连词。撒拉语的转折连词有连接句子的 či
（虽然……但是……），如：

me(n)　et　　　　da(ğï)　yi-ğü-si　　gil-er　　či,　inji
我　　肉　　　　还　　吃-形动-3属人称　来-现在时　虽然　现在
köp　vo(l)-ğa(r),　yi-me-ği.
多　成为-将来时　吃-否定-祈使
我还想吃肉，但会太多，别吃了。

me(n)　yada　ül-ğe(r)　či,　　bu　iš-ni　da　et　dos　kele-bïr.
我　　累　　死-将来时　虽然　这　活-宾格　还　干　完　需要-进行体
我虽然累得要死，但这活儿还得干完。

7.4　语气词

语气词是表示各种语气的词，它出现于词末或句末，没有独立的词汇
意义和语法功能，也没有形态变化。根据语气意义，撒拉语的语气词可分
为以下几种：

7.4.1　疑问语气词

疑问语气词都出现在句末，表示疑问语气。疑问语气词 mu、mo、mi、o 都用于是非问句中，如：

u　　yat-mǐš　　mu?
他　　睡-过去时　　吗
他睡了吗？

u　　Ali　　ir-a　　　mo?
他　　阿里　　是-现在时　　吗
他是阿里吗？

u　　bil-miš　　mi?
他　　知道-过去时　　吗
他知道了吗？

u　　gi-miš　　o?
他　　来-过去时　　吗
他来了吗？

mu、mo、o 都表示有疑问的语气，它们除了在语音方面不同以外，在语气意义上基本相同。mi 在语气意义上和 mu、mo、o 有点不同，它表示说话人已经部分知道某一事实，但不能完全肯定，希望对方就疑问内容核实是否如此。ba 和 a 都表示猜测的语气，相当于汉语的"吧"，但 a 的确定性程度要明显高于 ba，如：

u　　gi-miš　　ba?
他　　来-过去时　　吧
他来了吧？

u　　gi-miš　　a?
他　　来-过去时　　吧
他来了吧？

语气词 u 和 i 也表示说话人已经知道某一事实，但还不能完全肯定，希望听话人能证实这一事实。但是对事实的确定性判断程度方面二者有所不同，u 的确定性程度较低，和 mi 的确定性程度相同，而 i 的确定性程度很高。如：

　　u　　yat-mĭš　　u?
　　他　　睡-过去时　　吗
　　他睡了吗？

　　u　　va(r)-ğar　　u?
　　他　　走-将来时　　吗
　　他要走吗？

　　u　　yat-mĭš　　i?
　　他　　睡-过去时　　吧
　　他睡了，是吧？

　　u　　va(r)-mĭš　　i?
　　他　　走-过去时　　吧
　　他走了，是吧？

在特指问句中只使用语气词 i（呢），如：

se(n)　yaš　　neče　　yaša-bĭr　　i?
你　　岁数　　多少　　活-进行体　　呢
你多大岁数了呢？

　　u　　nang　　et-miš　　i?
　　他　　什么　　做-过去时　　呢
　　他做了什么呢？

　　有学者认为，撒拉语中还存在着 do 和 du 的两个语气词。我们认为这种看法值得商榷。do 和 du 实际上是疑问句中的动词过去时标记-dI 和疑问语气词 o 与 u 的结合。类似的句子我们书写为：

　　u　　gel-di　　o?
　　他　　来-过去时　　吗
　　他来了吗？

u　　gel-di　　u?
他　　来-过去时　　吗
他来了吗？

　　由于撒拉语中存在较为普遍的简化趋势，过去时标记-dI 和语气词 o 或 u 连读时，-dI 中的 I 容易脱落，才给人感觉形成了-do 或-du 的印象。但即使认为-do 或-du 已融为一体了，也不能把它们与动词词干分开书写，因为 -d(I)是过去时词缀，需要与动词词干连写。

7.4.2　加强语气词

ox 一般出现在名词性词语后，表示强调和限定，使用非常广泛，如：

bu　　o-čüx　　gaga-sin-a　　ox　　qaš-ar.
这　　男孩-有定　　哥哥-3 属人称-向格　　强调　　跑-现在时
这男孩一般就喜欢跟哥哥。

u　　heli　　men-den　　ox　　kele-r.
他　　钱　　我-从格　　强调　　要-现在时
他一般就向我要钱。

u　　aš　　qoy-ǐ　　ox　　süt-er.
他　　饭　　稠-3 属人称　　强调　　盛-现在时
他一般就盛稠饭。

u　　sux　　su　　ox　　iš-ba(r).
他　　冷　　水　　强调　　喝-进行体
他一般就喝凉水。

u　　geji　　ox　　gel-ji.
他　　昨天　　强调　　来-过去时
他昨天就来了。

ular　　ang-a　　ox　　yet-miš.
他们　　那-向格　　强调　　到达-过去时
他们已经到了那儿。（强调"那儿"是个遥远的地方）

si-ni　　ox　　galan-mur.

你-宾格　　强调　　干-否定

就管不了你。

ox 应该来自于古代突厥语中表示强调的 ok，但后者在撒拉语中不参与
语音和谐过程，只有 ox 形式，没有 öx 形式。例外的现象是，名词短语的
有定标记-čüx 应该是-ča 和 öx 的结合。在数量词后面，-čüx 也表示强调、
限定意义，如：

me(n)　　bir-čüx　　yi-ğür.

我　　　　一-强调　　吃-将来时

我只吃一（个）。

ular　　beš　　kiš-čüx　　gi-miš.

他们　　五　　人-强调　　来-过去时

他们只来了五（个）人。

代词后出现-čüx 的用法，见前面强调代词部分内容。时间副词 inji（现
在）也可以受 ox 的强调，如 inji ox gel（现在就来）。这似乎在暗示 inji 的
名词性来源。语气词 de 只出现在句末，表示加强语气，说话者期待听话者
能认可、相信自己所说的事情，如：

u　　dağ-qa　　čïx-mïš　　de.

他　　山-向格　　上-过去时　　强调

他上了山。

u　　va(r)-mas　　de.

他　　去-否定　　　强调

他不会去。

daš-ïn-da　　qar　　doza-ba(r)　　de.

外-3 属人称-位格　　雪　　飘-进行体　　强调

外面飘着雪。

在孟达土语中也有一个和街子土语的 de 非常接近的语气词 dïr，如：

u　　ba(r)-mïš　dïr.

他　　去-过去时　　强调

他去了。

geji　　se(n)　gešang-a　gel-di　　mu　　ge(l)-me-ji　dïr?

昨天　　你　　县城-向格　来-过去时　吗　　来-否定-过去时　强调

昨天你到县城来了没有？

yağmur　yağ-ba(r)　dïr.

雨　　　下-进行体　　强调

在下雨。

u　　ang-a　　ba(r)-ba(r)　dïr.

他　　那-向格　去-进行体　　　强调

他去那里。

语气词 a（有时有 ya 的变化）表示提醒对方注意说话人所说的内容，如：

u　　gi-miš　　a.

他　　来-过去时　强调

他来了。

u　　va(r)-ğar　a.

他　　走-将来时　强调

他要走了。

me(n)　i-dïr　　ya.

我　　　是-现在时　强调

是我。

7.4.3　祈使语气词

撒拉语中 yu、ba、a、ya、yi 表示恳求、商量等语气，如：

se(n)　gel　yu.

你　　来　吧

你来吧。

u   va(r)-ğï   ba.
他   去-折使   吧
让他去吧。

me(n)   et-ge   a.
我   做-折使   吧
让我做吧。

se(n)   gel   ya.
你   来   吧
你来吧。

se(n)   gel   yi.
你   来   呗
你来呗。

7.4.4   其他语气词

还有一些语气词表示不同的语气，如：mu 表示原有的怀疑被证实的语气，či 表示恍然大悟的语气；ma、be 表示事实已如此的一种语气；bele 表示一种不满的语气。如：

sux   ir-a   de-se,   yel   gi-ba(r)   mu.
冷   是-现在时   说-条件   风   来-进行体   语气
感到冷，原来是有风在进来。

u   mang-a   yaxšï   ir-a   de-se,   heli   učile-gür   de-ba(r)   či.
他   我-向格   好   是-现在时   说-条件   钱   借-将来时   说-进行体   语气
他对我好，原来是想借钱。

inji   gi-miš   ma,   emen   ot.
现在   来-过去时   吗   安静   坐
既来之，则安之。

mören   ulğa-ğa(r)   be,   ničüx   et-gür   i?
黄河   涨-将来时   呢   怎样   做-将来时   呢

黄河水要涨呢，怎么办呢？

uxla　bele,　neǧe　uxla　yox-dǐr　　mu?
睡　　呀　　为何　睡　　没有-现在时　呢
睡呀，为何不睡呢？

7.5　叹词

叹词是表示感叹及呼唤应答的一种词类。撒拉语的叹词有以下几类：

7.5.1　表示情感的叹词

e、a、ya、ako、aya、oš、o、balio 表示喜悦、吃惊、惊奇、赞许等，如：

e,　bu　yaxšǐ　ir-a.
哎　这　好　　是-现在时
哎，这（个）好。

a,　buǧün-di-ǧi　aš　dahli　ir-a.
啊　今天-位格-领属　饭　香　　是-现在时
啊，今天的饭（很）香。

ya,　bu　qaqana-ba(r).
啊　这　适合-进行体
啊，这太完美了。

ako,　me(n)　mun-da　piš-gen　pingö　bir　dat-jǐ.
好啊　我　　这-位格　熟-形动　苹果　　一　　找到-过去时
好啊，我在这儿找到了一个熟苹果。

aya,　i-ǧa　　diǧ-gen-i　　　yačux　ir-a.
好啊　自己-向格　得到-形动-3属人称　漂亮　是-现在时
好啊，（我/我们）自己得到的（很）漂亮。

oš,　　an-da-(ğï)　　kiš-ler　hama　bar　ir-a.
哎呀　那-位格-（领属）　人-复数　特别　富　是-现在时
哎呀，那儿的人特别富裕。

o,　　se(n)　ir-a　　či.
噢　　你　　是-现在时　呢
噢，（原来）是你呢。

o　　mun-da-ğï　su　durï　ir-a.
啊　　这-位格-领属　水　清澈　是-现在时
啊，这儿的水（很）清澈。

balio,　　se(n)　ang-a　čida-ba(r).
厉害　　你　　他-向格　胜-进行体
厉害，你胜了他。

ada、ado、ayo、oju 表示刺痛、烧痛、恐惧等，如：

ada,　　el-im-e　　　tigen　bir　jilla-jï.
哎哟　　手-1属人称-向格　刺　　一　　扎-过去时
哎哟，我的手被刺扎了一下。

ado,　　bu　su　köy-der-er.
哎哟　　这　水　烫-使动-现在时
哎哟，这水烫。

ayo,　　me(n)　ağar　ül-ğer　　a.
哎哟　　我　　疼　　死-将来时　　强调
哎哟，我疼得快死了。

oju,　　mun-da　arğïs　it　bir　var-a.
啊　　这-位格　恶　狗　一　　有-现在时
啊，这儿有一条恶狗。

eš、eya、ed、e、ah、ïng 表示遗憾、失望、不满、责备、讽刺、鄙视等。

eš,　se(n)　geji　gel-se　yaxšï　vol-jï　　ma.
哎呀　你　　昨天　来-条件　好　　成为-过去时　语气
哎呀，你昨天来（就）好了。

eya,　atana-nï　se(n)　elǧi　et-gü-si　　e-mes-gen.
哎　　父母-宾格　你　　那样　做-形动-3属人称　是-否定-形动
哎，你不应该那样对待父母。

ed,　se(n)　neǧe　belǧi　it-bïr　　i?
哎　　你　　为何　这样　做-进行体　呢
哎，你为何这样做呢？

e,　u　mu-nï　al-mïš　　mi?
哎　他　这-宾格　买-过去时　吗
哎，他买这（个）了吗？

ah,　bu　kiš　yirex-i　　du　ir-a.
哎　这　人　心-3属人称　毒　是-现在时
哎，这人的心（很）歹毒。

ïng,　a-nï　　me(n)　bir　ayax-qa　gülin-der-se　　vo(l)-ǧa(r).
哼　　他-宾格　我　　一　　脚-向格　摔倒-使动-条件　可以-将来时
哼，我可以一脚撂倒他。

这些叹词还可以通过改变音节形式，表示情感的强化。如 e、a、ya、ako、ayo、eya 等可以通过延长最后一个元音的音长来强化感情，但 oš、eš 等词却是通过延长前一个元音的音长来强化感情。aya 延长前面元音，表示喜悦之意，延长后面元音表示不满之意。有些叹词还可以部分重叠，加强感叹的语气，如表示喜悦的 akoko(akaka)、ayaya，表示痛苦、恐惧的 adada、adodo、ojuju、eyaya，有些叹词还可以完全重叠，如表示惊奇、赞叹的 oš oš、o o、oh oh，表示喜悦的 ako ako，表示痛苦、恐惧的 ada ada、ado ado、ayo ayo、oju oju，表示遗憾、不满等的 eš eš、ed ed、ah ah 等。

7.5.2　表示呼唤应答的叹词

表示呼唤、驱赶动物的叹词有：

mamï-mamï 表示呼唤羊

mi-mi 表示呼唤猫

diudiu-diudiu 表示呼唤鸡

tumama-tumama 表示呼唤驴、骡、马

mo-mo 表示呼唤牛

šü 表示呼唤小孩撒尿

ïng-ïng 表示呼唤小孩进行大便

üšü-üšü/iši-iši 表示呼唤牲畜喝水

gö-gö 表示驱赶牛

čaǧar 表示命令狗停止吠叫

pišü 表示驱赶猫

kišü 表示驱赶鸟类、家禽、羊等

čüx 表示驱赶驴、骡、马等

dïrčüx 表示驱赶驴、马、骡等快速奔跑

o o 表示呼唤让马骡等原地站立

haba yo-yo 　表示呼唤狗

　　表示人的呼唤、应答等的叹词有：e(y)表示呼唤人，oy 表示应答，ma 表示给东西，qa 表示要东西、接东西，ya 表示答应，ox 表示同意或知道某一事情，ng 表示在听，ng-ng 表示同意、对，eh（吸气音）表示同意、对，exeng 表示不同意，bey 表示"瞧这"，vey 表示"瞧那"，diu vey 表示"瞧那"（较远），eǧenčüx 表示"对极了"，qayčüx 表示"活该"，以元音结尾的名称后附加-y 表示呼唤。如：

e(y),　ana-y　　se(n)　qala　va(r)-ǧur　i?

哎　　姑娘_啊　你　　哪儿　去_{-将来时}　　呢

哎，姑娘啊，你去哪儿呢？

甲：　ama-y!　乙：　　oy!

　　　妈妈_{-啊}　　　　哎

甲：妈妈！乙：哎！

甲：　zorax-ïng　　ma!　乙：　　ya　qa!

　　　帽子_{-2 属人称}　给　　　　好　给

甲：给，你的帽子！乙：好，给吧！

qa,　armut　bir　ver　qa!

给　梨　　一　给　给

给，给一（个）梨！

甲：　se(n)　mali　var!　乙：　　ya!

　　　你　　快　去　　　　　好

甲：你快去！乙：好！

甲：　u　　　mang-a　　　　　gača　　　　　yenša-ğu-sĭ　　ir-a　　　bele.
　　　他　　我-向格　　　　　话　　　　　说-形动-3 属人称　是-现在时　　呗
乙：　ox,　　yenša-ğu-sĭ　　ir-a.
　　　是的　　说-形动-3 属人称　　是-现在时
甲：他应该向我说话。乙：是的，应该说。

甲：　oholda　bir　bo-s(ĭ)-or　　　vo-mĭš.　乙：　ng.
　　　从前　　一　大爷-3 属人称-无定　有-过去时　　　嗯
甲：从前，有一（位）老大爷。乙：嗯。

甲：　se(n)　Salĭr　　ir-a　　ba?　乙：　ng-ng.
　　　你　　撒拉尔　是-现在时　吧　　　　是的
甲：你是撒拉族吧？乙：是的。

甲：　se(n)　gel　a.　乙：　exeng!
　　　你　　来　吧　　　　不
甲：你来吧。乙：不！

bey,　bu　si-niği　ir-a.
瞧这　这　你-领格　是-现在时
瞧这，这是你的。

vey,　u　gi-miš　vey.
瞧那　他　来-过去时　瞧那
瞧那，他来了。

aba-ng　　　　diu　vey.
爸爸-2 属人称　那　瞧那
你爸爸在那儿。（较远指）

甲：　aba,　　u　　mi-ni　döy-ji.
　　　爸爸　　他　我-宾格　打-过去时
乙：　eğenčüx,　se(n)　neğe　vur-aš-bĭr　　i?
　　　活该　　　你　　为何　打-交互态-进行体　呢
甲：爸爸，他打了我。乙：活该，你为何打架呢？

qayčüx, u gülin-gi. gača dingne-mur ma.
活该 他 摔倒-折使 话 听-否定 呢

活该，愿他摔倒。（谁让他）不听话呢。

7.6　模拟词

　　摹拟词是摹拟人或物各种声音或形象的词。摹拟词在撒拉语中的广泛运用，大大增强了语言的生动性与形象性。撒拉语的摹拟词可以分为象声词和象形词两种。

7.6.1　象声词

象声词表示人或物发出的各种声音，如：

šor-šor	流水声	qi-qur	大雁叫声
jor-jor	下雨声/挤奶声	qi-qu	公鸡叫声
šar-šar	下雨声	qo-qo	母鸡叫声
qor-qor	打雷声	maqaqa-maqaqa	羊叫声
tax-tax	下雨、下冰雹声/走路皮鞋着地声	au-au	狗叫声
šar-šar	风吹树叶声	zïng-zïng	巴儿狗叫声
sur-sur	吹冷风声	ang-ang	驴叫声
shang-shang	河水流动声	mu	牛、狼叫声
horang-horang	刮大风声	mau-mau	猫叫声
hor-hor	大火燃烧声	quda qud-qud-qud	母鸡下蛋后的叫声
kor-kor	大火燃烧声	jir-jir	鸟雀、小鸡叫声
qïjïr-qïjïr	车轮等机件摩擦声、磨牙声	zha-zha	喜鹊叫声
čas-čas	清脆的拍打声；木头开裂声	qua-qua	乌鸦叫声
qas-qas	木头干裂声；咬嚼硬物声	pïr	鸟雀等初飞声
čax/šax	扁平物碰撞声	qudurqu-qudurqu	鸽子喊叫声
tox-tox	敲击声/走路声	zïr-zïr	小老鼠等叫声
sïr	燃烧声	vïrang-vïrang	蜜蜂等飞动声
šort	淌落声、洒落声、滑落声	va-va	青蛙等叫声

pong-pong	枪炮声	qar-qar	青蛙等喊叫声
pos-pos	炒豆炸裂声	qarara	蟋蟀喊叫声
qarang-qarang	铃铛响声	šürex-šürex	低声哭声
loğ-loğ	水等煮沸声	xur-xur	打呼噜声、鼻塞声
časdïr-časdïr	咬嚼硬物声	ïng-ïng	呻吟声、哭声
qosdïr-qosdïr	咬嚼硬物声	ha-ha	大笑声
čas-pas	打脸声	hi-hi	低笑声
zhoğ-zhoğ	猛力拍打声	ši	扑哧一笑声
rïğ-rïğ	猛力打击声	šüdü(r)-šüdü(r)	悄悄说笑声
šort-šort	鞭子等抽打声	qor-qor	肚子响动声
šap-šap	凉鞋等着地声	tïng-tïng	紧张的心跳声
kax-kax	皮鞋着地声、东西破碎声	par-par	担心的心跳声
tas-tas	干东西烧裂声	ki-ki	低笑声
pox-pox	稀饭等煮沸声/重物落地声	xïng	擤鼻涕声
pišir-pišir	湿东西燃烧声	shang-shang	耳鸣声
tox-tox	敲打声	pïsïr-pïsïr	人辗转反侧声
sïr	撕布声	vağ-vağ	哇哇哭声
tong-tong	走路声	ahang-ahang	咳嗽声
sor-sor	撕布声	isgo	打喷嚏声
širt	撕衣服声	qïrt	放屁声
tor-tor	布料破裂声	šür-šür	细嚼慢咽吃饭声
čatïrax-čatïrax	骡马等走路声	jirt	吐口水声/液体喷出声
pororo	液体滴入火中时发出的声	šap-šap	独自吃东西声
pas	东西破碎声	qod-qod	咕嘟咕嘟喝水声
pax	东西落地声	čax-čax	泥泞中的走路声/吵闹声
šororo	流水声	jororo	流水声、下雨声
vang-vang	刮大风声	šarara	下雨声
dang-dang	丁当作响声	qororo/qarara	打雷声
darang-darang	丁当作响声	šarara-šarara	风吹树叶声
čang-čang	敲锣声	suroro-suroro	吹冷风声
xïr-xïr	锯东西声/呼吸困难声		

　　以上象声词中除单个象声词外，还有重叠象声词，后者又有完全重叠和部分重叠两种，如 čax-čax、xïr-xïr、tox-tox 等完全重叠形式和 pororo、

šororo、jorojo 等部分重叠形式。还有个别复杂的形式如 quda qud-qud-qud
等。单个象声词一般与动词 et-（做）结合使用，而重叠象声词一般与具体
动词结合使用，如：

u　　pox　　et-gen-de　　yer-e　　gülin-er.
他　　砰　　做-形动-位格　　地-向格　　摔倒-现在时
他"砰"的一声倒在地上。

u　　ši　　et-e　　bir　　küli-r.
她　　扑哧　　做-副动　　一　　笑-现在时
她"扑哧"一笑。

yağmur　　jor-jor　　yağ-ba(r).
雨　　哗哗　　下-进行体
雨"哗哗"地下着。

u　　sux　　su-nĭ　　qod-qod　　iš-ba(r).
他　　冷　　水-宾格　　咕嘟咕嘟　　喝-进行体
他"咕嘟咕嘟"地喝冷水。

boğnax　　qororo　　doša-ba(r).
雷　　哗啦啦　　响-进行体
雷（声）在"哗啦啦"地响着。

arux-da　　su　　šororo　　tangna-ba(r).
渠-位格　　水　　哗啦啦　　淌-进行体
渠里的水"哗啦啦"地流着。

7.6.2　象形词

象形词表示形象、感觉等。撒拉语的象形词有：

šeše-beše	埋怨不满状	bad	动作迅敏状
taš-taš	邋遢走路样	zĭğ-zĭğ	眼皮跳动状
lab(ax)-lab(ax)	邋遢走路样	zĭd-zĭd	刺痛状
lem-lem	火光闪耀样	tax-tax	口干舌燥感

nor-nor	物体柔软状	laǧ-laǧ	身体发抖状
zïd	动作迅猛状	angqar-tangqar	拖拖拉拉状
diǧ	突然受惊状	miš-miš	无精打采状
fur-fur/for-for	火冒三丈状	zam-zam	跃跃欲试状
šar-šür	七零八落拆散状	qor-qor	失败状、吹牛状
yïldïr-yïldïr	闪耀状	šeleng-šeleng	摇摆状
baǧ-baǧ	喋喋不休顶嘴状	diǧ-diǧ	走路状（贬义）
zïng	头、耳嗡嗡响感觉	lür-lür	眼珠转动状
loǧ-loǧ	害怕的心跳状	vang-vang	头痛感
diǧ-diǧ	害怕的心跳状	xor-xor	狼吞虎咽状
dad	动作突然状	tap-tap	走路状（贬义）

除个别词外，象形词大多与动词 et-（做）结合使用，如：

u　šeše-beše　yenša　dos-mur.
他　乱七八糟　说　完-否定
他胡言乱语说个没完。

se(n)　nang　šeše-beše　et-bïr　i?
你　什么　胡乱　做-进行体　呢
你胡乱埋怨什么呢？

u　nene　diǧ-diǧ　et-e　gel-er.
他　又　勤快样　做-副动　来-现在时
他又会精神十足地来（这儿）。（贬义）

yirex-im　loǧ-loǧ　et-er.
心-1属人称　砰砰　做-现在时
我的心在"怦怦"跳。

u　ačïx-ï　ge(l)-miš-de　for-for　et-ba(r).
他　生气-3属人称　来-过去时-副动　生气状　做-进行体
他气得火冒三丈。

第八章　余论

　　作为阿尔泰语系突厥语族的语言,撒拉语体现出丰富的形态特点,如:名词具有数、格、人称领属、有定与无定等形态变化;部分形容词有级的特点,形容词名物化后还有数、格和领属人称的变化;数词也有数、格和领属人称的变化;动词有态、式、体、时、传据、情态范畴等。撒拉语的这些形态特点与土耳其语、土库曼语、维吾尔语、哈萨克语等亲属语言相比,具有许多共同的地方。但是,撒拉族自13世纪从中亚迁徙至青藏高原的黄河岸边后就基本上失去了与其他突厥语民族的联系,撒拉语也走上了一条不同于其他突厥语的发展道路。加之汉语、藏语对撒拉语持续不断的影响,撒拉语在形态方面也体现出不同于其他突厥语的一些特点。这些不同点主要有:

8.1　撒拉语所具有的一些特点

　　名词短语的有定与无定范畴是撒拉语不同于其他突厥语的一个重要特点。撒拉语名词的无定性或许与汉藏语有一定的联系,但无论是有定性还是无定性,其形式标记无疑是从突厥语自身发展而来的。学术界普遍认为,突厥语没有定冠词。但撒拉语名词的-čüx 标记确实具有定冠词的功能,它和-Or 标记又形成了有定与无定范畴的对立。这是撒拉语不同于其他突厥语的一个很大特点。

　　撒拉语动词具有系统的二元传据范畴,与亲属语言如土耳其语等有一定的相同点,但无论是传据范畴的标记还是其功能都与其他突厥语有着较大的不同。至少从形式而言,我们看不出撒拉语的传据形式与汉藏语有任何联系,但问题是撒拉语在近 800 年的独立发展中如何形成这些特点的?显然,到目前为止,这一问题并没有得到解决。甚至于对撒拉语传据范畴形式及其功能还有进一步研究的空间。

　　作为表示间接经验过去时标记的-mIš 和表示直接经验的过去时标记-jI(-dI)在撒拉语中的对立现象(二者同时也可表达完成时意义),和鄂尔浑古代突厥语、土耳其语非常接近。尽管在察哈台语中也偶尔出现间接经验兼完成时的-mIš 标记，但这种-mIš 形式的存在使得撒拉语和土耳其语等在形态方面紧紧联系在一起。

在数词方面，集合数词可由基数词、第三人称领属附加成分和各人称领属附加成分构成，如 išgi（二），išgi-si-m（我们俩）、išgi-si-ng（你们俩）、išgi-si（他们俩）。第三人称领属附加成分-sI 出现在基数词后再结合其他领属附加成分的现象，实际上是领属人称附加成分的重复使用（第三人称也许是形式相同，没有重复）。这种现象在其他突厥语中是不常见的。

在形容词后附加-jüğü 来表示最高级的形态变化，是撒拉语的一大特点。-jüğü 可能是等同格（似格）-ča 和小品词 ök 的组合，然后再附加以名词第三人称领属标记-I 而形成的。如果这种推测正确，那么古代突厥语的等同格-ča 和小品词 ök 在撒拉语中就有了新的发展变化。

在撒拉语中，-jIn 附加在名词后可构成新的名词，表示具有某种特长、能力的人（多含贬义），如 gačajïn（"爱说话的人"<gača "话"）、dodaxjïn（"爱搬弄是非的人"<dodax "嘴唇"）等。在维吾尔语中也有个类似的成分-čan，接在名词后构成表示人或事物的特征、嗜好、倾向、能力及状态意义的形容词，如 bilimčan（知识渊博的）、iščan（勤劳的、肯干的）、köynekčan（穿着内衣的）、küreščan（斗争性强的、战斗的）、uyatčan（爱害臊的、羞怯的）（赵相如等，1985:189）。维吾尔语的-čan 在语音和语义方面都与撒拉语的-jIn 比较接近（撒拉语的 j 可能由 č 弱化而来）。这种构词法在其他现代突厥语中不太活跃，但在图瓦语、蒙古语中也很有活力。因此，对这种现象可能的解释是撒拉语保留了古老的阿尔泰语构词附加成分。

撒拉语可用向格表示领有所属关系，如：

mang-a　heli　var.
我-向格　　钱　有
我有钱。

在察哈台语中向格也经常和 bar、yoq、dur、erür 等构成领有所属关系（Eckman, 1966:87）。但这种现象在其他突厥语中是少见的，其中原因值得深思。

在其他突厥语中，当数词或数量短语修饰名词时一般位于名词前面，但撒拉语中数词或数量短语既可置前，也可置后，而且二者的语法功能并不相同。这与其他突厥语形成了较大差别。

撒拉语中有一种特殊的人称代词成分 čo 及其变化形式，čo（大家、我们）、čosïm(lar)（我们）、čosïng(lar)（你们）、čosï(lar)（他们），它以名词形式出现，然后再附加撒拉语名词的词缀形式（-sï 为名词第三人称领属标记，-lar 为名词复数标记），就形成了这种特殊的代词形式。在其他任何突厥语中我们都见不到这种现象，而藏语中恰好有 čo（你）一词，因此，合理的解释应该是撒拉语受到了藏语影响，形成了非常有特色的、丰富的代词形式。

由于汉语的强烈影响，撒拉语数词的功能急剧弱化，在许多方面已系统地被汉语所取代。

8.2　撒拉语所缺乏的一些特点

和其他突厥语相比，撒拉语缺乏这些语言所具有的一些共同特点。维吾尔语等有构词前缀如 bi/bï/be、na、bä、bät 等，而撒拉语没有这种借自波斯语的构词形式。其他一些来自波斯语、阿拉伯语的构词成分，如表示地方的构词后缀-xana 在哈萨克语等部分突厥语中存在，有 asxana（食堂）、jataqxana（宿舍）等，但在撒拉语中并不存在这种构词法。这说明撒拉语在形态方面受波斯语的影响要小于哈萨克语等突厥语，换句话说，正是撒拉族离开中亚后，波斯语还持续不断地影响着中亚地区及现代新疆地区的一些突厥语，使这些语言获得了撒拉语所没有的一些特点。

无论是古代突厥语，还是许多现代突厥语中，-sXz 附加在名词、形容词后可构成否定性的形容词，表示"没有、不具有……"之义，如 ağïsïz（"无价的" <ağï "财物"）、tüzsüz（"不平的" <tüz "平"）。但在现代撒拉语中却没有这种语法手段。同样远离突厥语中心区，受汉藏语影响很深的西部裕固语中，也没有这种表示否定意义的构词法。这说明要么撒拉语和西部裕固语在同汉藏语接触的过程中丢失了-sXz，要么这种语言中本来就没有-sXz 成分，而其他语言中的-sXz 是后来产生的。兰司铁（1981:322）认为在诸突厥语和方言中都使用有这一否定性的构词法，但巴斯卡科夫指出兰司铁的这种看法并不正确，因为在哈卡斯语、阿勒泰语等语言中就没有-sXz 词缀（兰司铁，1981:366）。因此，关于-sXz 在撒拉语中本来就不存在还是后来丢失的，需要进一步的研究。

撒拉语中不存在用动词形态表示的被动态。撒拉语在表示被动意义时，只将受事提前，后面的施事出现与否是可选的，没有专门表达被动意义的动词形态变化。

和绝大多数突厥语不同，撒拉语和西部裕固语一样，动词没有人称的变化。撒拉语的动词缺乏人称变化，合理的解释只能是：或者撒拉语本来就没有动词的人称变化，或者是本来有但后来丢失了。对此，捷尼舍夫（1981:567）、韩建业等（2004:113）学者持第二种观点。他们认为，就口头民间文学作品而言，撒拉语动词曾一度拥有人称和数的变化，只是在后来的发展中逐渐消失了。捷尼舍夫明确提出，这种特点是在汉语的影响下出现的。

名词的领属附加成分没有单复数之分。但根据撒拉语反身代词中残存的有可能是领属附加成分的单复数区别，我们可以推测撒拉语名词的领属附加成分在历史上可能有单复数之别。撒拉语反身代词第一、二人称的复数形式有 eyimsiler 和 eyingsiler 的语音形式。其中-imsi-(<imiz?)和-ingsi-(<ingiz?)可能就是古代撒拉语名词领属附加成分复数形式的残存成分。对此，撒拉族语言学家韩建业先生（2004:76）指出，名词复数领属附加成分，在民间文学和孟达土语中保存着，但不完整，其他地方已消失了。在化隆的卡索等地区，笔者还观察到不同于循化街子和孟达土语的、名词领属人称附加成分的消失。因此，在缺乏形态变化的汉语或形态变化不丰富的藏语影响下，撒拉语逐渐丢失了名词领属附加成分的单复数区别是完全有可能的。

-(A)p 副动词存在于早期撒拉语中，但现在这一形式已经消失。这和其他突厥语形成了鲜明的对比。

撒拉语动词条件式-sA 没有人称区分，如：men vax-sa（假如我看），sen vax-sa（假如你看），u vax-sa（假如他看）。而其他突厥语如土耳其语中-sA 后面有人称区分，如：bak-sa-m（假如我看），bak-sa-n（假如你看），bak-sa（假如他看）。

-daš 在土耳其语、土库曼语、维吾尔语、哈萨克语等许多突厥语中缀接在名词后面构成新的名词，表示与某一事物有关的人，如土耳其语中的 oquldaš（"同学"<oqul"学校"）、qardeš（"兄弟姐妹"<qarïn"肚子"）、arqadaš（"朋友、同事"<arqa"背"）等。撒拉语中几乎见不到用这个词缀构成的名词。对-daš 的来源，有人认为是来自突厥语，也有人认为是来自波斯语。不管是哪种观点正确，需要思考的是为什么撒拉语中见不到这种构词法呢？

在古代突厥语和土耳其语等一些现代突厥语中，既有-GAn 形式的形动词，也有-mIš 形式形动词，如 gör-gän（所见的）、tut-mïs（统治的）等。但撒拉语目前只有-GAn 形式的形动词，没有-mIš 形式的形动词。

以上仅是我们粗略观察到的撒拉语的一些主要特点，由于全面、深入而细致的语言比较研究还未展开，因此，我们很难讲撒拉语真正的特点是什么，我们还无法解释撒拉语的一些特点是如何形成的。但有一点是可以肯定的，由于和汉藏语等的接触，撒拉语的形态特点趋于减少，语言形式朝着简化方向发展。要想准确了解撒拉语的特点，必须对与撒拉语相关的土耳其语、土库曼语、维吾尔语、哈萨克语等亲属语言，阿拉伯语和波斯语，汉语和藏语，甚至是蒙古语等语言有较为全面而深入的认识。

第九章　口碑文献原文

9.1　Döyi Yul[①]

骆驼泉

oholda, Samarqandïda Qaramang ma Axmang diğeni gaga-iniör vomïš, ula(r)nï andağï dambasï kemjile otalmamïš. inji kumsan ağ(a)inisini parlamïšda, ax döyör yehle, Samarqandïdağï torax bir zanzi ma su bir adïma yiuxle, dağï Quranor yiuxlemišde čïx gimis, yaxšï otqan ornor išdiğür dimišde. ular enkex hama görmiš. dağqa čïxqu, sunï ötgü, Šinjiang Tienshanni ötmiš, ele yandan yüre Jiayüguenne girmiš, andan Gansuniği Suzhou, Ganzhou, Tienshui, Gangunï öt gelje, Ningšiağa girmiš, nene ilanjanï Labulïnniği Ganjiatanne gimiš.

从前，在撒马尔罕有一对叫尕勒莽和阿合莽的兄弟，他们因受到当地统治者的欺压而无法在那里生活。于是（他们）带领自己的孔木散、阿格乃，牵着一峰白骆驼，驮着撒马尔罕的一碗土和一壶水，还驮着一部《古兰经》出来了，想要寻找一个理想的居住地。他们经历了许多苦难。（他们）跋山涉水，翻越了新疆天山，从那边进入嘉峪关，之后经过了甘肃的肃州、甘州、天水和甘谷后，进入了宁夏，又辗转来到了拉卜楞的甘家滩。

Qaramanglar čïx gile biji vo(l)mağan, nene aniği kumsan ağ(a)ini qirïx beš kiš iriš gimiš. ular iriš gile Tienshanda bele yana yürmiš, qar dağ muz dağla(r)nï öte, Šixay bele yane gimiš, andan Guideniği Yüenzhugouğa enmiš. anda on išgi kiš qalmïš, bašqasï yon iline yürmiš, yürjeni Labulïnniği Ganjiatanda Qaramangla(r)nï učirašmïš, ele-bele seliamu virišmiš.

尕勒莽一行出来不久，又有他的孔木散、阿格乃等四十五人跟随而来。他们跟随而来后走了天山这边的路，翻越了雪山、冰山，来到了青海湖的这

① 选自于 Ma Wei, Ma Jianzhong and Kevin Stuart. 2001. *The Folklore of China's Islamic Salar Nationality*. New York: The Edwin Mellen Press: 7-10. 汉文由马伟翻译。

边，从那里进入贵德的圆珠沟。在那里，有十个人留下了，其余的人又继续前行，在拉卜楞的甘家滩和尕勒莽一行相遇了，互相致以"赛俩木"问候。

biji dingjeni ular nene iline yürmiš. yürje Sečang qola girmiš, andan Mundali Daǧnï ötmiš, ötjeni Altiulniǧi Otus Daǧqa gimiš. bu(va)xda geš vo(l)mïš, yogo yadašmïšda elǧi vo(l)mïš. döyisi da yada, susa, ačïxmïšda elǧi etba(r), elixkene ular Otus Daǧda dingmiš. yarïm gejide, Qaramang uyan gimiš, bir üšerse, döyisi yoxa, kika jabulanï čalamïšda, qalosoǧa išdeme va(r)mïš. ot dešermišde Ot-boynaxdan en gimiš. išde išde Daš-boynaxniǧi anga varsa tangmïš. (elixkenniǧi Daš-boynaxčüxniǧi andasïnï da Tangqut čalaba(r).)

稍作休息后，他们又继续前进。走进了夕昌沟，从那里翻过了孟达山，来到了街子的奥土斯山。这时夜幕降临，大家已疲惫至极。他们的骆驼也又渴又累，于是他们就在奥土斯山上停下休息了。半夜时分，尕勒莽醒来一看，发现骆驼不见了，于是立刻叫醒同伴，四处寻找。（他们）点着火把从山坡上下来了。找着找着，当（他们）来到石头坡时，天已经亮了。（所以把石头坡那一带还叫做"唐古特"。）

inji ular susamïšda su išdeme va(r)mïš, varsa döyisi anda yulor yanda daše belenmišde yatmïšda aǧzïndan su čïx giba(r). inji Qaramanglar döyisi belindeǧi su, torax ma Quranlanï almïš. birleǧa geǧende döyisi enkex görǧenini bir sumurlïǧanï, yogo yaǧlamïš. inji Qaramanglar Quran aša, uxa, dovu etmiš, Xudanï izileǧa yaxšï bir ver edijeni. arda yul sunï bir išse, hama dahli ira, iziler akeǧeni sula(rnï) bir išje vaxsa, birčüx ira. toraxnï ham bir vaxsa, yon birčüx ira. elixkene Xuda izileni šangzhu etjeni yaxšï yiur datmïš dimišde anda ötmiš.

当他们为解渴而出去找水时，发现他们的骆驼已化成石头卧在一个地方，口中冒着水。于是，尕勒莽等人把骆驼背上的水、土和《古兰经》卸下来。想到他们的骆驼在来的途上所经历的苦难，大家都哭了。之后，尕勒莽等人打开《古兰经》诵读、祈祷，祈望真主能赐予他们幸福。后来，当他们饮用（骆驼口中流出的）泉水时，发现水质甘甜，和他们带来的水一比较，发现一模一样。又比较了一下土质，还是一样。于是，他们认为是真主赐福于他们发现了这个理想的地方，就在那里定居下来了。

Salïr kiš Altiulde belǧi otqanï ira. u günni Minchao Xunvu üš yïlniǧi bišinjiniǧi onüš yang ira ediba(r).

撒拉尔人是这样在街子定居的。据说那天是明朝洪武三年五月十三日。

9.2 Agu Qarajï[①]

阿姑·尕拉姬

oholda, bir bosor vomïš, aniği öyinde hama bar (ir)a. bosïčüxge anor vomïš, anačüx adïnï Agu Qarajï čalaba(r). Agu Qarajï uzatqusï yašïnda, tioniang qïrğïndağï kišler sojï giba(r). Agu Qarajï degisi ona yoxa.

从前，有个老爷爷，他的家里很富。那个老爷爷有个女儿，女儿的名字叫阿姑·尕拉姬。阿姑·尕拉姬到了出嫁年龄时，周围的人都来提亲。阿姑·尕拉姬就是不同意。

bir günör, bosïčüx ešex minmišde Agu Qarajïğa xarsï išdime va(r)mïš. biji yürjeni, bašï daz vo(l)ğan yixdi kišör učiramïš, yixdi kiščüx bosïčüx vaxa: "e baba, sen ešiğing minje qala va(r)ğur i?" dimiš. bosïčüx edimiš: "men anïma güy išdime va(r)ğur," dimiš. elixgene bu avučüx kika edimiš: "baba sen vaxsa, men sanga gufu dangnasa vo(l)ğar o?" dimiš. bosïčüx edimiš: "sen daz ira, miniği anïma tiuxlenmeğe(r)," dimiš. yenša vola nene iline yürmiš.

一天，老爷爷骑着毛驴出去给阿姑·尕拉姬找夫婿。走了一阵路，（他）就碰见了一个秃顶的年轻人，这个年轻人向老爷爷问道："哎，爷爷，你骑着毛驴去哪儿呢？"老爷爷说："我去给女儿找夫婿。"这个男孩于是赶紧问道："你看，我可以给你当女婿吗？"老爷爷说："你是个秃子，配不上我的女儿。"说完又继续向前走。

yüre yüre bosïčüx nene o:r görmiš, bu očüx yon ilindeği očüx ira, göde yaslïnjanï maysoxdağïna oxšï yoxa. očüx angnašmïš: "baba, sen ešexingni minmišde gillaba(r), qala va(r)ğur i?" dimiš. bosïčüx edimiš: "men anïma gufu išdime va(r)ğur," dimiš. očüx kika angnašmïš: "baba sen vaxsa men yarağa(r) mu yaramağar i?" dimiš. bosïčüx edimiš: "si kemesiği iličüx men bir görji. men kelemeji. sen ham yaramağa(r)," dimiš. očüxniği göngni yon ül yoxa, bir sumurlïjanï yalğanor čatmïš: "e baba, inji sen išdime va(r) quma, bularda man mi kemesiği daz dïr. sen mini etduğu bili" dimiš. bosïčüx dingmišde bohor sumurlamïš, ardï edimiš: "ya, elği men sini kele qağï, yürde öye vara zo," dimiš. bu očüx Gösgür Avu ira.

---

① 马国瑞讲述，马伟记录、翻译。马国瑞，青海省循化撒拉族自治县清水乡红庄人，男，1971 年生，青海民族学院法律系学生。讲述时间：1995 年。

　　走着走着，老爷爷又遇见了一个男孩，这个男孩还是前面的那个男孩，稍微装扮了一下，跟原来的样子有点不同。男孩问："爷爷，你骑着毛驴很着急，去哪儿呢？"老爷爷说："我去给女儿找夫婿"。男孩马上问道："爷爷，你看我行不行？"老爷爷说："像你这样的我刚才就见了一个。我没要。你也不行。"那个男孩还是不死心，想了一下就撒了个谎："哎，爷爷，你就不要去找了，这里都是跟我一样的秃子。你就要了我吧。"老爷爷停下来想了一会儿，然后说："好吧，那我就要了你，往家里走吧。"这个男孩是高斯古日·阿吾。

išgisi yüre yüre asman qarangqu vo(l)mïš, Gösgür Avu xusaxï göder ačïxmïš, bosïčüxni emex yiğenini görğene edimiš, "baba, sen üšer, ilinde ax dašor vara, anï emex ornïna yise yarar mu yaramas i?" dimiš. bosïčüx edimiš, "e sen bir gamagu irara, dašnï ničüxli emex ornïna yiğür i?" dimiš. nene biji yürjeni, Gösgür Avu göder dongmïš. bosïčüxge üšerse bağdax giyba(r), elixgeni edimiš: "e baba, sen vaxsa men dal qoxnï seyjeni bağdax etse yarağa(r) mu yaramağar i?" dimiš. bosïčüx edimiš: "sen bir gamagu irar a! dal qoxnï ničüxli bağdax etgür i?" dimiš. yüre yüre Gösgür Avu yadamïš, bir sumurlïjanï nene edimiš: "baba, sen üšer, ilindeği qara dašnï men ešex ornïna minse yarağa(r) mu yaramağar i?" dimiš. bosïčüx dingneğene ačïxï gimišde üxrimiš: "sen bu gamagu, yiğirmeniği yašnï yenšajanï da beliği yenšağa(r) ma, dašornï ničüxli ešex ornïna mingür i?" dimiš.

　　两人走着走着，天黑下来了，高斯古日·阿吾的肚子有点饿了，看到老爷爷吃馍馍的样子就说："爷爷，你看，前面有块白石头，把它当成馍馍吃行不行？"老爷爷说："你真是个笨蛋，怎么能把石头当馍馍吃呢？"又走了一段路之后，高斯古日·阿吾感觉有点冷了。看到老爷爷在穿棉袄，于是就说："哎，爷爷，你看我能不能把树皮剥下来当作棉袄呢？"老爷爷说："你真是个笨蛋！树皮怎么能做棉袄呢？"走着走着，高斯古日·阿吾累了，想了一下又说："爷爷，你看，前面的黑石头我能不能当作毛驴来骑呢？"老爷爷听了以后生气地说："你这个笨蛋，20岁了还这样说，一块石头怎么当作毛驴来骑呢？"

öyine yetjeni, Gösgür Avu angnašmïš: "e baba, siniği bazarïnga qulax var mu yoxdïr i?" dimiš. bosïčüx ačïxï gimišde üšer da üšerme edimiš: "sen bu gamagu, bazara qadan qulax giğür i? kišler angnasa inji tišini da čirğe(r)," dimiš. Agu Qarajï bohor arasïnda nemeni qaynatmïšda dašï gimiš. Gösgür Avu bir ağzï išjeni edimiš: "bu aša dili neğe yoxar i?" dimiš. bosïčüx edimiš: "eš sini galanmağar a! aša qadan dili giğür i?" dimiš. neme iš vola, bosïčüx Agu

Qarajïğa edimiš: "e, ana, buğün men sanga išdi geğen güying losh(i) (ir)a či, biji
göngker (ir)a, gamagu gačačüx yenšar, inji sen ardïlar anga biji örğet," dimiš.
Agu Qarajï kika angnašmïš: "u nang yenšar i?" dimiš. abasï yoldağï išni man
ašgiračüx bir yenša bimiš. Agu Qarajï bir dingneğene galamïš a: "eš aba, u hama
züli irar a, sen eying aniği gačasïnï olanmamïš. u yenšağanï: emexingni izi biji
yiği, siniği bağdaxïngnï izi biji giyği, ešexingni izi biji mingi dimiš. bazarda
qulax yoxa ma ašda dili yoxa dese, iniği öyde išd yoxa, aš išinde et yoxa diğen
gač(a) (ir)a. bu očüxni men keleğür," dimiš. belği vola Gösgür Avu ma Agu
Qarajï išgisi xarsï kine vo(l)mïšda günni yaxšïlïğa öter yiurba(r).

　　到家以后，高斯古日·阿吾问道："哎，爷爷，你的庄郭有没有耳朵呢？"
老爷爷气得连看都没看说："你这个笨蛋，庄郭哪来的耳朵呢？别人听见的
话会（笑）掉牙齿"。阿姑·尕拉姬片刻之间把饭做好后端了上来。高斯古
日·阿吾吃了一口后说："这饭怎么没有舌头呢？"老爷爷说："哎，拿你
没办法！饭哪来的舌头呢？"吃完饭后，老爷爷对阿姑·尕拉姬说："哎，
女儿，今天我给你找来的夫婿虽然老实，但有点痴呆，尽说些傻话，今后
你要教育好他。"阿姑·尕拉姬立刻问道："他说了什么呢？"他父亲把路
上的事情都详细地说了一遍。阿姑·尕拉姬听了后笑着说："哎，爸爸，他
很机溜，你自己没听懂他的话。他说的是：他吃点儿你的馍馍，穿会儿你
的棉袄，骑会儿你的毛驴。说庄郭没有耳朵、饭没有舌头，是指我们家没
有狗，饭里面没有肉。我要这个男孩。"就这样，高斯古日·阿吾和阿姑·尕
拉姬两个人成了夫妻，过着幸福的生活。

　　yaxšïčüx išgi üš yïl vo(l)mağanda, bosïčüx kuxïn vo(l)mïš. bosïčüx kuxïn
vo(l)ğana, aniği ağ(a)iniler sorïšmïšda: Gösgür Avu muxu dïr, bosïčüxniği saxatï
anga diğ yaramas, izileğa diğ keler, Gösgür Avunï qolağur dimiš. ardï qurğu
nene Gösgür Avunï jarğur dimiš. Agu Qarajï bilğene, uğrïndan Gösgür Avunï
qaštarjanï dağda yašïntarmïš. u ağ(a)iniler Gösgür Avunï xorğajanï qašmïš
dimišde inji rilamamïš. Agu Qarajïnï kišge čïxdïr dimišde ona yoxa.

　　幸福的生活没过两三年，老爷爷过世了。老爷爷过世后，他的阿格乃
们商量：高斯古日·阿吾是上门女婿，老爷爷的财产不能由他得到，应由
他们来获得，要把高斯古日·阿吾赶出去。最后，又说要杀了高斯古日·阿
吾。阿姑·尕拉姬听说（此事）后，悄悄地放跑了高斯古日·阿吾，让他
藏在山上。那些阿格乃们以为高斯古日·阿吾因害怕而跑了，也就作罢了。
他们不停地逼劝阿姑·尕拉姬改嫁。

　　Gösgür Avu qaša čïx gi qala, Agu Qarajï her güne anornï anga neme uzat
yiurba(r). gün biji vola, uzat ge(l)ğeni yağ emex kijičüx bir tigi demese yoxa, ašï

ham bir gün bir gün azlanmïš. belǧi vo(l)ǧana, Gösgür Avu ačïx dalanma anačüxge yenšamïš: "ana, sen varda Agu Qarajïǧa yenšaduǧu: 'on beš gejisindeǧi ay yarïm demese yoxa, on altï gejisindeǧi yultus hama az (ir)a' ediduǧu, u izi olanar," dimiš. anačüx va(r) qala yon elǧi Agu Qarajïǧa yenša bimiš. Agu Qarajï dingnejeni "eš" dijeni bir zïǧïramïš: "sen emex ma ašnï eying ili išjeni qalǧanïnï si uzat ba(r)mïš nangyi, yirix yoxmaǧan kiš!" edijeni anačüxni bir üxrimiš. ačïx išdende anačüx bu išni man u bosïčüxniǧi aǧ(a)inileǧa yenša bimiš. bosïčüxniǧi aǧ(a)iniler busgiǧi xarïsï-xurïsï erkiš-qadïn kiš man čïxmïšda, pičïx čutqujï pičïx čutmïš, urxan čutqujï urxan čutmïš, jida čutqujï jida čutmïš, palta čutqujï palta čutmïšda Gösgür Avunï ülderme va(r)mïš.

　　高斯古日·阿吾逃出来之后，阿姑·尕拉姬每天让一个女孩给他送饭。过了一段时间后，送过来的油饼就只有一小块，饭也一天天变少了。所以，高斯古日·阿吾难忍饥饿向那个女孩说道："姑娘，你回去之后告诉阿姑·尕拉姬：'十五夜晚的月亮只有一半，十六晚上的星星很少'，她自己会明白的。"那个女孩回去后就依样告诉阿姑·尕拉姬。阿姑·尕拉姬听后"哎西"地喊了一声，并骂道："你自己把馍馍和饭先吃后，把剩下的才给送过去了，没良心的人！"那姑娘一气之下把这件事一五一十向老爷爷的阿格乃们讲了。这次，老爷爷的阿格乃们不管男女老少都出动了，拿刀子的拿刀子，拿绳子的拿绳子，拿矛的拿矛，拿斧头的拿斧头，去杀高斯古日·阿吾了。

Agu Qarajï bilǧene, xusaxï qïzaš otalma ruxqa čïxmïš. yiračüx aǧ(a)iniler daǧqa čïxqanïnï görǧene, yiriǧinden ot dešgen keme (ir)a, kika Gösgür Avuǧa ünini čïxïrmïšda zïǧïramïš:

　　阿姑·尕拉姬知道（此事）后，因心急如焚、坐立不安而上了楼。远远地看到阿格乃们上山的情景，心里面如烈火在燃烧，立刻放声向高斯古日·阿吾唱道：

　　e Gösgür oǧlanni,
　　eyšide po došaba(r),
　　örede qay došaba(r),
　　sen mali qašino,
　　mali qašino.
　　哎，高斯古口·阿吾，
　　下面枪在响，
　　上面山崖在回响，

你快点跑，
快点跑。

bu(va)xda, Gösgür Avuniği üni dağdan öt gimiš:
这时，高斯古日·阿吾的声音从山里传过来了：

e, Agu Qarajï,
men siniği qara sajïngnï bir görğede,
me si qašino,
me si qašino.
哎，阿姑·尕拉姬，
我见一下你黑色的头发，
我再跑，
我再跑。

Agu Qarajï zïqïramïš:
阿姑·尕拉姬唱道：

e, Gösgür oğlanni,
Xangshang Avuniği atï quruxïnï görse,
miniği sajïmnï görğe yanda yoxdïr yo,
mali qašino,
mali qašino.
哎，高斯古日·阿吾，
若见过皇上阿吾的马尾巴，
就不用看我的黑头发，
快点跑，
快点跑。

Gösgür Avu zïqïramïš:
高斯古日·阿吾唱道：

e, Agu Qarajï,
men siniği čajïng gözingni bir görğede,
men si qašino,

men si qašino.
哎，阿姑·尕拉姬，
我见一下你圆圆的眼睛，
我再跑，
我再跑。

Agu Qarajï zïqïramïš:
阿姑·尕拉姬唱道：

e, Gösgür oğlanni,
Xangshang Avuniği sörme čajïngnï görse,
miniği gözimni görği yanda yoxdïr yo,
sen mali qašino,
mali qašino.
哎，高斯古日·阿吾，
若见过皇上阿吾的酒杯，
就不用看我的眼睛，
你快点跑，
快点跑。

Gösgür oğlan zïqïramïš:
高斯古日·阿吾唱道：

e, Agu Qarajï,
men siniği gömeš yüzingni bir görğede,
me si yürği yo,
me si yürği yo.
哎，阿姑·尕拉姬，
我见一下你圆圆的脸蛋，
我再走哟，
我再走哟。

Agu Qarajï zïqïramïš:
阿姑·尕拉姬唱道：

e, Gösgür oğlanni,

sen on bešniği aynï görse,

miniği yüzimni görğe yanda yoxdïr yo,

sen mali qašino,

mali qašino.

哎，高斯古日·阿吾，

你若见过十五的月亮，

就不用看我的脸哟，

你快点跑，

快点跑。

Gösgür Avu dingnejeni mali qašmïš, qašjanï bir kong dağora yetmiš. u(va)xda, u ağ(a)iniler görle gimišde, Gösgür Avunï čutjanï andačüx üldermiš.

高斯古日·阿吾听完后赶紧跑了，后来，跑到了一座荒山里。这时，那些阿格乃们围了过来，就在那儿抓住了高斯古日·阿吾，并把他杀害了。

Agu Qarajï Gösgür Avunï ülderğeni bilğene, altun xaror kütermišde, aniği mitini išde ba(r)mïš. yüre yüre, ilinden sïxsïğan bir bang üš gimiš, Agu Qarajï zïqïrjanï angnašmïš:

阿姑·尕拉姬听到高斯古日·阿吾被害的消息后，背了一箱金子，去找他的尸体去了。走着走着，前面飞过来了一群喜鹊，阿姑·尕拉姬唱着问道：

e, sïxsïğan gaga,

Gösgür Avunï qada üldermiš?

seler gördi mo?

gördi mo?

哎，喜鹊哥哥，

高斯古日·阿吾是在哪儿被杀的呢？

你们看见了吗？

看见了吗？

sïxsïğan edimš: "e, pise(r) görmeji, sen ardïmdağï gürğünčüxge angnaš, u biler," dimiš. gürğünčüxni görjeni Agu Qarajï zïqïrjanï angnašmïš:

喜鹊说道："哎，我们没看见，你问后面的鸽子，它知道。"见了鸽子后，阿姑·尕拉姬唱着问道：

e, gürğünčüx gaga,
Gösgür Avunï qada üldermiš?
sen gördi mo?
gördi mo?
哎，鸽子哥哥，
高斯古日·阿吾是在哪儿被杀的呢？
你见了吗？
见了吗？

gürğünčüx edimš: "men ilinde üšgi, sen miniği ardïmda irišduğu, men dalora qumqï, u dalčüx jiuyinde Gösgür Avuniği miti var." gürğünčüx yenša vola ason üšmiš, asmanda bir ilanjanï esgiği peyang dalorda qummïš. Agu Qarajï varsa, Gösgür Avuniği miti dal jiuyinde vara, pungda qanor demese biqïrax bir kan yoxa. Agu Qarajï elğičüx yulan ba(r)mïš. yel bir xotsa yahraxlar enmišde Gösgür Avuniği mitini gömmiš.

鸽子说道："我在前面飞，你在我后面跟着，我落到一棵树上，在那棵树下面有高斯古日·阿吾的尸体。"鸽子说完后慢慢飞了，在天空中飞了一阵后落到了一棵白杨树上。阿姑·尕拉姬到达时，高斯古日·阿吾的尸体在树下，身上除了血连一件衣服也没有。阿姑·尕拉姬就此晕了过去。一阵风吹来，飘落的树叶盖住了高斯古日·阿吾的尸体。

Agu Qarajï uyan gelse, jing andan malor išgi gimiš. Agu Qarajï kika varjanï malačüx išgisine yaralmïš: "e, mala gaga, išgisingni bir enkex etge, bu vangrïnnï su bir čutda, terbet išgi vala, kem valağanï mali volsa, ḅir kiše bu altun xarïnï viğe, bir kiše men kine etge,"dimiš. malačüx išgisi ya dimišde, bohor arasïnda vala vo(l)mïš. Agu Qarajï edimiš: "men išine girğede bir vaxqï, yarğa(r) mu yarmağa(r)." dijeni bir terbet išine en ba(r)mïš, en ba(r)ğanda nene yulanmïš. busgiği inji xotalmamïš, kuxïn vo(l)mïš. malačüx išgisi nene anga su čutjanï Gösgür Avu išgisini birleğa gömmiš.

阿姑·尕拉姬醒来后，正好从前面过来了两个满拉①。阿姑·尕拉姬赶快走过去向两个满拉求道："哎，满拉哥哥，麻烦一下你们两个，把这个亡

① 满拉：即学习伊斯兰经文的学生。

人洗一下，挖个坟，谁挖得快，这箱子金子就给一个人，另一个人我当妻子。"两个满拉答应了，一会儿之间就挖好了。阿姑·尕拉姬说道："我进去看一下行不行。"说完就下到坟坑里了，下去后又晕了过去。这次，（她）再也没能站起来，死了。两个满拉又给她洗了身子后和高斯古日·阿吾埋到了一起。

9.3　Urux Söz(i)[①]

婚 礼 祝 词

bu doyniği yaxšï güne, men selere urux söz(i) išgi ağïz yenšağï:
在这喜庆的婚礼之日，我向大家说两句乌如乎苏孜[②]：

dünnöde ičo kemni ulï etgüsi (ir)a dese?
axun erlinni ulï etgüsi (ir)a.
nangni yolïnda dese?
erlin mutalin yolïnda,
surlihali güne amïn bandïnï parlağujï (ir)a de.
bir xaxïtnï čiurese,
išgi dünnöni görğüji (ir)a de.
minbere čïxa Qurannï aša,
amelini amïn bandïğa chuenshou etgüji (ir)a de.
yirixni kiji qoya,
Xudağa yaxïn otqujï kiš (ir)a de.
mu yolïnda ičo axun erlinni ulï etgüsi (ir)a der i.
在这个世界上我们应该尊敬谁呢？
应该尊敬有知识的阿訇。
为了什么原因呢？
因为他们是在知识的大道上，
在吉祥的日子里率领大众的人。

---

① 韩占祥演说，马伟记录、翻译。韩占祥，男，青海省循化撒拉族自治县街子乡团结村人，1941年生。演说时间：1995 年。这篇材料作为笔者和马建忠及 Kevin Stuart 的论文《循化撒拉族的婚礼》（The Xunhua Salar Wedding）的一部分。用撒拉文、英文发表于日本的《亚洲民俗研究》（Asian Folklore Studies）1999 年第 58 卷，第 31—76 页。

② 乌如乎苏孜：婚礼祝辞，意为"对亲戚们的话"。

翻开一张纸，

能看见两世的人。

上讲台打开《古兰经》，

把善行传授给大众的人。

谨慎行事，

崇拜真主的人。

为此，我们应该尊重阿訇学者。

mundan tiune gelji,

kemni ulï etgüsi (ir)a dese?

ağïldağï xarï-xurïnï ulï etgüsi (ir)a der i.

nangni yolïnda dese?

er geš mišd qoğa yüküre,

mišd qodağï sherïhanï fubang ete,

jomïnnï zhizhang etgen kiš (ir)a de.

bašïnï dasdarnï vura,

ojïna asarnï jiyinne,

namïsniği ili ardïna terbet qoğa ahlam yetgüji (ir)a de.

bala-bulağa vola dağ düzni ilanqujï (ir)ar i,

ağïlniği qaš-qušnï etgüji (ir)ar i,

su ağzïna qalğujï (ir)ar i,

yel ağzïna qalğujï (ir)ar i de.

mu yolïndan xarï kišni pise(r) ulï etgü keleğe(r) der i.

往下，

应该尊重谁呢？

应该尊重村子里的老人们。

为了什么原因呢？

（他们是）早晚往清真寺里跑，

在清真寺门口振兴教门，

支撑教门的人。

（他们）头上缠着头巾，

手上挂着拐棍，

是礼拜前后勤往坟院里去的人。

为了孩子们而走遍山野的人，

办村中琐碎事情的人，

是水坝口留守的人，
是风中留守的人。
为此，我们应该尊重老人。

mundan tiune gelji,
kemni ulï etgüsi (ir)a dese?
ičo janggili kiše iš yenšağujïnï ulï etgüsi dïr i.
nangni yolïnda dese?
er geš molana,
pišding pungdağï küšni čïxara,
ulï išni kiji etgüji (ir)ar i,
kiji išni yoxqan etgüji (ir)ar i,
jadalğanïnï vulağujï (ir)ar i,
dağalğanïnï bağlağujï (ir)ar i,
sunqanïnï qadağujï (ir)ar i,
šïdïlğanïnï yamağujï (ir)ar i,
yazalğanïnï yïğqujï (ir)ar i,
düğlingenini tišgüji (ir)ar i,
bağlanqanïnï yiurğüji (ir)ar i,
yïxïlğanïnï tixgüji (ir)ar i.
mu yolïnda semisanï pise(r) ulï etgüsi dïr i.
然后，
我们应该尊重谁？
应该尊重为我们庄稼人做事的人。
为了什么原因呢？
（他们）早晚劳累，
使尽全身的力气，
是把大事化小，
小事化了的人，
缀接断裂（东西）的人，
系绑松散（东西）的人，
补钉碎裂（东西）的人，
缝补破裂（东西）的人，
收集散落（东西）的人，
解开死扣（东西）的人，

放开缠结（东西）的人，

扶起翻倒（东西）的人。

为此，我们应该尊重他们。

mundan jiuyine gelji,

kemni ulï etgüsi (ir)a der i?

išgi arangnï ulï etgüsi (ir)a der i.

nangni yolïnda dese?

kiš čïxsa išgi arangdan čïxar i,

dimer čïxsa očïx kürexden čïxar der i,

sinexniği isi (ir)a de,

mu yolïnda semisanï pise(r) ulï etgüsi (ir)a der i.

然后，

（我们）应该尊重谁呢？

应该尊重两个舅舅。

为了什么原因呢？

人出舅家，

铁出炉膛，

（他们）是骨头的主人。

为此，我们应该尊重他们。

mundan tiune gelji,

kemni ulï etgüsi (ir)a der i?

išgi sojïnï ulï etgüsi (ir)a der i.

nangni yolïnda dese?

asmanda bulït yoxmasa rehemet yoxdïr der i;

yerde sojï yoxmasa urux yoxdïr der i.

bixi dağqa to tixgüji (ir)ar i,

ax ata yin talağujï (ir)ar i,

yangï mišde miralu tixgüji (ir)ar i de.

mu yolïnda semisanï pise(r) ağïs et keleğe(r).

然后，

（我们）应该尊重谁呢？

应该尊重两个媒人。

为了什么原因呢？

天上无云不下雨，
地上无媒不成亲。
（他们）是高山上立碑的人，
白马上拓印的人，
为新清真寺修建宣礼楼的人。
为此，我们应该尊重他们。

mundan tiune gelji,

buğün munga ge(l)ğen yiraxdeği qonax,

kem kem ge(l)ğen ağ(a)ini kumsan,

nigü gigü sele(r)niği altun surïtïngnï čayet (ir)ar i,

altun adïngla(r)nï qošalmağanï,

altun göngningle(r)ne bir tišmeği de.

söz(i) bu dïr.

然后，
今天到这儿的远方的客人，
所有来的阿格乃、孔木散，
虽然对你们的面貌很熟悉，
但不能一一说出你们的贵名，
请不要将此放在心上。
这就是我要说的。

me deli kišniği yenšaš (ir)ar i,

deli atniği oynašï (ir)ar i,

qarangqudan čïxqan söz(i) (ir)ar i.

söz(i)ni čutalar i,

vaxnï čutalmur i.

buğün me vaxqa iriğide,

sele(r)ğa xalğïš išgi čöy bağï,

söz(i) bu dïr.

这是我小人物的话，
如小马驹在瞎折腾，
未经深思熟虑的话。
话能说出来，
但往往不合时机。

今天我根据时间，
给你们留几句祝福的话语，
这就是我要说的。

shi ba čen yangniği mexulu išinde,
zhiguijüğü nang (ir)ar i?
ičo adan balasï (ir)ar i.
nangni yolïnda zhigui (ir)ar i?
enangniği xusaxïnda doqus aynï küttere,
on ayniği yaruxïnï göre,
yere engü eto enoniği günde,
qomïtnï tuile,
shinrïnni ardïnï basa,
bankïnï oxï,
isliamuniği bağlaxïnï vura,
berketniği yolïndan,
altï yideğa yetgü mišd qoğa yüküre,
erlin hakimït örğene,
xudaniği birliğini danağan söz(i) de,
ičo adan balasï zhigui dïr i.
十八千样动物里，
最尊贵的是什么呢？
是我们阿丹（圣人）的后代。
为了什么原因呢？
在母亲的肚子里坐胎九月，
看见十月的光明，
落地后的某一天，
念着经文，
根据圣人的做法，
念着宣礼词，
系上伊斯兰的带子，
在吉祥的路上，
到了六七岁往清真寺里跑，
学习知识，
认清真主的惟一性，

为此，我们阿丹（圣人）的后代是尊贵的。

on-išgi on-üš yetgü,

oğul vo(l)sa bele ala,

qïz vo(l)sa ele dïr i,

ičo išgi atananiği yağnïndağï gerdenni šeliğüsi,

söz(i) bu (ir)a der i.

gürğünčüx vo(l)sa onganï vaxar i,

urux vo(l)sa özexini vaxar i.

seler išgi čimsing bir birni angnaš akele,

Tiut yenšağan doqus hakanï basa akele,

bixi sïdïnda labsï dorlajï der i.

Xadï yenšağan uzun özenni basa akele,

dar yiurde kömer čöyji der i.

seler liangjasïng ax gin išinde gümüš dangnağan keme dangna gile,

qum išinde altun dangnağan keme dangna gile.

seler išgi čimsing diğišdiğin söz(i) bu dïr.

到了十二三岁，

男大当婚，

女大当嫁，

父母应该卸掉肩膀上的担子，

这就是我要说的话。

是鸽子都要看窝，

结亲都要问祖先。

你们两家都互相打听清楚，

正如藏族找遍了九架山，

在高处立了碑。

汉族说沿着长长的河水寻找，

在水面狭窄之处架了桥。

你们两家如从白锡里找银子，

如沙子里找金子。

这就是你们两家结亲的原因。

yïlniği išinde yïlnï dangna,

ayniği išinde aynï dangna,

günni išinde yaxšï günni dangna,

yüz gün sağanqannï bir gün polanï.

buğün-ete gün yağlajï,

ay yağlajï,

ha girmeji hu girmeji,

buğün-eteniği gün shi seler išgi čimsingniği dïr.

söz(i) bu dïr.

年份里挑选年份，

月份里挑选月份，

日子里挑选好日子，

期待百日的事情在一日之间完成了。

这两天阳光灿烂，

月光明媚，

没出一点差错，

这两天的日子是你们两家的，

这就是我要说的话。

mini agu öying gelji a,

yaš da tixmeji,

uzun sašnï urxa düğe,

pise(r) xarïčo bas burïxda bas gelse,

se(n) öyči xuy keme durï bas keme zele.

bixičüx zele ulïčüx ete,

me(n) öyčini süğüni otasïna qoya,

se(n) öyči yerde tixile,

širaniği döt ayaxï čudamağï ete,

namït išdene namïtnï tangna,

jalax išdene jalaxnï jara,

uja išdende ülišni qoyğan vo(l)ma,

ağ(a)ini kumsandan öy-öye jamnïğanï,

men qarïvashili adïm yandarmas,

mi yanïšïmnï birčüx Alahu selere,

bir išdene beš,

beš išdene on,

on išdene yüz,

yüz išdene ming,

selere yačuxčüx yandar be(r)ğene.

söz(i) bu dïr.

我的姑娘虽进了你们的家

但年龄还轻，

往上盘好她的长发，

我们老人浩浩荡荡把她送到这儿，

你们全家前呼后拥地迎接我们。

热情洋溢地接待（我们），

我们一家端坐炕上，

你们一家站在炕下，

连桌子的四条腿都难撑（你们的菜肴），

（你们）准备了各式的饭菜，

宰了牛杀了羊，

除了羊背子、肉份子，

你们的阿格乃、孔木散又各自盛情款待我们，

我一个普通人无法回报，

希望真主能回赐给你们，

一加五，

五加十，

十加百，

百加千，

能好好恩赐你们。

这就是我要说的话。

širaniği döt ayaxï čudamağï ete,

unniği yilixini ala,

jalaxniği simesini ala,

beliği etse,

qulax shi mi öyčiniği (ir)ar i,

lonba shi se(n) öyčiniği (ir)ar i.

炕桌的四条腿都难撑（你们丰盛的菜肴），

（你们）挑选了最好的面，

肥羊中宰了最好的羊，

这样做，

名声是我们家的，
东西是你们家的。

guzhuniǧi döt ayaxï čudamaǧï ete,
yinseṅni beylese,
bu yinsen shi longï idïr der i.
mini agu gemder lormanï jangna,
qolïniǧi damurnï čosqungčüx,
bir yiǧni bir yiǧni širǧen oltang idïr der i.
göziniǧi yaǧnï döxgüngčüx,
čiralux jiuyinde bir yiǧni bir yiǧni šir.
kiči yiǧni gözinden yiseṅni öter yiure,
bir yiǧni bir yiǧni jalaǧan jičex dïr i.
qulax shi me öyčiniǧi (er)ar i,
lonba shi se(n) öyčiniǧi (er)ar i.
桌子的四条腿难撑，
这些摆的针线，
这些针线是（新娘的）嫁妆。
我的姑娘抒清乱麻，
把胳膊上的筋都拉长了，
（这些）是（她）一针一线纳的鞋底。
直到把眼中的油都熬干，
都在灯盏下穿针引线。
从小针眼里把丝线穿过去，
（这是）一针一线绣出来的花，
名声是我们家的，
东西是你们家的。

munda seler išgi čimsing bir birniǧi adïnï qoyǧu yiur (ir)a der i,
bir birni kolaǧu yiur (ir)a der i.
Xadï ye(n)šar i:
rïn guo liu min,
yen guo liu shïn der i.
kiš öt barsa üni qal barar der i,
tïrna öt barsa üni qal barar der i.

munda seler išgi čimsing,

bir birniǧi adïnï yenšaǧu yiur dïr i

bir birniǧi qulaxïnï tixgü yiur dïr i.

这儿是你们两家各自留名的地方，

互相夸赞的地方。

汉族说：

人过留名，（汉语）

雁过留声。（汉语）

人过留名，（撒拉语）

雁过留声。（撒拉语）

这儿是你们两家，

互相夸赞的地方，

互相提高名誉的地方。

mundan tiune gelji,

mini agu bu qoǧa ve(r)ǧen gu nang dïr i?

urxara üšerse daš qay bixi (ir)ar i,

ax qüšniǧi qanat qurǧï uzaǧu yiur (ir)a der i;

daǧqa üšerse xuy jadax (ir)a der i,

ardïx vurǧu yiur (ir)a der i;

tiune üšerse göx Mören kön (ir)a der i,

shangzui balux oynaǧu yiur (ir)a der i,

altun shala, fazi balla,

gangyin dalaǧu yiur (ir)a der i;

daǧqa üšerse daǧ jadax (ir)ar i,

düze üšerse düz kön (ir)ar i,

mal küš čïxqu yiur (ir)a der i,

janggi exgü yiur (ir)a der i;

bu qoda ax at baǧlaǧu yiur (ir)ar i,

göx umusu zïng jaǧlaǧu yiur (ir)ar i,

axung erlin čïxqu yiur (ir)ar i de,

mu yolïndan mini agunï verse ve(r)ǧen gu bu ider diji.

再往下说，

我的姑娘嫁到这家的原因是什么呢？

往上看石崖高，

是白鹰展翅成长的地方；

往山上看森林大，

是个打猎的好地方；

往下看黄河清澈宽阔，

是鱼儿嬉戏的好地方，

是靠淘金、扳筏子，

打发光阴的好地方；

往山上看山很大，

往平原看原野开阔，

是牲畜长膘的好地方，

是种庄稼的好地方；

这家门前是拴马的好地方，

是牦牛成长的好地方，

是阿訇学者产生的好地方，

这就是我家姑娘嫁到这儿的原因。

qodïbo nine se(n) munda dingnebïr mu?

mini agu gölče zimen yox čimsingden,

sini qonga gile,

elingdeği kürex sabnï ala,

belingdeği sïčïxnï zeleğene bolar ya shi,

görmeğeni az (ir)ar i,

bilmiğeni atux (ir)ar i.

bilmiğeni se(n) bir bilder qusa,

görmiğeni se(n) bir göğes qusa.

bixisini se(n) yelör et yi,

ašaxïnï se(n) suor et yi.

qormaš yije üğü čingnïtqur dese si ojïngda var i,

et yije quš čingnïtqur dese yon si ojïngda var i.

亲家母，你在这儿听吗？

我家姑娘从穷苦人家，

来到你们家，

能接下你手中的木锨，

接下你背上的水桶，

但见识少，

不知道的多。

愿你指点（她）不知道的，

愿你（给她）见识一下（她）没见过的。

过分的地方希望你能原谅，

不当的地方希望你能宽恕。

你可以用麻麦喂成猫头鹰，

你也可以用肉喂养成雄鹰。

men deli kišni yenšašǐ (ir)ar i,

deli atniǧi unašǐ (ir)ar i,

kišniǧi otašǐ　(ir)ar i,

uxuniǧi datašǐ (ir)ar i,

dašniǧi vurašǐ (ir)ar i,

suniǧi yüriši (ir)ar i.

bašǐ gelse ayaxǐ gimur i,

ayaxǐ gelse beli gimur i.

küreǧa üšelmur i,

omanna vuralmur i,

urxanna salalmur i.

mini gačǐm bijiričüx ornašmasa,

ičo Xudaniǧi guy selamulanǐ ason gačalaša,

esseliamu alikum!

这是我小人物的话，

如小马驹在瞎折腾，

如人的坐姿，

如弓的拉法，

如石头的打法，

如水的流法。

头来脚不来，

脚来腰不来。

用斗盛不了，

用秤称不了，

用尺量不了。

如果我说得不当，

让我们用真主的赛俩目开始慢慢聊，

艾赛俩目阿来孔目!

9.4　Gačïx Nine[①]

嘎琪和奶奶

Gačïx nine: men jonggili kiš (ir)a, jonggi exmiš, čöp tadamïš, orax ormïš, yürden döymiš, i molanmïš. on doqusda me goho qalmïš, bala išgisini lalamïš, Tiute va(r)mïš, inji enkex görmiš, inji xu molanmïš, inji i shïnxuo kunnan (ir)a.

嘎琪和奶奶: 我是庄稼人, 种了庄稼, 拔了草, 割了麦子, 打了场, 我吃了苦。19 岁那年我成了寡妇, 拉扯了两个孩子, 去了藏区, 经历了苦难, 很辛苦, (那时)我生活困难。

Selime: inji o išgi demese ana yoxa?

才力麦: 只有两个儿子, 没有女儿?

Gačïx nine: inji o išgi demese ana yoxa. inji čuxur balalar čïngnamïš, čuxur gangyin da yaxšïlanmïš, oholdağïnï vaxsa. oholda gangyin yaxšï vo(l)mağu, i atux molanmïš, atux qem yimiš, atux enkex görmiš. i ačïxba(r), i shïnxuo kunnan (ir)a. ïng, i oholda xangfïnčü valamïš. i goho ili etmiš, galansa galanmasa.

嘎琪和奶奶: 只有两个儿子, 没有女儿。现在孩子们长大了, 比起以前, 现在光阴也好了。以前因光阴不好, 我吃的苦多, 愁苦多, 很辛苦。我挨饿, 我生活困难。嗯, 我挖了黄丰渠。我当寡妇早, 不管承担得了还是承担不了。

Selime: yiğirme nečede goho qalmïš?

才力麦: 二十几就成了寡妇?

Gačïx nine: yiğirme dötde.

嘎琪和奶奶: 在二十四(那年)。

Selime: yiğirme dötde?

才力麦: 在二十四(那年)?

Gačïx nine: e.

---

① 这篇材料是嘎琪和奶奶所讲述其生平故事的一部分, 材料中的另两个人物为笔者的母亲及笔者自己。嘎琪和奶奶, 女, 青海省循化撒拉族自治县积石镇石头坡村人, 1921 年生; 才力麦, 笔者的母亲, 青海省循化撒拉族自治县积石镇石头坡村人, 1950 年生; 笔者, 1970 年生, 18 岁前一直在石头坡村生活。讲述时间: 1999 年 1 月。这篇材料由笔者及美国 Arienne Dwyer (杜安霓) 教授共同搜集, 由笔者记录、翻译。

嘎琪和奶奶：是的。

Selime: yiğirme dötden inji čuxur yetgör neče yašabar a?

才力麦：从二十四到现在多大了呢？

Gačïx nine: čuxurğïna yetgör balağa molanmïš.

嘎琪和奶奶：直到现在都为孩子们辛苦了。

Selime: čuxur neče yašabar i?

才力麦：现在多大了？

Gačïx nine: čuxur inji čishisiğa girğer i.

嘎琪和奶奶：现在快七十四了。

Selime: čishisiğa?

才力麦：七十四？

Gačïx nine: bu yïl čiurïlsa čishisiğa girğer i, bu yangï yïl girmiš a.

嘎琪和奶奶：过了这个年就是七十四了，这个新年来了。

Selime: išgiden öre se(n) sunzilamadi neči vo(l)mïš a se(n)?

才力麦：从两个孩子包括孙子你现在有多少人了呢？

Gačïx nine: čuxur sunzi shisange vara, shisange vo(l)sa, me čosïm döt vo(l)sa, beš vo(l)sa, neče vo(l)ğar a? shibage vo(l)ğa(r) mi?

嘎琪和奶奶：现在有 13 个孙子，有 13 个的话，我们 4 个的话，5 个的话，有多少呢？有 18 个吗？

Selime: bala išgiden shibage vo(l)mïš.

才力麦：从两个孩子变成了 18 个人。

Gačïx nine: o išgiden shibage vo(l)mïš.

嘎琪和奶奶：从两个儿子变成了 18 个人。

men: eğe seler shïnchandui vaxïnda iš etse ničüx etbïr i?

我：那你们在生产队时期是怎么劳动的呢？

Gačïx nine: i dan'gan (ir)a, i čedena, arxanga čeden kütje etba(r).

嘎琪和奶奶：我自己单独干，我在背上用背斗背。

Selime: ešexge yiuxliba(r).

才力麦：用毛驴来驮。

Gačïx nine: ešexge yiuxliba(r), čuxur keme chezi yoxa. inji küter, kütjenečüx molanba(r).

嘎琪和奶奶：用毛驴来驮，不像现在有车子。背（东西），背着辛苦。

Selime: gunineng oza gelje edeba(r), kishni izi u uxda Xoltïxdan, esgi öyni ötgende, kishni izi Xoltïxdan küteričüx......küterba(r), čeden išine küter gelse, döt ma üš küter giba(r).

才力麦：你姑奶奶刚才来了后说，那时在盖旧房时，她从 Xoltïx 背土坯……背着，用背斗背的话，背三四个。（这是我妈给我说的话——笔者注）

Gačïx nine: esgör küter beli.

嘎琪和奶奶：只能背那么点。

Selime: belinge eliğičüx yağur giba(r) deba(r) molana, čuxur inji gangyin......

才力麦：说是后背都烂了，现在光阴……

Gačïx nine: inji tolajiğa datba(r), tolaji vo(l)masa čicheğa datba(r). oholda ešexler "tax-tax tax-tax" etje yiuxliba(r). ešex voğujï yiuxliba(r), ešex yoxmağujï nangkirixni küteričüx etba(r).

嘎琪和奶奶：现在用拖拉机来拉，不是拖拉机的话用汽车来拉。那时，毛驴"嗒、嗒，嗒、嗒"地驮。有毛驴的在驮，没有毛驴的，什么都是（自己）背。

Selime: tusnï diu elen qolda da ešexge yiuxliba(r).

才力麦：在那边沟里（指白庄一带——笔者注）还在用毛驴驮肥料。

Gačïx nine: eš, oholda ačïxqanda shïnchandui vaxïnda, pise(r) dağlïxqa varsa, dağlïxdan küterjeni akiba(r) bile.

嘎琪和奶奶：哎，从前生产队时期挨饿的时候，我们去山区的话，从山区（把东西）背回来呢。

Selime: arxanga?

才力麦：用后背？

Gačïx nine: jiushili yoldan liushijin kütje giba(r).

嘎琪和奶奶：从90里路上把60斤（东西）背回来。

Selime: me munga gi qala, nang išgisi va(r)mïš, Salia išgisi Tiute bir varjï, abang išgisi yi. varjanï yangyiuör vushijin vushijin küter gimiš išgisi. vushijin liushijin volsa changni ya. uxda Hazagu kiča, diu Yisufu keme elği ira. küter gelse, inji u iğa ete vaxsa da gansan vo(l)ba(r) bili, yangyiu inji šixan inji.

才力麦：我到这儿来后，（他们）两个人去了，Salia 俩人去了一次藏区，你爸爸（指笔者爸爸——笔者注）两个人。去了后两个人各背50斤洋芋回来了。可能有五六十斤。那时 Hazagu 还小，像那个 Yisufu 一样。背回来后，那个对我们来说比肉还要好，洋芋很宝贵。

Gačïx nine: nang yenšabïr i?

嘎琪和奶奶：说什么呢？

Selime: gelse arxasïnda jang besgi bozi kemesiği gidör vara.

才力麦：回来后，背上有这么一个包子大的疙瘩。

Gačïx nine: men dïr, diu Bağïr nine dïr, diu Daxïn Seya dïr......

嘎琪和奶奶：我，那个 Bağïr 奶奶，那个 Daxïn Seya……

Selime: anï da etni da elği ayi (yo)xar a.

才力麦：连肉都也没有那么喜爱。

Gačïx nine: Dangzangda Roza dïr, Demili dïr. me čosïm qadïn kiš yide dïr mu nangor (ir)a. diu Shang Tarji, Xa Tarji diğeni anga varjï. anga varsa oholda yiğüsi qaḍa var i? yangyiu bir gönshïn lingnaji , anï yenšajanï bir piširterji. inji me čosïm gejilixör yijeni, inji jigi jigi ülišji, azuxor diğen(i) (ir)a. inji ardï güne me čosïm liushijin liushijin kütje giler. liushijin liushijin kütse, geshiğina kiš dangnanjanï (?) kütji, ganbor öyinde otjï. kiš dangnanmağungčüx yürmur, tangor zïdïr-zadïr yağsa, inji dandan nene yol datmasa, me da u sarïna va(r)mïšda čeyit (ir)a. anga yetse, anga yetse tux mongarar, ya ičo Salunbïğa yetmiš, Marjanï čöy gimiš, Salunbïğa yetmiš deba(r). u čosï qadasïnï mulan yoxa.

嘎琪和奶奶：丁江的 Roza，Demili。我们女的可能七个左右。到那个叫 Shang Tarji、Xa Tarji 的那儿去了。到那儿去的话，以前哪有吃的呢？领了一斗洋芋，让人把那个煮了一下。然后，我们几个人吃了晚饭（洋芋）后，（每人）分了几个，当作干粮。第二天，我们（每人）背回来 60 斤（洋芋）。背 60 斤的话，住在一个干部家里，晚上别人休息（？）后背的。别人休息之前没走，偏偏找不到路时，又整夜在哗啦啦地下雨，我还因去过那儿（对路形）较熟点。到一个地方时，鸡叫了，（我）说："好，我们到了 Salunbï，已经过了 Marja，到了 Salunbï"。她们几个人不知道到了什么地方。

Selime: Karganga?

才力麦：（到了）Kargang 吗？

Gačïx nine: Karganga.

嘎琪和奶奶：（到了）Kargang。

men: anda Shang Tuenji, Xa Tuenje diğeni varar u?

我：那儿有叫 Shang Tuenji, Xa Tuenje 的（地方）吗？

Gačïx nine: ng ng, Shang Tarja, Xa Tarja dimišde vara, ular yirax (ir)a. ular nene kiše Zhongyang Sizhang dimišde Xadï (ir)a. Kargang nene qadasï der ma. ular Beyin Xadï (ir)a ba, Zhongyang Sizhang dimišde Xadï yenšaba(r). inji yiğüsi yoxmasa elği küterjeni, me čosïm Mören qïrğïna yetse, bir ki:muniği kiši bir külešer. inji ipise(r) anga yetse ki:mu girmiš, Imağïldağï Aydi pise(r)ni mali ma, ki:mu girğe(r) dejeni totïlïx (b)ašïnda qira. inji yadaba(r), susaba(r), inji ahlamang varar u, gillasa? nengisi ki:muğa čïxmïš, me ma Bağïr nine biji ağïr (ir)a, čïxïlmajï ki:mu qïrğïna yetse, haha (e)diš bir külešer. eyim Bağïr

nineğa bir üšerse, išgin yeš gözi čïx gimišde, duz qaynamïšda belğ(i) (ir)a,
purnïnï salantarmïšda. gitu balasï en gimišde belği ira. išgin yamïn liongor vara,
liongasiniği qošï jadalmïšda qolï jiuyine xïsba(r). u Goxjï Gol jiuyine su varar i.
a čutjanï yalangqadax yürer. ayaxïna pallï gimiš. inji ahllal (yo)xa. išdanï ağzï
jadalmïšda šap-šap̌ etba(r). inji anga üšerse, im ardïna bir üšerse, im yadağan kiš
(ir)a, anga üšerje bir külimiš. inji u güne anga üšerse si rinang dïr ya, išgin. elği
küter, elği molan akelji.

嘎琪和奶奶：对，有叫 Shang Tarja, Xa Tarja 的（地方），那些（地方）
很远。那些还是中原四庄的回族村子。不知道是 Kargang 的什么地方。他
们可能是巴燕回族吧，（他们住的地方）叫中原四庄，（他们）说汉语。所
以由于没有吃的，我们那样背着（洋芋）到了黄河边时，整船的人都笑了。
我们到那儿时，船下（水）了，伊玛目的 Aydi 在一个高处叫我们快点，说
船要下（水）了。（我们）当时又累又渴，一着急能迈开步子吗？（其他人）
都上了船，我和 Bağïr 奶奶有点重，到了船边没能上得去，（船上的人）哈
哈地笑了。我一看 Bağïr 奶奶，可怜（她）满脸是泪水，流着鼻涕。她的盖
头里子都下来了。可怜（她）有双破袜子，袜口破了，被（她）夹在胳膊
下面。那条 Goxjï 沟里有水。（她）拿着那（双袜子）光着脚走。脚上出了
水泡。因此迈不开步子。裤腿口破得呼呼作响。（我）看了一下她，我自己
往后看了一下她，我自己是个疲惫的人，看了一下她（我）就笑了。那天，
看着她真是热闹，可怜（的人）。那样背着，那样辛苦地拿回来了。

9.5　Söz Urlïx[①]

谚　语

dimer čïxsa očïx kürlixinden čïxar, kiš čïxsa arangdan čïxar.
铁出炉膛，人出舅家。

bar kiše heli atux dïr, yox kiše bala atux dïr.
富人钱财多，穷人孩子多。

---

① 克力木（Kerimu）讲说，马伟记录、翻译。克力木，男，1919 年生，青海省循化县积石镇石头坡村人。讲说时间：1995 年。

bixi dağ bašïnda bulït ilanar, xïn kiš bašïnda gača ilanar.
高山的山顶上白云飘荡，伟人的头顶上闲话流传。

bar kišniǧi gačasï jadax dïr, yox kišniǧi eli jadax dïr.
富人话大，穷人手大。

qara gölexni döyse, sarï gölex xorğar.
打黑牛，惊黄牛。

malnï dolasa urxara geler, kišni dolasa tiune varar.
交换家畜，生活变好；离弃妻子，生活变差。

kiš damïsqan volsa tiune varar, mal damïsqan volsa öreğa varar.
人贪吃会变穷，牲畜贪吃会长肉。

jadaxï jadax (ir)a či hali (ir)a, kijisi kiji (ir)a či simes (ir)a.
大的（牲畜）虽大但瘦弱，小的（牲畜）虽小但肥美。

ešgü neče diginese da, arannï müxetelmes.
山羊再跳腾，也撞不倒羊圈。

atananiǧi yiriǧi oğul-qïzda, oğul-qïzniǧi yiriǧi dağ düzde.
父母的心在儿女上，儿女的心在山崖上。

bir burmïx zanzini čidamas, on burmïx zanzini čidar.
一根指头拿不动饭碗，十根指头拿得动饭碗。

mang tišgen dimer ganga yaramas, čürix ağaš lianga yaramas.
锈铁不能用作钢，烂木不能用作梁。

yox kiš yoxda otarmas, bar kiš barda otarmas.
穷人不会永远穷，富人不会永远富。

ilindeǧi nemeni išse yaxšï dïr, ilindeǧi gačanï dingnese yaxšï dïr.
吃先来的饭好，听先说的话好。

dal jadax volsa budax čïx geler, bala atux volsa bašqa čïx keler.

树大会长枝节，孩子多得分家。

yaxšï iš yenšajanï yemenlenmes, yemen iš yenšajanï yaxšïlanmas.

好事说不坏，坏事说不好。

xaxït išine otnï harïnmas, shiyzi išine sunï harïnmas.

纸张里带不了火，筛子里带不了水。

günde qoysa köymeğe(r), yelingde qoysa čürmeğe(r).

放在阳光下晒不了，放在阴凉里烂不了。

tüligüniği qurğu neče uzun vo(l)sa, iziniği demese kišniği onduxïnï bolanmas.

狐狸的尾巴再长，除了自己的之外，包不了别人的屁股。

jadax kiji volsa da beğör dïr, uzun xïsqa volsa da bengirör dïr.

不管大小也是个官员，不管长短也是根棍子。

yağmur yağja gülinge de xorğamur, sütüxge deyingge de xorğar.

不怕在雨中摔倒，只怕在尿上滑倒。

otkangda zoğzağují volsa, yerde tixilğüji neğe yoxar i?

有炕上坐的人，为什么没地下站的人？

dünnöde sajün kemesiği dusï yoxdïr, kiš išinde bar-kiš kemesiği dusï yoxdïr.

世上最毒的莫过于黄蜂，人间最毒的莫过于富人。

ot gelse sula(nï) tus, su gelse toraxla(nï) tus.

火来水淹，水来土挡。

yïlanniği dašï ala dïr, kišniği göngni ala dïr.

蛇的表面是花的，人的心思是花的。

mongïrğan böri et yiyelmes, lab vurğan kiš iš balanmas.
吼叫的狼吃不了肉，吹牛的人办不了事。

kiji zimenni kiji (ir)a di quma, samduxungnï doldarar; kiji balanï kiji (ir)a di quma, samduxungnï yi dosar.
不要认为小块地太小，（它们）能装满你的面柜；不要认为小孩子太小，（他们）能吃完你的面柜。

zorax daxïnqujïnï yogo er-kiš ira edi quma, gitu daxïnqujïnï yogo qadïn-kiš ira edi quma.
不要认为戴帽子的都是男人，不要认为戴盖头的都是女人。

belia asmanda üšer, keme engüsini bilmes.
灾难天上飞，不知会降到谁头上。

tux box bir yana qara bir yana ax, jen kiš bir yana kiš bir yana pire.
鸡粪一头是黑的，一头是白的；狡猾的人一面是人，一面是鬼。

atniği yürišni bilğür dese min keler, ašniği dadaxïnï bilğür dese iš keler.
要想知道马的走姿，得骑（它）；要想知道饭的味道，得吃（它）。

qonax etjeni yoxlanmas, uğrï etjeni barlanmas.
请客穷不了，偷窃富不了。

čügü birni budalar, čügü onnï budalmas.
一根筷子容易折，十根筷子折不了。

gözinge görğeni jing dïr, qulaxïnga dingneğeni yalğan dïr.
眼见为实，耳听为虚。

kišni döyse xïn vol yaramas, yïlannï döyse mišax vol yaramas.
打人不能打得重，打蛇不能打得轻。

gün uzax volsa iš atux dïr, tang uzax volsa tiš atux dïr.
昼长事多，夜长梦多。

saxat volsa yox emesder, heli volsa bar emesder.

有物不算穷，有钱不算富。

döyiniği boynï neče uzun vo(l)sa, dağ adïndağï čöpni yiyelmes.

骆驼的脖子再长，也吃不了山后的草。

tüligü tire qïzïl volsa yaxšï dïr, söz(i) jing volsa yaxšï dïr.

狐皮红色的好，言语真诚的好。

ağïlda xïn kiš volsa, kiš kemjiliğüsini xorğa kelemes;
öyde yaxšï išd volsa, uğrï uğrïğa de xorğa kelemes.

村里有能人，不怕被人欺负；
家里有好狗，不怕被贼偷窃。

turmanï zoğlasa, ongasï qalar.

萝卜被拔后，会留下坑窝。

urxan jadalsa, lešgi yiundan jadalar.

绳子要断裂，先从细处断。

sap yoxmağan kalanï damalmas.

没有提手的篮子提不了。

ağïla yaxalğan dağda yohor yoxdïr.

靠近村庄的山上没有麝香。

seji azata qumsa, ašlax yiyer; tüligü öye girse, tux yiyer.

麻雀落到地里会吃粮食，狐狸进入家里会吃鸡。

gillağan kišniği iši čïngnamas.

心急的人办不成事情。

seybe gelse qola(nï) tusalmas, belia gelse damla(nï) tusalmas.

钱财来时用门堵不住，灾难来时用墙挡不住。

dağ bire vaxsa biri bixi dïr, qol bire vaxsa biri tireng dïr.
一座山比一座山高，一条沟比一条沟深。

rïtïxjïniği ojïna enmese, basniği ağzïna enmese.
希望别落入猎人的手里，希望别落入老虎的口中。

öydeği tuxnï qolasa da va(r)mas.
家里的鸡赶也赶不走。

guy vojan zen tallar, zen vojan guy tallar.
好东西往往便宜，差东西往往很贵。

döxgen sunï yïğ gelenmes, möxelğen damnï jiyi xoralmas.
泼出去的水收不回来，倒塌下的墙扶不起来。

asmanda bulït atux vo(l)sa yağar, kiše qem atux vo(l)sa yağlar.
天上云彩多会下雨，人的忧愁多会哭泣。

ojïngda pičïx yoxmasa kišni jarïlmas, ojïngda heli yoxmasa išni balalmas.
手上无刀杀不了人，手上无钱办不了事。

kišniği müšüxi geme čutmas.
借的猫不捉老鼠。

nineğa gelse boğa da geler.
老太太遇到的（麻烦）老头子也会遇到。

yamen etni kismese, yaxšï et čïxmes.
坏肉不割，新肉不长。

döyi arux volsa da jazisi jadax dïr, ešgü arux volsa da quruxïnï tixer.
骆驼即使消瘦它的架子也大，山羊即使消瘦它会翘尾巴。

baš damjï qala damsa, adïndağï damjï qala damar.
第一滴水滴哪儿，随后的也滴哪儿。

kiji iš jadax išniǧi ginzisi dïr.
小事是大事之根源。

kiš yox volsa yarï az dïr, biqïrax jadalsa pišd atux dïr.
人穷朋友少，衣破虱子多。

kiše qang keler, qanga söt keler.
人需要权力，权力需要节制。

bar kišniǧi atï rangïrjï, yox kišniǧi balasï rangïrjï.
富人的马匹无拘束，穷人的孩子无拘束。

belia ense rïnne et keler, nïnden volsa zhigan et keler.
灾难降临要忍耐，恩典降临要感谢。

uxlaǧan došannï uyatmïš.
惊醒了睡觉的兔子。

ašnï datda iš, išni sumurlïda yenša.
吃饭要先品尝，说话要先思考。

omaš puxrïǧanïnï vax quma, qadïn-kiš yaǧlïǧanïnï vax quma.
不要看稀饭沸腾的样子，不要看女人哭泣的样子。

kišniǧi yirexini helile(ni) vax, suniǧi tirengni ki:mule(ni) vax.
人的内心要用钱来看，水的深度要用船来看。

xarï dala özex atux dïr, xarï kiše gopa atux dïr.
老树根子多，老人主意多。

mali yürse yadar, ason yürse yeter.
快走会累，慢走会到。

dal jadax volsa özexi tirenglener, kiš xarï barsa ačïx atuxlanar.
树大根子深，人老脾气多。

kiš ağïrjanï demese, yadajanï ülğüji yoxdïr.
只有病死的人，没有累死的人。

burmïxqa uzun xïsqa var, kišge bixi ašïx var.
指头有长短（之分），人有高低（之分）。

atnï vaxsa küčini vax keler, kišni vaxsa yüzini vax keler.
看马要看力气，看人要看面容。

gamagu neme qaynatsa qazannï üšerer, xïn kiš neme qaynatsa otnï üšerer.
愚笨的人做饭看锅，聪明的人做饭看火。

ixen exse günör var, yinto yise xanor var.
种庄稼有个时日，吃樱桃有个时间。

dağdağï balalar böriden xorğamas, gišangdeği balalar beğden xorğamas.
山里的孩子不怕狼，城里的孩子不怕官。

uğrïnï išqata qonï dangnamïš.
放跑小偷后关了门。

iniği saxatnï bo görener, kišniği saxatïnï čöp görener.
把自己的东西看成宝，把别人的东西看成草。

gijišgen yiurinde pišd var, xorğağan yiurinde pire var.
痒处有虱子，怕处有鬼怪。

kiš atux volsa gača atuxlanar, ešex atux volsa yem atux keler.
人多闲话多，驴多需要的饲料多。

at mïndang volsa kiš miner, kiš mïngdang volsa kiš kemjiler.
马善被人骑，人善被人欺。

kišniği qosïnda katu ense görer, iziniği qosïnda qar yağsa görmes.
看见别家门前降的霜，不见自家门口下的雪。

muš dalda tigen atux dïr, atux kiš išinde gača atux dïr.
花椒树上刺多，多人堆里话多。

er-kiš uslasa zïqïrar, qadïn-kiš uslasa yağlar.
男人忧愁就喊叫，女人忧愁就哭泣。

yaxšï gača qodan čïx ba(r)mas, yemen gača yel keme čïx barar.
好话不出门，坏话如风飞。

kišniği yemenini yenšağan kiš, izi yemen kiš dïr.
说别人坏话的人，自己就是坏人。

kišni görse kišniği gačasïnï yenšaba(r), pireni görse pireniği gačasïnï
yenšaba(r).
见人说人话，见鬼说鬼话。

jadax išd bilje fürse, habagu durašja fürer.
大狗因知情而吠叫，小狗只是模仿喊叫。

čiyïx čutqujïnï išd görelmes, gača dašağujïnï kiš görelmes.
拿棍子的人被狗瞧不起，弄是非的人被人看不起。

bar kiš altunnï ačïšar, yox kiš oğulnï ačïšar.
富人心疼金子，穷人心疼儿子。

bar kišniği öyi yačux dïr, yox kišniği anasï yačux dïr.
富人的家院漂亮，穷人的姑娘漂亮。

neme išse kürixla(nï) qar gangnağan keme, iš etse geme dimer qajağan
keme.
吃饭如同用木锨铲雪，干活如同老鼠在啃铁。

bir ganzi odun dešelmes, bir kiš barlanmas.
一块木柴燃不起来，一个人富不起来。

bašïng tišse zoraxïng jiuyine yašïr, qolïng sunsa ying išine yašïr.
头打破了藏在帽子下，胳膊断了藏在袖子内。

yorǧanïnga iride ayaxïngnï uzat.
根据被子长短伸出你的脚。

su akelse öresini a(l)diǧi, urux tutsa ašaxïna tut.
引水从上游引，结亲和底层结。

agu ülǧen goho, yürden dosqan döyex.
失去姑姑的姑父，如同打完场的碌碡。

qonax gemese me diuǧle, qonax gelse me gala.
客人不来我寂寞，客人来了我高兴。

bixi daǧda odun yoxdïr, jadax kiše aqïl yoxdïr.
高山上没有木柴，高个子人没有头脑。

9.6 Tütün Tütün Elene Var[①]

烟啊，烟啊，往那边去

tütün tütün elene var,
munda yiǧüsi yoxa,
anda et vara.
烟啊，烟啊，往那边去，
这儿没吃的，
那儿有肉。

tütün tütün elene var,
munda išd vara,
anda kiš vara.

---

① Selime （才力麦）讲述，马伟记录、翻译。才力麦，女，1950 年生，青海省循化撒拉族自治县积石镇石头坡村人。讲述时间：1996 年。

烟啊，烟啊，往那边去，

这儿有狗，

那儿有人。

tütün tütün elene var,

munda böri vara,

anda kiš vara.

烟啊，烟啊，往那边去，

这儿有狼，

那儿有人。

9.7　Öyinge Kem Gelji?[①]

你家里来谁了？

agu agu öyinge kem gelji?

öyime ala xador gelji.

nang minbar i?

ala ator minba(r).

ala atï yüxliğeni nang (ir)ar i?

ala dalien (ir)a.

ala dalien išine jongnağanï nang (ir)ar i?

yumuta ira.

yumuta qali?

yumutanï me yiji.

姑娘，姑娘，你家里来谁了？

我家里来了个阿拉哈地[②]。

骑什么呢？

骑着匹花马。

花马上驮着什么？

是花褡裢。

---

　　① Selime（才力麦）讲述，马伟记录、翻译。才力麦，女，1950 年生，青海省循化撒拉族自治县积石镇石头坡村人。讲述时间：1996 年。

　　② 阿拉哈地：讲汉语的人。

花褡裢里装的是什么呢？
是鸡蛋。
鸡蛋在哪儿？
鸡蛋被我吃了。

manga qaldarğanï qali?
jada vara.
jada yoxa ma?
müšüx yimiš.
müšüx qali?
čöp arasïnda yašïnba(r).
čöp qali?
gölex yimiš.
gölex qali?
dağqa va(r)mïš.
给我留的在哪儿呢？
在架上。
架上没有呗？
猫吃了。
猫在哪儿呢？
藏在草丛里。
草在哪儿呢？
牛吃了。
牛在哪儿呢？
到山上去了。

dağda yoxa ma?
öye gimiš.
öyde yoxa ma?
su bir tunzi išjeni,
emex bir guku yimišde,
xusaxï zhangnajanï ülmiš.
gölex bašï qali?
modan belenmiš.
gölex gözi qali?

čiralux belenmiš.

山上没有呗？

到家里来了。

家里没有呗？

喝了一桶水，

吃了一蒸笼馍馍，

涨破肚子后死了。

牛头在哪儿呢？

变成了一个毛蛋。

牛眼睛在哪儿呢？

变成了灯盏。

gölex purnï qali?

joǧ belenmiš.

gölex aǧzï qali?

aran belenmiš.

gölex ayaxï qali?

tuxmux belenmiš.

gölex qaranï qali?

samtux belenmiš.

牛鼻子在哪儿呢？

变成了勺子。

牛嘴在哪儿呢？

变成了牛圈。

牛腿在哪儿呢？

变成了榔头。

牛肚子在哪儿呢？

变成了面柜。

9.8　Atdan Čïxqan Masïnbo①

阿腾·其根·马生宝

"bašï gaga, bašï gaga," dese.

"oya oya," dir a.

"bašï nang'a?" dese.

"bašï modan zorax a," dir a.

问："头哥哥，头哥哥"。

答："哎，哎"。

问："是什么头呢？"

答："是圆帽头"。

"beli gaga, beli gaga," dese.

"oya oya," dir a.

"beli nang'a?" dese.

"beli molan bulğax ira," dir a.

问："腰哥哥，腰哥哥"。

答："哎，哎"。

问："是什么腰呢？"

答："是毛兰腰带"。

"ayax gaga, ayax gaga," dese.

"oya oya," dir a.

"ayaxï nang'a?" dese.

"ayaxï modan xay a," dir a.

问："脚哥哥，脚哥哥"。

答："哎，哎"。

问："是什么脚呢？"

答："是穿圆鞋的脚"。

---

① 原文以撒拉语和英语对照形式收于：Ma Wei, Ma Jianzhong, and Kevin Stuart. *The Folklore of China's Islamic Salar Nationality*. New York: the Edwin Mellen Press, 2001:39-60. 现对撒拉语拼写作了部分修改。故事由 Selime （才力麦）讲述，马伟记录、翻译。才力麦，女，1950 年生，青海省循化撒拉族自治县积石镇石头坡村人。讲述时间：1996 年。

"bašї gaganiği atї nang at (ir)a?" dese.

"ala at (ir)a," dir a.

"eng'eri nang eng'er (ir)a?" dese.

"ala eng'er (ir)a," dir a.

"qamjusї nang qamju (ir)a?" dese.

"ala qamju (ir)a," dir a.

问："头哥哥的马是什么马呢？"

答："是花马"。

问："它的鞍子是什么鞍子呢？"

答："是花鞍子"。

问："它的鞭子是什么鞭子呢？"

答："是花鞭子"。

elği etgünčüxöre,

miniği modan zoraxїm či barar a.

modan zoraxїm alğančüxöre,

molan bulğaxїm či barar a.

molan bulğaxїm alğančüxöre,

modan xayїm či barar a.

modan xayїm alğančüxöre,

ala eng'erim či barar a.

ala eng'erim alğančüxöre,

ala qamjum či barar a.

ala qamjum alğančüxöre,

ala atїm qašar a.

此时，

我的圆帽掉下去了。

捡我圆帽前，

我的毛兰腰带掉下去了。

捡我的毛兰腰带前，

我的圆鞋掉下去了。

捡我的圆鞋前，

我的花鞍子掉下去了。

捡我的花鞍子前，

我的花鞭子掉下去了。
捡我的花鞭子前，
我的花马跑了。

andan ang'a varsa,

Xadï balasï bir qoš giler a.

"gava gava," dese.

"oya oya," dir a.

"ali čili?" dese.

"ali buči," dir a.

"cha xï," dese.

"cha bu xï," dir a.

"momo chi," dese.

"momo bu chi," dir a.

"chomian chi," dese.

"chomian bu chi," dir a.

"miniǧi ala atïm gördi o?" dese.

"görmeji," dir a.

到了一个地方，
来了一对汉族的少年。
说："少年，少年！"
答："哎，哎！"
问："去哪儿呢？"
答："哪儿都不去。"
说："请喝茶！"
答："不喝茶。"
说："请吃馍馍！"
答："不吃馍馍。"
说："请吃炒面！"
答："不吃炒面。"
问："看见我的花马了吗？"
答："没看见。"

andan ang'a varsa,

Tiut balasï bir qoš giler a.

"aro aro," dese.

"oya oya," dir a.

"gang'a jojï?" dese.

"gang'a munju," dir a.

"ja tanggu," dese.

"ja mutang," dir a.

"zanba zagu," dese.

"zanba muza," dir a.

"miniği ala atïm gördi o?" dese.

"görmeji," dir a.

到了另一个地方，

来了一对藏族少年。

说："喂，喂！"

答："哎，哎！"

问："去哪儿呢？"

答："哪儿都不去。"

说："请喝茶！"

答："不喝茶。"

说："请吃糌粑！"

答："不吃糌粑。"

问："看见我的花马了吗？"

答："没看见。"

andan ang'a varsa,

axun balasï bir qoš giler a.

"avo avo," dese.

"oya oya," dir a.

"qala va(r)ğur i?" dese.

"qala va(r)mas," dir a.

"salux iš," dese.

"salux išmes," dir a.

"emex yi," dese.

"emex yimes," dir a.

"tağan sala," dese.

"tağan salamas," dir a.

"miniği ala atïm qala varar gördi o?" dese.

"siniği ala atïng suniği durïsïnï išme va(r)ğur," dir a.

"čöpniği nizixi yime va(r)ğur," dir a.

又到了一个地方，

来了一对撒拉族少年。

说："少年，少年！"

答："哎，哎！"

问："去哪儿呢？"

答："哪儿都不去。"

说："请喝茶！"

答："不喝茶。"

说："请吃馍馍！"

答："不吃馍馍。"

说："请吃炒面！"

答："不吃炒面。"

问："看见我的花马去哪儿了吗？"

答："你的花马说要去喝清水，

要去吃嫩草。"

inji bašï gaga ang'a išde ba(r)mïš. išde barsa tanorda su čïxmïšda öt baralmamïš. inji bašï gaga edimiš, "e tan tan, her güne belği su čïx ničüx etgür i? bir gün čïxqu bir gün čïxmağu et yi," dimiš. "jingden jing irar a" dimišde qurïčüx vo(l)mïš. inji öt ba(r)mïš.

于是，头哥哥就去那边找（马）去了。到了一片滩地，因水大过不去。头哥哥就说："哎，滩地啊，滩地，怎么能每天都这样流水呢？能否一天流水，一天不流水呢？"（滩地）说："说的也是"，然后就变干了。就这样过去了。

bašï gaga ang'a va(r)mïš, varsa dağor išgi yaxalašmïšda otba(r). yol datmamïš. "dağ dağ, bir gün arasï garlanqu, bir gün garlanmağu et yi," dimiš. "jingden jing irar a" dimišde arasï garlanmïš. andan öt ba(r)mïš. öt barsa atï qolor išinde qodaxlamïšda doldarmïš, "e bir Xuda yang, beliğör atnï qodaxlajanï ničüx etgür i? mung'a isör keleğe(r) be," edimišde bašï gaga atïnï minmišde öyine gimiš.

头哥哥走到一个地方，那儿有两座山连在一起。（他）找不到路。他说："山啊山，能否一天连在一起，一天分开呢？"（山）说："说的也是"，然后就分开了。（头哥哥）从那儿过去了。在一条沟里，他的马下了很多小马驹。"哎，真主！下了这么多的马，怎么办呢？它们应该有主人啊！"，然后，骑着马回到了家里。

inji bašï gaganiği atï tanda qodaxla doldarjï ma, sïxsïğanor modanor dama gimišde jağa ba(r)mïš, aniği atï yimiš, qodaxlağanï, Atan Čïxqan Masïnbo diğenör doğmïš. qodaxlajanï, Atan Čïxqan Masïnbo ator birni minmiš, išgini süremiš, süremišde va(r)mïš, dağda otmamïš. belği varsa, anda daš arasïndan tütün "pur, pur, pur"janï čïx gimiš, uxusïlanï bir vurmïš. "išine gir giğüji volsa išine girdiği, gaga ini yoxmasa, gaga ini vo(l) qula," dimiš. "išine gir ge(l)mes, me gaga ini išdiğüji dïr," dimiš. inji gaga ini vo(l)mïšda, anï Dašdan Čïxqan Dašdagu dimišde čalamïš. inji atïnï minmišde va(r)mïš.

头哥哥的马在滩地上下了好多小马驹，有一只喜鹊衔了一块布团扔下走了，他的生出来的马吃了（布团），一个叫做"阿腾·其根·马生宝"的（孩子）生下来了。阿腾·其根·马生宝骑了一匹马，牵了两匹马，牵着走了，没住在山里。走到一个地方，（只见）那儿从石头间"扑，扑，扑"地冒着烟，（他）用弓射了一箭。（那石头）说："想进来，就进来；如果没有兄弟，（让我们）结拜为兄弟"。（阿腾·其根·马生宝）说："里面不进来，我是寻找兄弟的。"于是，（他们）结成兄弟，把那个叫做"达西旦·其根·达西达古"。然后，骑着马走了。

ang'a varsa, ağašor arasïndan tütün "pur, pur, pur"janï čïx gimiš, uxusïla(nï) bir vurmïš. "išine gir giğüji volsa išine girdiği, yol yürğüji volsa yol yür, gaga ini yoxmasa, gaga ini vo(l) qula," dimiš. čïx gimiš. inji anï Ağašdan Čïxqan Monigu dimišde čalamïš, čosï gaga ini vo(l)mïš. inji atnï bir bir minmišde va(r)mïš.

到了一个地方，（只见）从一根木头中间"噗，噗，噗"地冒着烟，就射了一箭。（那木头）说："想进来，就进来；如果是赶路的，就赶路；如果没有兄弟，（让我们）结拜为兄弟"。出来了。于是，就把它称为阿格西旦·其根·莫尼古，他们成为了兄弟。然后，一人骑着一匹马走了。

inji čosï dağda ritïx vurmïšda otmïš. bir günör ritïx vurja gelse, čosïniği öyinde neme qaynatmïšda vara, adïlar her güne vara. "ičoğa neme belği qaynat ba(r)ba(r), kem irar i? munï ičo bir vaxa," dimiš. inji Dašdan Čïxqan Dašdagunï öyinde vaxdarmïš. inji beliği fangnaja otsa, Gün Ana, Ay　Ana, Yultus Ana čosï ira. u čosï gimiš. "bada bada, mian chuley, bada bada, you chuley," dimišde zïqïramïš čosï, un čïxmïš, yağ čïx gimiš. inji neme qaynatmïš. Dašdan Čïxqan Dašdagu ben'girör belenmišde qo ardanda otmïš, anï akimišde čosï ot kizi etmiš. čosïnï döyğenčüxör qaynatjanï va(r)mïš.

之后，他们在山上以打猎为生。一天，打猎回来时，（发现）他们的家里饭都准备好了，以后每天都这样。（他们）说："（有人）给我们这样做饭，是谁呢？让我们看看这个（情况）。"于是，就让达西旦·其根·达西达古在家里守着。（他）就在（家）防守，（发现）是太阳姑娘、月亮姑娘和星星姑娘。她们来了。"啪哒，啪哒，面出来；啪哒，啪哒，油出来"，她们这样叫着。面出来了，油出来了。然后，做了饭。达西旦·其根·达西达古变成了一根棍子藏在门背后，（姑娘们）把它拿过来当成火棍使用。她们做了足够吃的饭后走了。

inji Atan Čïxqan Masïnbo ma Ağašdan Čïxqan Monigu gimiš, gelje edimiš: "ya buğün ničüxli irar a?" dimiš. "nang ya, anor üš geljeni, 'bada bada mian chuley, bada bada you chuley' dijeni, un čïx giler, yağ čïx giler burmaxï arasïndan. neme qaynata mini ot kizi etjeni valandarjï," dimiš. "ya elği volsa etisi Ağašdan Čïxqan Monigu sïxladuğu," dimiš.

阿腾·其根·马生宝和阿格西旦·其根·莫尼古来了，问："今天怎样呢？"（莫尼古）说："什么（怎样）呢，来了三个姑娘，说：'啪哒，啪哒，面出来；啪哒，啪哒，油出来'，从她们的手指间出来了面，出来了油。把我当成做饭的火棍子，苦不堪言。""好吧，既然这样，明天就让阿格西旦·其根·莫尼古来守"，（马生宝）说。

inji Monigu sïxlamïš. Monigu sïxlasa, yon gimiš, gimišde qaynatmïš. Monigu banding'ačüx belenmišde ot qa(l)mïš. čosï geljeni, "bada bada mian chuley, bada bada you chuley," dimiš. burmaxï arasïndan un čïx gimiš, yağ čïx gimiš. neme qaynatmïš. Monigu xorğamïšda čosïnï čutalmamïš.

于是，莫尼古（留下来）看守了。莫尼古看守时，（三个姑娘）又来了，做了饭。莫尼古变成一个凳子。她们来了以后，说："啪哒，啪哒，面出来；啪哒，啪哒，油出来"。从她们的手指间出来了面，出来了油。做了饭。莫尼古吓得没能捉住她们。

inji Atan Čïxqan Masïnbo sïxlamïš. ečexindečüx yašïnmïš. anačüx čosï gimiš, gimišde neme qaynatmïš. "bada bada mian chuley, bada bada you chuley," dimišde qaynatmïš. jang qaynatjanï va(r)ğur diğende, Atan Čïxqan Masïnbo "ad" dimiš, "qala va(r)ğur i?" dimiš. "elği xorğat nang etgür i? azï singni yoxmasa, azï singni dangna qağï, kine yoxmasa, kine dangna qağï," dimiš. "ya elği volsa kine yoxdïr, kine dangnaduğu," dimiš. ya dimiš.

于是，阿腾·其根·马生宝（留下来）看守了。藏在房顶上。那些姑娘来了，做了饭。"啪哒，啪哒，面出来；啪哒，啪哒，油出来"，（这样）说着做了饭。（她们）正做完饭要走时，阿腾·其根·马生宝（猛然）说：

"嗨！去哪儿呢？"（她们）说："何必那么吓唬呢？如果没有姐妹，（让我们）做（你们的）姐妹；如果没有妻子，（让我们）做（你们的）妻子"。"好吧，既然那样，（我们）没有妻子，就做我们的妻子吧"，（马生宝）说。（她们）答应了。

gešlixine Dašdan Čïxqan Daštagu ma Ağašdan Čïxqan Monigu išgisi gimiš. Atan Čïxqan Masïnbo Gün Ana yüzini qara sala bimiš. inji u išgisini vax, "ičoğa kine bir bir natjï, išgising dangnada qalğanïnï me etgi," dimiš. Dašdan Čïxqan Daštagu Ay Ananï dangnamïš, Ağašdan Čïxqan Monigu Yultus Ananï dangnamïš. Gün Ananï Atan Čïxqan Masïnbo etmiš.

晚上，达西旦·其根·达西达古和阿格西旦·其根·莫尼古来了。阿腾·其根·马生宝把太阳姑娘的脸抹黑了。对那两个（兄弟）说："给我们每人找了一个妻子，你俩挑完后，剩下的作我妻子。达西旦·其根·达西达古选了月亮姑娘，阿格西旦·其根·莫尼古选了星星姑娘。太阳姑娘作了阿腾·其根·马生宝的(妻子)了。

etjeni čosï her güne ritïx vurma va(r)miš, ritïx vurma varsa, čosïnï išör kola ba(r)miš. oholdağï kiše yangxo yoxa, otnï basba(r), bassa otnï müšüxini unatar quma dimiš, unasa ot sener dimiš. varjanï čosï jičex jalamïš, jalasa müšüxi gimišde yisaničüx bir lolantarmïš. lolantarğana "ero müšüx" dimišde bir sholamïš, sholağana müšüxi va(r)mïšda otïnï qarmïšda sendermiš. inji ničüx etgür a? neme qaynatqusï xan vo(l)miš. inji ečexine čïxjanï belği üšermiš, qadan tütün čïx giba(r). üšerse, andan tütün göde göde čïx giba(r), ang'a išde ba(r)miš. išde barsa, youdang išiniden čïx giba(r), gir barsa, nin(e)ör qormïš qorïba(r). "nine nine mang'a ot biji ver," dimiš. "ya išine gel," dimiš. yončuxïna qormïš biji jangna bimiš, yončuxï jiuyini göz tišmiš, qormïš yol yiure šorla ba(r)mïš, anačüx otïnï sen'ge dimišde füre füre hamïš, öyine yetje gulamïš.

之后，他们每天去打猎，去之前，他们叮嘱了一件事。那时的人们没有火柴，火苗要保存，嘱咐(她们)不要让猫玩弄火苗，否则火苗会熄灭。（等他们）走后，她们就绣花，她们的猫来了以后把丝线弄乱了。所以，骂了声"野猫"，打了一下，她们的猫便去把火拨灭了。该怎么办呢？做饭的时间到了。于是，就爬到屋顶看哪儿在冒烟。见有个地方在冒烟，她们就去寻找。到了那儿，发现烟从窑洞里出来，进去一看，发现有个老太婆在炒粮食。（她们）说："奶奶，奶奶，给我们点火苗"。（老太婆）说："好，进来吧"。往她们的口袋里装了些炒货，把口袋底给（烧）破了，炒货一路上洒落下来，那些姑娘害怕火苗会熄灭，便不停地吹火，到了家里（把火）点起来了。

adï güne, ninečüx qormïš yazqanïnï irimišde gimiš. giljeni čosïniği bašïndağï pišdni vax biği dimiš. ninečüx Mangqus'xïlčïx ira. pišd vaxjanï qanïnï sumurmïš, čosï sarğala sarğala va(r)mïš. bir günör, angnašmïš, "čosïng nang etbïr i? dolana dolana varar," dimiš. "heme-nemör et yoxdïr," dimiš. "elği güntüs güne seler kemle(ni) otbïr i?" dimiš. "kemle(ni) otqur i? her güna elesgiği nin(e)ör giler, čosïma pišd vax berer, ala(nï) otarbïr," dimiš.

第二天，那个老太婆顺着洒落在路上的炒货来了。来后，说要给她们看头上的虱子。那老太婆是九头妖魔。看虱子时，在吸她们的血，她们越来越苍白了。一天，（他们）问道："你们干什么呢，越来越羸弱了"。"没干什么"，（她们）答道。"那你们白天和谁在一起呢？"，（他们）问道。"（能）和谁在一起呢？每天有位老太婆过来，给我们看虱子，和她在一起"，（她们）说道。

elixgene Dašdan Čïxqan Dašdagunï sïxladuğu dimišde anï sïxlatarmïš. Dašdagu üčürüxör belenmišde ot qa(l)mïš. gimiš, gimišde üčürüxini süre gimišde banding qoymïš, bašïnï pišd vax bimišde qanïnï sumuramïšda va(r)mïš. išgisi gimišde, "ya inji ničüx etji?" dimiš. "nang ya, men eyim üčürüxge belenjeni, mini banding qoyjanï yoho valandarjï," dimiš. inji Ağašdan Čïxqan Monigunï sïxlatarmïš, sïxlasa yon Dašdagu keme heme-nemör etelmemiš. inji Atan Čïxqan Masïnbo sïxlamïš.

于是，（他们）就让达西旦·其根·达西达古看守。达西古变成了一块鞍褥。（那老太婆）来后就把鞍褥拖来当凳子坐下了，给（姑娘们）看头上的虱子、吸血后走了。那两个回来后问："哎，怎么样了呢？""什么（怎么样）呢，我变成了鞍褥，把我当成凳子反而受尽了苦"，（达西古）说。于是，就让阿格西旦·其根·莫尼古看守了，（但阿格西旦·其根·莫尼古）还是像达西古一样什么也没做成。于是，阿腾·其根·马生宝看守了。

Masïnbo ečexde yašïnmïšda sïxlamïš. ninečüx gimiš, ge(l)ğene kiši banding akimiš, banding qoyjanï pišd vax bimiš čosïniği. beliği vaxsa qanïnï sumurbar a, pišd vax yoxa. Atan Čïxqan Masïnbo ečexden otmïšda, uxusïla(nï) bir vurmïšda bašïnï almïš. bašïnï alsa, nene bir čïxmïš. nene uxula(nï) vurmïšda almïš, nene čïxmïš. eltečüx sekis bašïnï almïš. inji doqus baš išinde birčüx qalmïš. qanli-čali qoğa yetgör va(r)mïš, qoğa yetgende nene bir vurmïš, bašïnï andačüx almïš, Mangqus'xïlčïxnï andačüx üldermiš.

马生宝躲在屋顶上看守。那老太婆来了，拿过来一个凳子，坐在上面看虱子。（马生宝）一看是在吸血，而不是在看虱子。阿腾·其根·马生宝坐在屋顶上，一箭射掉了（她的）头。射掉了一个头，但又长出来一个。

又射掉了一个，但又长出来一个。就这样，射掉了八个头。于是，九个头中只剩下一个头。（她）血淋淋地跑到门口，又射了一箭，就在那儿把头射下来了，就在那儿把九头妖魔杀死了。

inji čosï ritïx vurjanï barlanmïš. Atan Čïxqan Masïnbo gagasï edimiš: "inji ičo bula(r)niği bašïnï bir yüderme vara ya, zing qïrğïna," dimiš. zing qïrğïnda yüzini bir yüderse, Gün Ana yačux belği elği vumïš. elixgene bir günör, Dašdan Čïxqan Dašdagu ma Ağašdan Čïxqan Monigu išgisi edimiš, "gaga kine eliği yačux (ir)a, ixüle kine yačux emes a, ixüle gaganï xayla qula ba?" dimiš.

就这样，他们靠打猎致富了。阿腾·其根·马生宝哥哥说："我们到井边去把她们的头洗一下。"在井边洗完脸，太阳姑娘美丽无比。于是，有一天，达西旦·其根·达西达古和阿格西旦·其根·莫尼古两人说："哥哥的妻子如此漂亮，我俩的不漂亮，让我们把哥哥害了吧？"

inji u išgisi edimiš: "zing qïrğïna kineleniği bašïnï bir darama vara ba?" dimiš. ya dimiš. beliği zing qïrğïna bašïnï darama varjï ma, Gün Ananiği altun darax ira, Ay　Ananiği ma Yultus Ananiği ağaš darax ira. darağanda išgisi kineni vax edimiš, daraxnï su išine jağašda vax dimišde. vaxsa, Gün Ananiği altun darax ira, singmiš; išgisiniği ağaš darax ira, üsmiš.

于是，他俩说："到井边梳一下妻子们的头吧？"（马生宝）答应了。到了井边梳头时，太阳姑娘的梳子是金梳子，月亮姑娘和星星姑娘的是木梳子。在梳头时，他俩告诉妻子，要让她们把梳子扔到水里比比。一比，太阳姑娘的是金梳子，沉了；（那）俩的是木梳，漂起来了。

inji Atan Čïxqan Masïnbo en ba(r)mïš daraxïnï išdeme, "men urxannï salanqïda en ba(r)ğï, dat dat diğende seler mini dat yiu," dimiš. ya dimiš. zing išine en barjanï daraxïnï datmïš, "ya dat dat!" dimiš. datmïš. "ya daraxïng ver," dimiš. daraxïnï vimiš. daraxïnï ve(r)ğene urxannï yiurmiš, Atan Čïxqan Masïnbo zing išine či ba(r)mïš.

于是，阿腾·其根·马生宝为寻找梳子而下（水）了，说："我抓着绳子下去，当说拉的时候，你们就拉我"。（他们）答应了。（马生宝）下到井里后，找到了梳子，说："拉吧，拉吧"。（他们）拉了。"好，给梳子"，（他们）说。（马生宝）给了梳子。一给梳子，（他们）就放了绳子，阿腾·其根·马生宝掉到井里了。

či barjanï zing jiuyinne enmiš, ense jiuyinde ağïlor vomïš. ağïlčux išine gir barsa, kišör döyex lellimiš, Atan Čïxqan Masïnbo anda üšermiš, üšerjeni izi bohor ilantarğï qa dimiš. "se(n) ilantarsa vo(l)ğa(r) či, zïqïra quma yiu, zïqïrsa böri gelje dolar bu ağïla," dimiš. ya dimiš. inji ason ilanmïš, ilanjanï biji otarmïš.

"sen qadan gelji?" dimiš. izini belği belği xaylajanï su išine čirjeni belği gelji dimiš. "belği vo(l)sa me sini jiulağïda čïxarğï," dimiš. "se(n) mini ničüx jiula čïxarğur i?" dimiš. "sejiör yi be čutduğu," dimiš. ya dimiš. inji uxusïla(nï) vurmïšda jiu shi jiu ge čutmïš. bir yïl vo(l)mïš. "yi be čut o?" dimiš. čutjï dimiš. yi beğa bir doldaralmamïš.inji qorï tiuli belenmïš, "ya inji se(n) miniği arxama palanduğu," dimiš. arxasïnačüx palanmïš. "inji se(n) gözing xïsduğu, men aš diğende aš, ağzïma seji bir jangnadar diğende, bir bir jangnadar yiu?" dimiš. ya dimiš.

（马生宝）掉到井里了，（发现）下面有一座村庄。走到村里，有个人在用碌碡打碾，阿腾·其根·马生宝就在那儿观看，看了一会后要求自己也转一会。"你可以转一会，但不要喊叫，如果喊叫了，就会有很多狼来到村子里"，（那个人）说。（马生宝）答应了。然后，慢慢转动（碌碡）了，然后停了一会。"你从哪儿来？"，（那人）问道。（马生宝）告诉自己如何被害、掉到井里的情况。"如果是这样，我把你救出去"，（那人）说道。"你怎么救我出去呢？"，（马生宝）问道。"捉 100 只麻雀"，（那人）说道。（马生宝）用箭射了 99 只麻雀。一年时间过去了。"捉到了 100 只吗？"，（那人）问道。（马生宝）说捉到了。100 差 1 只。于是（那人）变成了鹰，说："好，现在爬到我背上"。（马生宝）就爬到了它的背上。"现在闭上眼睛，等我让你睁开，你就睁开，让你给我嘴里喂麻雀的时候，你就一个一个喂"，（它）说道。（马生宝）答应了。

belği bir ilan ge(l)ğende, ya iziniği ağzïna seji bir jangnadar dimiš, seji bir jangna bimiš. elği üše nene bir ilansa čïx ba(r)ba(r) ma. ya seji bir jangnadar dimiš. inji dolmamïš ma, kika balux injexinden bir tige šüli bimišde jangna bimiš. inji čïx ba(r)mïš, čïx barjanï ya gözing aš dimiš, gözini ašjanï yere qoyjanï, "ya se(n) var," dimiš. ayaxïnï yere qoysa injexi axsajanï yürelmemiš. "injixeng nači?" dimiš. "injexim nang ya, me sanga seji vurjanï yi beğa bir doldaralmajï, balux etemden bir tige šüliji," dimiš. "a gamagu, elği se(n) mang'a yenšasa vo(l)mağar u? me jajangla qusa vo(l)mağar u?" dimišde xus bimiš, xusjanï injexinečüx yax bimiš. belği yürje vaxsa vo(l)mïš. inji u öyine va(r)mïš. yon qorï tiuliğa belenmišde va(r)mïš.

这样转一圈时，（它）说给它嘴里放一只麻雀，（马生宝）就放了一只麻雀。就那样飞着再飞一圈就要出去了。（它）说再放一只麻雀。于是，麻雀不够了，（马生宝）立刻从自己小腿肉上削了一块放进去了。出去了，出去后（它）让（马生宝）睁开眼睛，（马生宝）睁开眼睛后，被放到地上，它说："好，你去吧。"（马生宝）把脚放到地上，腿瘸得无法行走。（它）

问：“你的腿怎么了呢？”。“我的腿什么（怎么）了，我给你打 100 只麻雀少了一只，从我小腿肉上削了一块”，（马生宝）答道。“哎，笨蛋，那你难道不能告诉我吗？我不能坚持一下吗？”，（它）说着（把吃进去的小腿肉）吐出来了，贴在（马生宝）的腿上。（马生宝）试着走了一下，好了。它又变成鹰，回家去了。

Gün Ananï Ay Ana ma Yultus Ana jaraxjï jarba(r), Atan Čïxqan Masïnbonï xaylajï dimišde, Ay Ana ma Yultus Ana išgisi tete otmïš, öyi elğičüx barlanmïš. Atan Čïxqan Masïnbo ang'a yul qïrğïna va(r)mïš, Gün Ana ang'a su kütme gimiš. Atan Čïxqan Masïnbo ben'girör hamïšda yulnï palčïxlamïš, ben'girle(ni) bulğamïšda. Gün Ana su sutma varsa, bulğajanï sutarmamïš. "me sunï sutjanï maličüx öyime va(r) keler, va(r)masa döyer," dimiš. nene bir palčïxlamïš. "e belği kemjile quma, sunï mali kütje va(r)masa öyimde döyer," dimiš. "ya belği volsa, yan'gü yan'gü, miniği bašïmda pišd bir vaxder, vax be(r)mese sung qoylağur," dimiš. "eliği volsa me vax biği," dimiš.

月亮姑娘和星星姑娘把太阳姑娘当佣人来使唤，以为把阿腾·其根·马生宝害死了，月亮姑娘和星星姑娘做了太太，家里变得很富裕了。阿腾·其根·马生宝了去了一眼泉水边，太阳姑娘来到那里背水。阿腾·其根·马生宝拿了根树枝把泉水搅浑了。太阳姑娘去舀水时，（马生宝）搅得没让她舀。“我得舀上水马上回家，否则我在家会挨打”，（她）说。“好，既然如此，嫂子，嫂子，你给我看一下头上的虱子，如果不看，我要搅浑你的水”，（他）说。“既然那样，我给你看一下”，（她）说。

belği vax berse, Atan Čïxqan Masïnboniği bašïndačüx ming'or varar a. Gün Ana yešgözini bir damdarmïš. "yan'gü yan'gü yağlabïr u?" dimiš. "bulït arasï irar a," dimiš. nene belği vaxsa, boynï adanda ming'or vomïš. göngnine tišmiš, iziniği xarsï Atan Čïxqan Masïnboniği boynïnda ham besgiği ming'or var dimišde, yešgözini bir damdarmïš. "yan'gü yan'gü, neğe yağlabïr i?" dimiš. "bulït arasï irar a," dimiš. "sen jingjüğüni yenša, jingjüğüni yenšamasa me sini sung sutarmas," dimiš. "oholda mang'a xarsor var, aniği bašïnda ham besgiği ming'or var, men mung'a üšerjeni yağlabïr," dimiš. "men idïr ya," dimiš. "se(n) emes a, miniği xarsïm zing išine jağajanï ülji," dimiš. "me idïr, mini kiš jiuliji," dimiš. inji anï zulamïšda öyinde, xorğamïšda elği etba(r) ma. "ya inji se(n) xorğa quma, men Atan Čïxqan Masïnbo dïr, mini kišör zingden jiule čïxar gelji, se(n) öye varda yenša, Atan Čïxqan Masïnbo zing išinden jiule čïxar gimiš dide." ya dimišde öyine va(r)mïš, öyine va(r)mïšda yenšamïš a: "Atan Čïxqan Masïnbo gagang zing išinden čïx gimiš, išgisingni čalaba(r)," dimiš. elixgene išgisi qoğa čïx gimiš. "e gaga se(n) geldi u? ya gelse se(n) öye vara," dimiš. "se(n) išgising čadïng gire, men uxula(nï) bir vurğï, düzčüx varsa men išgisingniği gagasï dïr, qïya varsa emes dïr," dimiš. ya dimišde čadïnï girimiš. uxula(nï) bir vurmïš, išgisiniği injexini uxula(nï) čellemiš. išgisini andačüx üldermiš, Dašdan Čïxqan Dašdagu ma Ağašdan Čïxqan Monigu išgisini andačüx üldermiš.

（她）看的时候，实际上阿腾·其根·马生宝的头上有颗痣。太阳姑娘滴了点眼泪。"嫂子，嫂子，（你）在哭吗？"，（他）问。"是太阳雨"，（她）说。（她）又继续看，发现（马生宝）脖子后面有颗痣。记起自己丈夫阿腾·其根·马生宝的脖子上也有这样一颗痣，她就滴了点眼泪。"嫂子，嫂子，为什么哭呢？"，（他）问道。"是太阳雨"，（她）答道。"你说真话，如果不说真话，不让你白水"，（他）说。"过去我有一位丈夫，他的头上也有这样一颗痣，我见这痣而哭"，（她）说。"（你的丈夫）就是我呀"，（他）说。"不是你，我的丈夫被丢弃在井里死了"，（她）说。"是我，我被人救了"，（他）说。她在家里受尽了折磨，（一脸）害怕的样子。"好了，现在你不要害怕了，我是阿腾·其根·马生宝，我被一个人从井里救出来了，你回家后说，阿腾·其根·马生宝从井里救出来了"，（他）说。（太阳姑娘）答应后回家去了，到家后说："（你们的）阿腾·其根·马生宝哥哥从井里面出来了，（他）叫你们"。于是，他俩来到门口。"哎，哥哥你来了吗？好，来的话就回家"，（他俩）说。"你俩把双腿叉开，我射一箭，直穿过去的话，我是你们的哥哥，走歪的话，不是你们的哥哥"，（他）说。（他俩）答应后把双腿分开了。（马生宝）射了一箭，把他俩的腿用箭射穿了。就在那里把他俩杀死了，就在那儿把达西旦·其根·达西达古和阿格西旦·其根·莫尼古两人杀死了。

inji Gün Ana ma Atan Čïxqan Masïnbo išgisi öyine va(r)mïš, varjanï öyinde otarmïš, Gün Ana otkangdačüx otarmïš, Ay Ananï ma Yultus Ananï jaraxjï jarmïš. inji eliği otmïš. inji dombax anda qalmïš, munda qalmïš.

然后，太阳姑娘和阿腾·其根·马生宝回家去了，住在家里，太阳姑娘坐在炕上，把月亮姑娘和星星姑娘当佣人了。就那样生活着。故事就此结束了。

参 考 文 献

［1］阿不都热西提·亚库甫：《新疆撒拉语特点试析》，《新疆大学学报》1997
年第 1 期。

［2］阿不里克木·亚森：《吐鲁番回鹘文世俗文书语言结构研究》，乌鲁木
齐：新疆大学出版社 2001 年版。

［3］Bodrogligeti, Andras J. E. *A Grammar of Chagatay*. Muenchen: Lincom
Europa, 2001.

［4］陈宗振：《试论中古突厥语的 turur 在现代维吾尔语中的变体》，《民族
语文》2000 年第 4 期。

［5］程适良主编：《突厥比较语言学研究》，乌鲁木齐：新疆人民出版社 1997
年版。

［6］Clark, Larry. *Turkmen Reffernce Grammar*. Wiesbaden: Harrassowitz,
1998.

［7］Clauson, Gerard. *An Etymological Dictionary of Pre-Thirteenth-Century
Turkish*. Oxford: The Clarendon Press, 1972.

［8］［英国］戴维·克里斯特尔：《现代语言学词典》，沈家煊译，北京：商
务印书馆 2000 年版。

［9］Dankoff, Robert. *Compendium of the Turkic Dialects, Part II*. Harvard
University, 1984.

［10］Dwyer, Arienne. The Turkic Stratigraphy of Salar: An Oghuz in Chagatay
Clothes? *Turkic Languages* 2.1, 1998, pp. 49-83.
——. Direct and Indirect Experience in Salar. In Lars Johanson and Bo
Utas, eds. *Types of Evidentiality in Turkic, Iranic, and Neighbouring
Languages*. Berlin: Mouton de Gruyter. 2000, pp. 45-60.
——. *Salar: A Study in Inner Asian Areal Contact Processes, Part I:
Phonology*. Wiesbaden: Otto Harrassowitz, 2007.

［11］Eckmann, János. *Chagatay Manual*. Bloominton: Indiana University,
1966.

［12］Erdal, Marcel. *A Grammar of Old Turkic*. Brill: Leiden · Boston, 2004.

[13]［德国］冯·加班:《古代突厥语语法》，耿世民译，呼和浩特:内蒙古教育出版社 2004 年版。

[14] 冯敏主编:《循化撒拉族自治县文化资源开发研究》，西宁:青海人民出版社 2000 年版。

[15] Garrett, Jonathan etc. *Turkmen English Dictionary* (unpublished). Ashgabad, 1996.

[16] 耿世民:《现代哈萨克语语法》，北京:中央民族学院出版社 1989 年版。

——:《古代突厥文碑铭研究》，北京:中央民族大学出版社 2005 年版。

——，魏萃一:《古代突厥语语法》，北京:中央民族大学出版社 2010 年版。

[17] 国家民委，国家统计局:《中国民族统计年鉴》，北京:民族出版社 2005 年版。

[18] Hahn, Reinhard F. Salar. In *The Turkic Languages*, edited by Lars Johanson and Éva Á. CsatÓ, London and New York, 1998, p. 400.

[19] 韩建业:《谈历史上的撒拉文—土尔克文》，《语言与翻译》1989 年第 3 期。

——:《撒拉族语言文化论》，西宁:青海人民出版社 2004 年版。

——:《〈土尔克杂学〉与世俗礼法》，《中国撒拉族》2008 年第 2 期。

——:《韩建业民族语言文化研究文集》，北京:民族出版社 2010 年版。

[20]［前苏联］捷尼舍夫:《土耳其语语法》，北京:科学出版社 1959 年版。

——:《撒拉语初探——汉语对撒拉语的影响》，《语言学问题》Ⅳ, 1960 年，第 97—102 页.

——:《撒拉语》，莫斯科，1963 年。

——:《撒拉语材料》，莫斯科，1964 年。

——:《撒拉语和裕固语在突厥语中的地位》，《维吾尔语探究》Ⅱ, Alma-Ata，1970 年，第 49—53 页。

——:《撒拉语和裕固语的地域现象》，学术会议论文，Alma-Ata，1976 年，第 52—53 页。

——:《撒拉语数词》，J. Nemeth 纪念文集，布达佩斯，1976 年，第 159—162 页。

——:《撒拉语的结构》，莫斯科，Hayka，1976 年 （中文版，白萍译，北京:民族出版社 2014 年版）。

——:《突厥语言研究导论》，陈鹏译，北京:中国社会科学出版社 1981

年版。

［21］Johanson, Lars and Csato, Éva Á. *The Turkic Languages* . London and New York: Routledge, 1998.

［22］［英］科姆里（Bernard Comrie）：《语言共性和语言类型》，沈家煊，罗天华译，北京：北京大学出版社 2010 年版。

［23］［波］科特维奇：《阿尔泰诸语言研究》，哈斯译，呼和浩特：内蒙古教育出版社 2004 年版。

［24］Kornfit, Jaklin. *Turkish.* London and New York: Routledge, 1997.

［25］Krueger, John. *Yakut Manaul.* Bloomington: Indiana University, 1962.

［26］［芬］兰司铁：《阿尔泰语言学导论·形态学》，陈伟，沈成明译，北京：中国社会科学出版社 1981 年版。

［27］Lew, G. L. *Turkish Grammar.* Oxford University Press, 1967.

［28］力提甫·托乎提：《阿尔泰语言学导论》，太原：山西教育出版社 2004 年版。

［29］李增祥：《突厥语言学基础》，北京：中央民族大学出版社 2011 年版。

［30］林莲云：《撒拉语简志》，北京：民族出版社 1985 年版。

［31］林莲云，韩建业：《撒拉语概况》，《中国语文》1962 年第 11 期。

［32］刘丹青：《语法调查研究手册》，上海：上海教育出版社 2008 年版。

［33］马成俊：《撒拉语谐音词》，《语言与翻译》1990 年第 2 期。

［34］麻赫默德·喀什噶里：《突厥语大词典》（汉文版），北京：民族出版社 2002 年版。

［35］马伟：《循化汉语的"是"与撒拉语 sa/se 语法功能比较》，《青海民族研究》1994 年第 3 期。

——，马芙蓉：《撒拉族习惯法及其特征》，《青海民族学院学报》1997 年第 2 期。

——：《撒拉族风情》，西宁：青海人民出版社 2004 年版。

——：《撒鲁尔王朝与撒拉族》，《青海民族研究》2008 年第 1 期。

——a：《撒拉语的濒危状况及原因分析》，《青海民族研究》2009 年第 1 期。

——b：《撒拉族》，《中国民族报》2009 年 8 月 28 日，第 15 版。

——c：《语言接触与撒拉语的变化》，《青海民族学院学报》2009 年第 3 期。

——："Atden Čïxqïn Masinbo"，《中国撒拉族》2010 年第 1 期。

——：《新疆撒拉语的浑沌学分析》，张公瑾，丁石庆主编：《浑沌学与语言文化研究新探索》，北京：中央民族大学出版社 2011 年版。

［36］ Ma Wei, Ma Jianzhong and Kevin Stuart. *The Folklore of China's Islamic Salar Nationality.* New York: the Edwin Mellen Press, 2001.

［37］ 米娜瓦尔：《撒拉语研究》，博士学位论文，中央民族大学维语系，1998 年。

　　——：《撒拉语与土库曼语的关系——兼论撒拉语发展简史》，《中央民族大学学报》2000 年第 3 期。

　　——：《撒拉语动词陈述式研究》，《民族语文》2008 年第 6 期。

　　——：《撒拉语数词的特点及功能》，《暨南学报》（社科版）2010 年第 4 期。

　　——：《撒拉语动词祈使式探源》，《中央民族大学学报》2010 年第 2 期。

　　——：《撒拉语的副动词》，《民族语文》2010 年第 4 期。

　　——：《撒拉语话语材料集》，北京：中央民族大学出版社 2010 年版。

［38］ Özkan, Newzat. *Gagavuz Türkçsi Grameri.* Ankara, 1996.

［39］ Öztopču, Kurtuluş etc. *Dictionary of the Turkic Languages.* London and New York: Routledge, 1996.

［40］ Palmer, F. R. *Mood and Modality* (语气・情态). 北京：世界图书出版公司 2007 年版.

［41］ Poppe, Nicholas. Remarks on the Salar Language. *Harvard Journal of Asiatic Studies* © Harvard-Yenching Institute, 1953.

　　——. *Tatar Manual.* Bloomington: Indiana University, 1963.

［42］《撒拉族简史》编写组：《撒拉族简史》，西宁：青海人民出版社 1982 年版。

［43］ Tekin, Talat. *A Grammar of Orkhon Turkic.* Bloomington: Indiana University, 1968.

［44］ 许伊娜，吴宏伟：《新疆撒拉语》，乌鲁木齐：新疆大学出版社 2005 年版。

［45］《循化撒拉族自治县概况》编写组：《循化撒拉族自治县概况》，西宁：青海人民出版社 1984 年版。

［46］ 杨涤新：《青海撒拉人之生活与语言》，《新西北》1945 年第 8 期。

［47］ 张铁山：《回鹘文献语言的结构与特点》，北京：中央民族大学出版社 2005 年版。

［48］ 赵明鸣：《〈突厥语词典〉研究》，北京：中央民族大学出版社 2001 年版。

［49］ 赵相如、朱志宁：《维吾尔语简志》，北京：民族出版社 1985 年版。

后 记

　　《撒拉语形态研究·参考语法》是在我博士论文的基础上修订增补而成的。在中央民族大学读博士时，我的老师戴庆厦教授就建议我将他主持的中央民族大学985工程和国家社科基金重点项目《参考语法》的子课题《撒拉语参考语法》作为我博士论文来完成。我当时感到非常荣幸，内心充满了感激之情。荣幸的是不仅能在课堂上聆听戴老师的教诲，而且能够参与他主持的重点项目的科研工作，感激的是他将如此重要的任务交给了我。我的导师丁石庆教授也非常支持我的想法。在博士论文的设计、开题、写作过程中，浸透了丁老师许多心血。无论是课堂上的传道授业，还是田野中的深入实践；无论是生活上的细心关怀，还是学术上的严格要求，丁老师都让我终生难忘。先生积极乐观的生活态度，豁达包容的处世精神，更让我感受到了一位知识分子的人格魅力。在民大求学期间，我有幸聆听了戴庆厦、张公瑾、曾思奇、吴安其、姚小平、耿世民、Marcel Erdal、阿不都热西提·亚库甫、张定京、张铁山、阿力肯等先生的精彩授课，让我受益匪浅，这也是我永远的精神财富！此外，在我的论文开题和答辩过程中，北京外国语大学姚小平教授、中国社会科学院民族研究所《民族语文》主编赵明鸣研究员、中国社会科学院民族研究所周庆生研究员与中央民族大学宝玉柱教授、周国炎教授等都给予了我极为宝贵的批评和建议。在此向各位前辈表示深深的谢意。

　　在此，还要感谢我在语言学道路上艰难求索时曾给予帮助的韩建业、贾晞儒教授、硕士导师Arienne Dwyer教授等，是他们不断鼓励我成长。在青海循化和化隆、新疆伊犁、阿勒泰等地进行田野调研时，撒拉族同胞曾给予了热情无私的帮助，对此我永远铭记于心！

　　感谢岳扎布、阿孜古丽老师等为我们付出的辛勤劳动。感谢北京外国语大学刘钊先生在土耳其语方面曾给予的帮助，和他的深入交流与探讨，使我收获颇多。感谢王松涛、王国旭、宫海荣、德红英、刘婷、海媛等同窗好友及东主才让、张发贤、赵剑宏、姚霖等其他师兄弟姐妹们在论文写作过程中曾给予的鼓励与帮助。感谢北京语言大学朱艳华博士在课题立项和实施过程中曾付出的辛勤劳动。在此还要感谢为编辑出版本书而挥洒汗水的中国社会科学出版社的任明编辑及其审稿人，是他们的努力使本书增色许多。

　　特别要感谢的是我的爷爷和母亲曾经为我的研究工作提供了许多重要的语言材料，在这本也饱含他们汗水的拙作出版之际，他们却已经永远地离开了这个世界。此刻，谨以此书表达我对他们无尽的思念之情。我的妻子和女儿在我长期的研究工作中也给予了极大的支持与帮助。应该说，本书的顺利出版凝结了许多人的心血与智慧。

　　由于水平有限，本书定有许多错误和不尽如人意的地方，还请各位学者批评指正。

马　伟

2015 年 6 月于西宁市青海民族大学